Michael Hüther

Die junge Nation

MICHAEL HÜTHER

DIE JUNGE NATION

Deutschlands neue Rolle in Europa

MURMANN
MURMANN PUBLISHERS

Dieses Buch wurde klimaneutral produziert:

Print CO_2 kompensiert
Id-Nr. 1440466
www.bvdm-online.de

FSC
www.fsc.org
MIX
Papier aus verantwortungsvollen Quellen
FSC® C106847

Bibliografische Information der Deutschen Nationalbibliothek
Die Deutsche Nationalbibliothek verzeichnet diese Publikation in der Deutschen Nationalbibliografie; detaillierte bibliografische Daten sind im Internet über http://dnb.d-nb.de abrufbar.

Lektorat: Evelin Schultheiß, Ahrensburg
Herstellung, Umschlaggestaltung, Layout und Satz: Murmann Verlag
Druck und Bindung: freiburger graphische betriebe, Freiburg
Printed in Germany

ISBN 978-3-86774-376-1

Besuchen Sie uns im Internet: www.murmann-verlag.de
Ihre Meinung zu diesem Buch interessiert uns!
Zuschriften bitte an **info@murmann-verlag.de**
Den Newsletter des Murmann Verlages können Sie anfordern unter
newsletter@murmann-verlag.de

Inhalt

VORWORT

Die Geschichte dieses Buches beginnt mit der Einladung, am 4. Juni 2011 im Naumburger Dom im Vorlauf zur Landesausstellung *Der Naumburger Meister – Bildhauer und Architekt im Europa der Kathedralen* einen Vortrag zu eben diesem Thema unter Berücksichtigung der europäischen Einigung zu halten. Erstmals hatte ich so die Gelegenheit, mich tiefgehender mit der Geschichte der europäischen Idee und Einheit zu befassen.

Je länger ich darüber im Lichte der Staatsschuldenkrise in der Eurozone nachdachte, umso mehr schien es mir geboten, die europäische Perspektive durch die nationale Sichtweise zu ergänzen. Dabei wurde mir deutlich, wie wenig wir die Wende von 1989 dahin gehend reflektiert und eingeordnet haben. Vor allem bei der Debatte um den Fortgang der europäischen Einigung wurde der Mangel einer gebotenen Würdigung der europäischen Erfindung des Nationalstaats immer schmerzlicher spürbar. Manche Verhärtung in der politischen und öffentlichen Auseinandersetzung über die europäische Krisenpolitik testiert diese Aporie.

Deshalb wage ich den Versuch, 100 Jahre nach dem Beginn des Ersten Weltkriegs und 25 Jahre nach dem Fall der Mauer und dem Zerbrechen des Eisernen Vorhangs einen Blick auf Europa aus der Sicht seiner Nationen und Nationalstaaten zu werfen. Nicht gegen Europa ist dies Buch gerichtet, sondern es ist ein Plädoyer für Europa, das sich aus der Kraft der Nationalstaaten speist. Deutschland – die verspätete und somit junge Nation – findet endlich – politisch wie ökonomisch – zu einer konstruktiven Rolle. Die gezeigte historische Verantwortung bringt eine Bürgerlichkeit zum Ausdruck, die niemand verschreckt, indes viele einlädt, wie entsprechende internationale Erhebungen zeigen.

Danken möchte ich an dieser Stelle vor allem meiner geliebten Frau, von ihrem profunden historischen Wissen und von ihrer präzisen Argumentation hat der Text stark profitiert. Zu danken habe ich auch meinem Verleger Sven Murmann, der mich zu diesem Buch ermuntert und wichtige Hinweise gegeben hat.

Michael Hüther

I. WARUM WIR ÜBER DIE DEUTSCHE NATION REDEN MÜSSEN

»Dies ist ein gutes Deutschland, das beste, das wir jemals hatten. Das auszusprechen ist keine Schönfärberei. Als ich geboren wurde, herrschten die Nationalsozialisten, die die Welt mit Leid und Krieg überzogen haben. Als der Zweite Weltkrieg endete, war ich fünf Jahre alt. Unser Land war zerstört, materiell und moralisch. Schauen wir uns an, wo Deutschland heute steht: Es ist eine stabile Demokratie, frei und friedliebend, wohlhabend und offen. Es tritt ein für Menschenrechte. Es ist ein verlässlicher Partner in Europa und in der Welt, gleichberechtigt und gleich verpflichtet.«

Joachim Gauck[1]

»Deutschland hat sich verändert. Gemessen an seiner Geschichte ist es das beste Deutschland, das wir je hatten.«

Ulrich Beck[2]

Ein Gespräch über die deutsche Nation ist notwendig, und es soll mit diesem Buch angeregt werden. In den 25 Jahren seit dem Fall der Berliner Mauer hat sich hierzulande eine staatliche Realität herausgebildet, die mit positiver demokratischer Kraft und errungener Bürgerlichkeit nach ihrer nationalen Qualität fragt. Dies harrt umso dringlicher einer Klärung, weil sich infolge der Staatsschuldenkrise sehr grundsätzliche und über den eigentlichen Sachzusammenhang weit hinausreichende Fragen zur künftigen Rolle von Nation und Nationalstaat in Europa stellen. Während die einen forciert der politischen Union zustreben wollen, negieren die anderen die Vorteile europäischer Integration und flüchten unreflektiert hinter die scheinbar sicheren Mauern des Nationalstaats. Beide Positionen beziehen sich auf die Herkunft des Nationalstaats im 19. Jahrhundert, sie sind in dieser Rückwärtsgewandtheit auf seltsame Weise vereint. Dagegen sind jeweils starke Zweifel angebracht. Mit der Wiederaufnahme der Diskussion um die *verspätete Nation* findet jedoch ein überfälliger Diskurs in politischen und ökonomischen Kategorien statt, der vor einem Vierteljahrhundert – nach der Wende von 1989 – angelegt war, aber nicht wirklich geführt wurde oder geführt werden konnte: die Frage nämlich, was unter diesen Bedingungen, von denen eine Generation dachte, dass sie niemals oder zumindest nicht in zeitlich überschaubarer Nähe zu ihrer Lebenszeit eintreten werden, das zweckmäßige Organisationsmodell für die Verfassung der Souveränität ist.

Dieses Buch bewegt sich in dem heute nur selten betretenen Grenzgebiet von historischer und ökonomischer Analyse. Die Wirtschaftsgeschichte ist – mit ganz wenigen Ausnahmen – an die Geschichtswissenschaft delegiert oder bei Verbleib in der Ökonomik deren Anforderungen an formaler Theorie und Empirie überantwortet worden.[3] Die Dominanz der formal-mathematischen Methode in den Wirtschaftswissenschaften hat dazu geführt, dass die historische Zeit dort weitgehend ausgeklammert bleibt und dies der Theorie den allerdings fragwürdigen Anspruch ermöglicht, unabhängig von Raum und Zeit, unabhängig also von den Besonderheiten der jeweiligen räumlich konkreten Gegenwart gültig zu sein. So entziehen sich Pfadabhängigkeiten und die *longue durée* leicht dem analytischen Zugriff der Ökonomik, deren Beitrag zu aktuellen Fragen deshalb häufig beschränkt bleiben muss. Gerade aus der Perspektive der langen Frist und hierbei insbesondere über eine Verbindung von geistesgeschichtlicher und realgeschichtlicher Entwicklung soll ein Beitrag zur gegenwärtigen Debatte geleistet werden. Folgende Fragen stehen im Mittelpunkt: Was kann der Nationalstaat uns Deutschen heute bedeuten? Ist die verspätete Nation nun endlich im Europa der Nationalstaaten politisch wie ökonomisch angekommen? Was bewirkt eine grundsätzliche Neubewertung des Nationalstaats für die europäische Integration? Welche Rolle kann die junge deutsche Nation heute für dieses und in diesem Europa übernehmen? Und: Macht es überhaupt Sinn, in Zeiten der ökonomischen Globalisierung den Nationalstaat noch als demokratisch fundierte Handlungseinheit zu betrachten?

1. Notwendige Revisionen

Die angeführten Fragen lassen nur dann überzeugende Antworten erwarten, wenn man die in diesem Umfeld bedeutsamen Kategorien neu einordnet, von überholtem ideologischen Ballast befreit und zeitgemäß öffnet. So zielt dieses Buch darauf ab, in vier Kontexten Überkommenes zu revidieren: in der Sicht auf Deutschland und die deutsche Identität, in der grundsätzlichen Bedeutung von Nation und Nationalstaat, in der europäischen Einigungsperspektive und in dem Mythos, die ökonomische Globalisierung überrolle den Primat nationaler Politik.

(1) Ein Gespräch über Deutschland und die deutsche Nation ist immer noch von Stereotypen geprägt, deren Sinn und Angemessenheit zu befragen sind. Denn die vergangenen 25 Jahre haben ein Deutschland geprägt, das mit seiner Größe zurechtkommt und

sich von den schlimmen Traditionen seiner Nationalgeschichte sukzessive befreit hat. An die Stelle von hohlem Pathos und schriller Selbstdarstellung, übersteigerter Nationalgesinnung sowie einer bis zum Zivilisationsbruch getriebenen Identitätskrise sind bürgerliche Nüchternheit und Unaufgeregtheit, historische Verantwortung und demokratische Tugend getreten. Was im Vorfeld der deutschen Einigung 1990 bei den europäischen Nachbarn noch reflexhaft an Erinnerungen und Ressentiments sichtbar wurde, hat sich nicht bestätigt. Vielmehr erreichte die deutsche Nation seitdem eine Reife, die zögerlicher im Inneren und schnell im Außenverhältnis als konstruktiv empfunden wird. So hat sich mit dem Fall des Eisernen Vorhangs vor 25 Jahren das Bild Deutschlands grundlegend verändert: Der im europäischen Vergleich seit dem Aufbruch zur Moderne, der sich in der »revolutionären Epoche« von 1750 bis 1850 in vielfältiger Weise vollzog, offenkundige Mangel an einer für unser Land überzeugenden nationalstaatlichen Lösung wurde seitdem korrigiert.

Die These, die dieses Buch durchzieht, lautet deshalb: Deutschland hat erst mit der staatlichen Einheit 1990 zur Nation und zum passenden Nationalstaat gefunden. *Aus der verspäteten Nation ist eine junge Nation geworden.* Mit der Entkoppelung von den Kategorien des 19. Jahrhunderts entweicht uralten Debatten um die Nation die Luft, zumal im Links-Rechts-Schema unseres politisch-ideologischen Denkens. Deutschland wird als Nation erwachsen. Doch wie jedes Erwachsenwerden, so ist auch dieses mühsam und anstrengend, wie die Versuche einer Neubestimmung deutscher Außenpolitik belegen. Erörterungen und Debatten, die demnach unverkrampft die deutsche Nation zum Thema haben, konnten nach dem Mauerfall noch nicht angemessen geführt werden, wie die Debatte Mitte der 1990er Jahre um die selbstbewusste Nation zeigte.[4] Dagegen sprachen die damals herrschenden Stereotype, dagegen sprach die Prägung der alten Bundesrepublik als

Übergangsphänomen auf dem Weg in eine bessere europäische Welt. Bundespräsident Roman Herzog musste noch bei seiner Rede nach der Wahl 1994 erleben, dass das Werben für einen unverkrampften Umgang mit der deutschen Geschichte Widerspruch und Erregung auslöste. Heute können und müssen diese Debatten zur jungen deutschen Nation geführt werden, vor allem auch deshalb, damit sie nicht vom linken und rechten politischen Rand okkupiert und deformiert werden. Zudem gilt für Deutschland, dass die wirtschaftliche Robustheit, die eine größere Verantwortung in der Welt begründet, auf historisch tiefer liegende Ursachen verweist und jedenfalls nur damit angemessen erklärt werden kann.

(2) Die Neubewertung der deutschen Nation muss die Erfahrungen und historischen Befunde zur *Nationsbildung in Europa* in den vergangenen 250 Jahren beleuchten. Erst dann wird aus dem deutschen Diskurs auch eine europäische Diskussion, erst dann ergeben sich Hinweise für die Chancen und Herausforderungen, vor denen Europa im Zeitalter der Nationalstaaten – als das sich die Gegenwart tatsächlich erweist – steht. Dabei ist es besonders wichtig, die Ambiguität des Nationalstaats aus seinen historischen Wurzeln zu betonen: Die rückwärts zugeordnete negative Sicht bezieht sich auf die Übersteigerungen und Fehlentwicklungen, welche die europäische Geschichte des 19. und 20. Jahrhunderts durchziehen. Dabei wird leicht übersehen, dass die Ausbildung von Nation und Nationalstaat zuallererst ein Akt der Befreiung und der Selbstbestimmung war. Diesen Aspekt zu betonen und die darin liegenden Potenziale zu erfassen scheint mit Blick auf die europäische Integration dringend geboten. Denn die Pluralisierung der Staatenwelt nach der Epochenwende von 1989 dokumentiert grundsätzlich die *Zukunftsfähigkeit des Organisationsprinzips Nationalstaat*. Gleichwohl gilt: Der Nationalstaat kann heute nicht die einzige Form politischer Organisation sein.

(3) Der mit dem Zivilisationsbruch des Holocaust unausweichliche moralische Bankrott 1945 verlangte offenkundig nach einer Selbstbindung der deutschen Nation durch Selbstüberwindung in Europa. Dies schien jenen Wünschen nach einer europäischen Einigung zu entsprechen, die bei unseren Nachbarn nach dem Zweiten Weltkrieg artikuliert wurden. Allerdings hat die Idee von Europa sehr unterschiedliche Deutungen erfahren. In Deutschland gehörte die nationale Selbstverpflichtung für Europa zur Staatsräson, indem sich dadurch erst der Wunsch nach staatlicher Einheit legitimierte. Bei unseren Nachbarn war es hingegen die Einsicht, dass die über drei Jahrhunderte geübte Kongresspolitik zwischenstaatliche Konflikte nicht mehr einzuhegen vermochte und Frieden in Europa dauerhaft nur durch transnationale Strukturen herzustellen und zu garantieren war.

Die europäische Nationalstaatsbildung seit dem Jahr 1989 entsprach dem Wunsch der Menschen, der jahrzehntelangen Vorherrschaft einer Großmacht und deren aus ihrer Sicht fremden Nationalismus zu entgehen. Die Prozesse der Nationsbildung sind als Ausdruck einer umfassenden Modernisierung unter den Prinzipien der Freiheit, Rechtsgleichheit und Bürgerlichkeit, der Volkssouveränität, Rechtsstaatlichkeit und Gewaltenteilung sowie der universellen, mehrheitsresistenten Menschenrechte ausgereift. Insofern verweisen die Ideen von 1989 auf die Ideen von 1789: Der Fall des Eisernen Vorhangs vollendet nach langem und hindernisreichem Weg letztlich erfolgreich den Sturm auf die Bastille. Der Nationalstaat ist unverändert das passende Organisationsprinzip für die Volkssouveränität. Der Europäischen Union hingegen fehlt die Öffentlichkeit des Gemeinsamen im umfassenden Sinn der Lebenswirklichkeit. So gewinnt das Subsidiaritätsprinzip gerade heute eine besondere Bedeutung als Schutzrecht der unteren Ebene und nicht als Eingriffsrecht der obersten Ebene. Die *europäische Integration benötigt ein neues Narrativ*, das von Nationen ausgeht und diese zur Gewährleistung der Volkssouveränität in den Mittelpunkt stellt. Die Stärkung der Nationen in Europa verliert dabei das Gemeinsame nicht aus dem Blick, sondern trachtet danach, die Stärke der Nationen für Europa zu mobilisieren und umgekehrt Europa aus diesen Stärken zu verstehen.

(4) Dies alles, was hier skizzenhaft entworfen wurde, mag kurios und fragwürdig erscheinen, wenn man die üblichen Hinweise auf die ökonomische Globalisierung unserer Zeit berücksichtigt. Denn danach lässt die wirtschaftliche Verflechtung im globalen Rahmen keinen oder kaum Raum für nationale Differenzierungen und Sonderwege, eine entsprechend orientierte Argumentation wäre zum Scheitern verurteilt. Dazu gibt es zwei Deutungen. Die eine Perspektive beruht auf dieser These und sieht in der Globalisierung eine unausweichliche Entwicklung, die den Wohlstand aller mehrt, freilich die kulturellen Unterschiede einebnet. Die Schlussfolgerung lautet unausweichlich, die Nationalstaaten in eine transnationale Governance-Struktur – quasi die Vereinigten Staaten der Welt – einzubinden und dadurch die Steuerungskompetenz zu sichern. Insofern wird kein grundsätzlicher Widerspruch zwischen Globalisierung und demokratischer Legitimation gesehen. Die andere Perspektive leitet aus der weltweiten ökonomischen Verflechtung eine Entdemokratisierung ab, weil unter dem Druck des globalen Kapitals die Staaten »so umgebaut werden, dass sie das Vertrauen der Kapitaleigner und Kapitalbeweger dauerhaft verdienen … Als Voraussetzung dafür muss die Demokratie, verstanden im Sinne der sozialen Demokratie der Nachkriegszeit, neutralisiert … werden«.[5] Gerade die Krise habe dies deutlich gemacht: »Behandelt man die Krise als Zwischenstadium in einer langgezogenen Entwicklungssequenz, so zeigt sich, dass die Parallelen und Wechselwirkungen zwischen den kapitalistischen Ländern die institutionellen und wirtschaftlichen Unterschiede bei weitem überwiegen.«[6] Gegen beide Positionen ist Einspruch geboten, der

sich aus einer differenzierten Sicht der ökonomischen Globalisierung ergibt.

Aber zunächst sei folgender Hinweis gegeben: Die implizite These von Streeck, dass der Kapitalismus einer bestimmten Ausprägung der Demokratie, nämlich der des europäischen Sozialstaatsmodells, nun die Grundlage entziehe, muss auf ihr normatives Fundament bezogen werden: Warum soll gerade das in den 1960er und 1970er Jahren gezimmerte Sozialstaatsmodell in Europa die Norm jenseits der Kritik darstellen? Die Kritik und Ablehnung jeglicher Veränderung speist sich aus der für die neomarxistische Frankfurter Schule typischen Bewertung, dass dies einer »Revitalisierung des kapitalistischen Systems als Marktwirtschaft« entspringe, mit der sich eine »immer weitergehende Befreiung der kapitalistischen Ökonomie von demokratischer Intervention«[7] verbinde. Dahinter verbirgt sich die Vorstellung einer gesetzmäßig anzusteuernden Zukunftsidee der Menschheit. Die indizierte Wiederkehr des alten Konflikts zwischen Kapitalismus und Demokratie lenkt eigentlich auf eine allgemeinere Frage über, auf die Frage nämlich, inwieweit ökonomische Globalisierung und demokratische Selbstbestimmung (im Rahmen der Volkssouveränität) zusammenwirken. Nur werden diese wichtige Frage und die Suche nach Antworten auf die aktuellen Funktionsdefekte moderner Demokratie durch eine rückwärtsgewandte und deshalb nicht zu erfüllende Heilserwartung überdeckt.

Darüber wird zu sprechen sein, doch hier trägt vor allem der kritische Hinweis, dass die Globalisierung bereits ökonomisch missverstanden wird, wenn sie lediglich als Geschichte der globalen Angleichung und Einebnung verstanden wird. Nur eine isolierte ökonomische Betrachtung, die in Einklang mit der akademischen Hauptströmung die historische Zeit ausblendet und damit die kulturelle Differenzierung sowie deren Reproduktion negiert, kann zu dieser einseitigen Sicht gelangen. Hier wird die These vertreten, dass die ökonomische Globalisierung gleichermaßen eine Geschichte der Differenzierung in nationale Kontexte erzählt. Angesichts der Entwicklung in Europa kann man gar zu der Einschätzung kommen, dass die Kraft der Differenzierung sich eher verstetigt als schwächt. Jedenfalls ist es deshalb anders, als man unreflektiert vermuten mag. Kurz: Die Frage nach Nation und Nationalstaat ist in Zeiten der ökonomischen Globalisierung keineswegs überholt.

Die skizzierten Befunde zur deutschen Nation, zur Funktion des Nationalstaats, zum europäischen Integrationsnarrativ und der Kraft der Globalisierung verweisen gleichermaßen auf eine komplexe Diskussionslage, die sich nicht nur aus den Entwicklungen der letzten Jahre im Zeichen der europäischen Staatsschuldenkrise ergibt, sondern ebenso aus den langen Pfaden europäischer und deutscher Geschichte in der Moderne, die sowohl den Nationalstaat, die Demokratie als auch den Kapitalismus, wie wir sie kennen, hervorbrachte. Ungeklärte Fragen, latente Zweifel und diffuse Ängste prägen zu diesen Themen und Fragen die öffentliche Stimmung. Vielschichtige Identitätsprobleme werden sichtbar: in Europa, in Deutschland, im und um den Nationalstaat. Trägt der Ruf nach forcierter europäischer Integration noch, obgleich das Zielbild unscharf und mit Blick auf die Mehrebenenstruktur staatlicher Organisation völlig unzureichend justiert ist? Welche Rolle kann der Nationalstaat nach den Erfahrungen des 20. Jahrhunderts noch spielen? Ist dessen Überformung durch multilaterale sowie transnationale Institutionen und Strukturen die immer noch selbstverständliche Forderung? Ist die in Deutschland leichtgängige, jedenfalls kaum widerspruchsträchtige Behauptung, der Nationalstaat sei überholt – oder immer schon ein Irrweg gewesen – und in Zeiten globaler Abhängigkeiten und Strukturen nicht mehr zukunftsfähig, wirklich so zutreffend? Dass diese Fragen neue Antworten verlangen, wird deutlich, wenn man die veränderten Wahrnehmungen in und für Deutschland sowie Europa betrachtet.

2. Ein veränderter Blick auf Deutschland und Europa

Deutschland ist am Beginn des 21. Jahrhunderts mit disparaten, widersprüchlichen Bewertungen konfrontiert. Zwar muss man weder zum Nennwert nehmen, dass wir Deutschen im Jahr 2013 erneut in der regelmäßigen Umfrage der BBC mit Abstand zum »beliebtesten Land der Welt« gewählt wurden, noch, dass sich in Griechenland und andernorts in Hochzeiten der Staatsschuldenkrise wütende Proteste mit historischer Bezugnahme gegen Deutschland wendeten. Doch die damit sichtbare Spannweite der Einschätzungen präsentiert signalhaft zugleich das hohe Maß an Unbestimmtheit im von außen zugewiesenen Rollenverständnis für das wirtschaftlich in den letzten Jahren wiedererstarkte Deutschland.

Irgendwie wird eine alte, seit 1871 bekannte Melodie gesungen, die Melodie der »langen Dauer« (*longue durée*): Deutschland ist für seine Zentralität zu stark, um sich kooperativ in Europa einzufügen, Deutschland ist für seine Zentralität aber zugleich zu schwach, um eine effektive Führung des (strukturell führungslosen) Kontinents zu leisten. Oder in den Worten von Norbert Elias: »Immer wieder fühlten sich die latinisierten und die slawischen Gruppen von dem menschenreichen deutschen Staat bedroht. Immer wieder fühlten sich die Vertreter des werdenden deutschen Staates gleichzeitig von verschiedenen Seiten bedroht.«[8] Der Versuch, diese strukturelle Spannung nach dem Zweiten Weltkrieg durch die europäische Einigung und die zentrale Rolle Westdeutschlands in diesem Prozess aufzulösen, ist offenkundig an sein Ende gekommen.

Sowohl in Deutschland als auch bei den europäischen Partnern trägt die europäische Geschichte im Sinne reflexhafter Zuweisungen und Einordnungen nicht mehr. Die möglichen Geschichten sind erzählt; ein zeitgemäßes europäisches Narrativ erfordert es, das Konzept von Nation und Nationalstaat neu zu würdigen. Hundert Jahre nach dem Ausbruch des Ersten Weltkriegs und 25 Jahre nach dem Fall der Berliner Mauer kann und muss dies neu sortiert werden. Während die herausragenden Zeitzeichen der europäischen Geschichte seit der Entfaltung der modernen Welt – die Französische Revolution mit ihren bahnbrechenden neuen Einsichten der Gleichheit, der Menschenrechte, der Demokratie, *die Ideen von 1789*, sowie der Ausbruch des Ersten Weltkriegs und die darin fast sehnsuchtsvoll erscheinenden Wünsche nationaler Volksgemeinschaft und Dominanz, die *Ideen von 1914* – in ihrer Bedeutung unbestritten sind, gilt dies für die aus dem Zerfall des Ostblocks eingeleitete grundlegende politische, gesellschaftliche und ökonomische Wende nicht: Was sind die *Ideen von 1989*? Ist seitdem nicht ganz überwiegend Wirklichkeit geworden, was die Französische Revolution verhieß? Lernt Europa nicht doch – wenn auch spät – aus den negativen Seiten von Nation und Nationalismus, so jedenfalls, dass beides nicht mehr »in einem Säurebad tiefer Skepsis«[9] liegt?

Tatsächlich wurden nach dem Fall der Mauer in Europa die beiden Bewertungen Deutschlands erinnert, die sich mit der Reichsgründung von 1871 als Topoi kontinentaler Politik etabliert haben. So war im *Sunday Correspondent*, einer kurzlebigen britischen Wochenzeitung, zu lesen: »Wir müssen jetzt ehrlich über die deutsche Frage sein … Die Frage bleibt in der Essenz die gleiche …, wie Europa mit einem Volk fertig wird, dessen Zahl, Talent und Effizienz es zu unserer regionalen Supermacht werden lässt.«[10] Diese europäische Frage an Deutschland hat heute indes ein globales Gewand bekommen, so dass zwischen den Anforderungen, Erwartungen und zugeschriebenen Möglichkeiten Deutschlands einerseits und dem Selbstbild der Deutschen andererseits ebenso beharrlich eine Lücke klafft: »Die Erwartungen vieler Länder an eine stärkere Rolle

Deutschlands innerhalb Europas, aber auch weltweit, sind immens. Doch scheint Deutschland derzeit in den Augen der Welt für eine solche Rolle noch nicht vorbereitet zu sein oder sich in ihr nicht recht wohl zu fühlen. … Die deutsche Zurückhaltung wird vorrangig auf die Vergangenheit zurückgeführt, die Staat und Gesellschaft noch heute durch eine prononcierte Erinnerungskultur prägt und sich auch im politischen Handeln und in der Vertretung nationaler Interessen niederschlägt. Die Sorge, den Anschein von Stolz, Dominanzstreben oder sogar Führungswillen zu erwecken, verhindert die Vermittlung der deutschen Position und Kompetenz.«[11] So erscheint es dem Ausland weniger sinnvoll als uns, dass die Last der Vergangenheit es verhindert, die positive Kraft unseres Landes politisch entsprechend zu mobilisieren. Den Sorgen, die um 1990 das Ausland beim Blick auf Deutschland prägten, wurde offenbar der Boden entzogen. Man traut dem deutschen Frieden heute.

Ebenso erstaunlich ist der Wandel in der Bewertung, die Deutschlands politische Funktion und ökonomische Bedeutung in den vergangenen gut anderthalb Jahrzehnten in Europa erfahren hat. »Vom kranken Mann Europas« zum Motor der europäischen Entwicklung beschreibt die veränderte ökonomische Bewertung, vom historisch zu Recht politisch beschränkten Akteur zum »zaudernden Hegemon Europas« erfasst die veränderte politische Einordnung. Aus alldem ergibt sich noch kein schlüssiges Bild. Die einen warnen mit Verweis auf die Geschichte des 20. Jahrhunderts vor jeglichem Anspruch deutscher Führung und herausgehobener Verantwortung in Europa, die anderen fordern uns geradezu auf, diese endlich auszuüben und wahrzunehmen, denn – so wurde diese Forderung im *Economist* Mitte Juni 2013 begründet – »übergroße Macht bringt Führungsverantwortung mit sich«, deshalb gelte: »Jetzt ist Deutschland an der Reihe.« Wolfgang Schäuble intonierte dagegen am 20. Juli 2013 zeitgleich in sechs europäischen

Tageszeitungen: »Ein ›deutsches Europa‹ – das könnten am wenigsten die Deutschen selbst ertragen. Vielmehr wollen wir Deutschland in den Dienst der wirtschaftlichen Gemeinschaft stellen – ohne darüber selbst schwach zu werden.« Der Zusatz, der zurückhaltend die eigene wirtschaftliche Stärke als Ziel der Politik benennt, geht über das hinaus, was gewöhnlich für die deutsche Politik als Selbstbewusstsein formulierbar ist.

Der Zuschreibung von Führungspotenzial geht der Befund einer veränderten Irritation unserer Nachbarn voraus: Als kranker Mann Europas haben wir vor zehn Jahren in Europa gestört, als ökonomisches Wunderkind stören wir heute ebenso. War es damals unsere Schwäche, die die europäischen Partner vom eigenen Aufschwung abhielt oder diesen zumindest beschwerte, so ist es heute unsere Stärke, die den anderen zur Last wird, weil wir unsere Führungsaufgabe in Europa nicht annehmen. Wir tun so, als müssten die Partner in der Währungsunion nur ebenso sanieren und reformieren wie wir; mehr Vorbild und erst recht mehr Führung seien weder nötig noch geboten. Die deutsche Bundesregierung spielt damit eine Normalität vor, die von den Partnern in der Europäischen Union oftmals ein hohes, vielfach überforderndes Maß an Gelassenheit verlangt. Die Reaktion auf das vermeintliche »deutsche Diktat« in der europäischen Krisenpolitik belegt die fortwährenden Schwierigkeiten unserer Partner, diese Normalität im Sinne einer abgewogenen Interessenklärung zu akzeptieren.

Wie groß die Unsicherheit hierzulande ist, welche Rolle unser Land in Europa und der Welt spielen kann und soll, zeigte sich sowohl an der unklaren Positionierung der Bundesregierung zum »Arabischen Frühling« und als auch an der Frage, welche politischen Instrumente zur Anwendung kommen können. Dies gilt aber ebenso, wenn man einen Blick auf die deutschen Debatten zur Krisenpolitik in der Europäischen Währungsunion richtet. Sie offenbaren, dass wichtige Diskussionen über den deutschen Anspruch und die deutsche Verortung in Europa noch nicht geführt beziehungsweise kategorial durch einen schlichten Vergangenheitsbezug überdeckt werden. Nur: Ohne Klärung unserer Rolle in Europa wird auch die globale Frage unbeantwortet bleiben. Die Außensicht ist dagegen klar, aus der Perspektive zahlreicher Länder »begründen die zentrale Lage und die wirtschaftliche Leistungsfähigkeit Deutschlands seine besondere Bedeutung für Europa«.[12] Die gemischten Reaktionen hierzulande auf die klare Aufforderung durch Bundespräsident Gauck[13], dass Deutschland seine außenpolitische Rolle profilierter und mutiger ausfüllen müsste, lassen die angesprochene Unsicherheit erkennen.

Die Unbestimmtheit und Offenheit, die für die Erwartungen an Deutschland kennzeichnend sind, spiegeln sich beispielhaft in der Kritik, die in unserem Land an der Krisenpolitik in Europa geübt wird. Die mitunter scharfe Ablehnung kommt von zwei Seiten. Einerseits echauffieren sich die selbst ernannten Regelwächter für Europa und sehen die Krisenpolitik als Angriff auf Freiheit und Verantwortung. Jede Hilfe und jede Unterstützung für die Defizitländer wird als Akt wider den heiligen Geist der Ordnungspolitik bewertet. Man weiß stattdessen, was am besten zu tun ist, wenn man es auch nicht immer so direkt formuliert, aber letztlich lautet das Ziel: die Währungsunion auflösen. Die beim Bundesverfassungsgericht 2012 und 2013 verhandelten Anträge gegen die europäische Krisenpolitik – namentlich gegen den Europäischen Stabilitätsmechanismus ESM und das OMT-Programm der Europäischen Zentralbank zum konditionierten Kauf von Staatsanleihen – entspringen einer nationalstaatlichen Sichtweise, die der deutschen Nachkriegspolitiktradition entgegensteht, die europäische Integration bis zur Selbstverleugnung programmatisch in den Vordergrund zu rücken.

Andererseits verdammen die Retter aller Bedürftigen und Notleidenden in Europa die Hilfen als völlig unzureichend, gar als Knebelung und als Ursache der schwierigen Lage in den Defizitländern. Vor allem beklagen sie, dass Deutschland bezogen auf seine Verantwortung für die Krise in den betroffenen Ländern sich der Einsicht verschließe, dass nur durch hierzulande übermäßig steigende Löhne und höhere Staatsdefizite – also faktisch durch eine Schwächung der eigenen wirtschaftlichen Kraft – sowie durch eine Haftungsgemeinschaft den anderen Ländern in der Eurozone der Weg zur Besserung eröffnet werden könne. Abgesehen davon, dass diese Strategie ökonomisch nicht überzeugt und nur von schlecht getarnten Verteilungsinteressen getrieben wird, käme in erwachsenen Gesellschaften niemand auf die Idee, durch eigene Schwächung anderen helfen zu wollen. Dagegen wird völlig zu Recht in der eigenen Stärke die beste Unterstützung der anderen gesehen. Lohnerhöhungen über das gebotene – weil beschäftigungsorientierte – Maß hinaus dienen hierzulande der Gewissensberuhigung. Als Wiedergutmachung für historische Schuld präsentieren wir uns scheinbar selbstlos und entäußern uns unserer Möglichkeiten der Wohlstandsmehrung, schaden so aber nicht nur uns, sondern ebenso den Partnern in Europa.

Auf seltsame Weise verbindet ein vergangenheitsorientiertes Verständnis des Nationalstaats die beiden Linien der Kritik, die – politisch eher links zu verortende – Kritik der Krisenpolitik als deutsche Verantwortungslosigkeit und die – politisch eher rechts zu verortende – Kritik der Krisenpolitik als deutsche Überforderung. So adressiert die linke Kritik den nationalen Gestaltungsanspruch und rekurriert damit auf die traditionelle Ablehnung des Nationalstaats, der karikaturenhaft auf Fehlentwicklungen des 19. und 20. Jahrhunderts reduziert wird. Die Auflöser der Währungsunion plädieren – bewusst oder unbewusst – für ein System nicht kooperativer Nationalstaaten. Der Akt, der zur Auflösung der Währungsunion führt, ist fraglos in höchstem Maße nicht kooperativ und führt zurück in die Abgrenzungsmechanismen, die im

19. und 20. Jahrhundert für die europäischen Staaten kennzeichnend waren. Der politische Schaden einer Auflösung der Währungsunion dürfte immens, die Bereitschaft der anderen Gesellschaften in Europa zu einem neuen Anlauf der Integration gering sein. Wer beim ersten Gegenwind die europäische Währung aufgibt, weil die damit eingegangene Verantwortungsgemeinschaft Zahlungsrisiken begründet, der sollte dies Problem wenigstens würdigen.

Indem beide Stränge der Kritik an der europäischen Krisenpolitik letztlich sehr fundamental den Nationalstaat ins Spiel bringen, wird ein Seitenblick auf die fundamentale Kritik am Nationalismus angeregt, der stets auch das zeitgenössische Denken über Nation und Nationalstaat erfasst. Peter Glotz beispielsweise hatte im Umfeld der Wiedervereinigung sehr deutlich gegen den Nationalismus, damit aber auch gegen den Nationalstaat Position bezogen.[14] Biografisch getragen wendet er sich gegen die Gefahr, dass ein wiederaufkeimender Nationalismus auf jene schiefe Bahn zurückführt, welche die Menschen in Krieg, Terror und Vernichtung geführt hat. Sein Motiv war die Sorge, »dass die Delegitimierung des Nationalismus durch Hitler nachlässt«[15], sein Ziel war ein Konzept, das man dem Nationalismus entgegensetzen konnte. Zutreffend hat er vorhergesehen, dass der neue, insbesondere in Ost- und Südeuropa nach dem Ende des Kommunismus aufkeimende Drang zu Nation und Nationalstaat jene Gräueltaten wiederkehren lässt, die sich im 19. Jahrhundert und in der ersten Hälfte des 20. Jahrhunderts nicht selten mit dem Prozess der Nationsbildung verbanden.

Tatsächlich sind die Vorgänge in den 1990er Jahren in Jugoslawien erschreckend, zum einen, weil die internationale Gemeinschaft nicht in der Lage war, dieser Entwicklung Einhalt zu gebieten, zum anderen, weil die zerstörerische Kraft des Nationalismus in bekannte Muster der Gewalt führte. Hier bestätigt sich die skeptische Haltung gegenüber Nation und Nationalstaat, die sich aus den brutalen Folgen des Nationalismus speist und auf die unerfüllten Versprechen der Befreiung und Befriedung verweist.[16] Manch einer wird sich durch die politischen Verwicklungen um die Ukraine im Jahr 2014 in dieser negativen Sicht bestätigt fühlen. Dabei sollte allerdings bedacht werden, dass dieser Konflikt im Nachgang zur Auflösung der Sowjetunion zu sehen ist und in einer Weltregion stattfindet, die am europäischen Aufbruch zur Moderne nicht beteiligt war und eine vergleichbare Nationsbildung bisher nicht erfahren hat.

Peter Glotz blieb nicht bei der Mahnung gegen den Nationalismus, er fügte die grundsätzliche Ablehnung des Nationalstaats hinzu, der als »uneuropäisches Produkt Europas« (mit »der Vielfalt einer Völkermischzone«) ein Irrweg sei.[17] Zur Begründung lenkte er den Blick auf die europäische Geschichte in der ersten Hälfte des 20. Jahrhunderts; daran gibt es wenig zu kritisieren. Nur wenn es so war, wieso erleben wir nach 1989 eine freiwillige Rückkehr zum Nationalstaat auf breiter Front? Glotz verweist zur Einordnung seiner These darauf, dass der Nationalstaat infolge der ökonomisch-technischen Veränderungen nicht mehr in der Lage sei, die Herausforderungen zu bewältigen. Zudem sei der Nationalstaat von zwei Seiten in Bedrängnis geraten: von dezentralen regionalen Kräften einerseits und von transnationalen Strukturen andererseits. Dabei übersieht er die Tatsache, dass der Nationalismus immer wieder und in unterschiedlichen Ausprägungen »in Wirklichkeit einer der zum Gestaltwerden dieser Großgruppen unentbehrlichen Faktoren« ist.[18]

Die vielen klugen Argumente von Peter Glotz können nicht darüber hinwegtäuschen, wie sehr die Gedanken von der Selbstverständlichkeit eines Weltbildes getragen sind, das im Gegeneinander einer politischen Linken und einer politischen Rechten das Thema der Nation und des Nationalstaats strukturiert. Damit entsprach Glotz seinerzeit dem Zeitgeist, der sich in den 1980er Jahren nicht nur mit der deutschen Teilung arrangiert hatte, sondern auch eine Revision des Begriffs der Nation und des Nationalstaats im Licht der deutschen Vergangenheit forderte.[19] Darüber ist aber die Zeit weitgehend hinweggegangen, weil heute nüchterne Überlegungen über die Zweckmäßigkeit staatlicher Organisation und globaler Ordnung der Frage nach dem Nationalstaat zugrunde liegen. Und: Alternative Lösungen haben sich bisher nicht als Ersatz angeboten. Auch verkennt die apodiktische Verdammung der Nation die positiven Ingredienzien ihrer Entstehung zwischen 1750 und 1850, die sie zum »Kind der Revolution« machten, den Gleichheitsgedanken ihrer Mitglieder verankerten und Nations- und Weltbürgertum zusammenfügten: »Das Faktum der Nation in der modernen Welt ist historisch gegeben und unrevidierbar. … Dass das Zeitalter des Nationalstaates aber nach all den bitteren Erfahrungen zu Ende gegangen sei, ist eine unzutreffende Meinung.«[20]

Vor diesem Hintergrund werden hier Zweifel angemeldet, Zweifel an der Eindimensionalität des europäischen Fortschrittsglaubens und Zweifel an der ebenso eindimensionalen Verdammung des Nationalstaats. Vor allem und gerade aus deutscher Sicht. Denn die These ist bedenkenswert, dass die deutsche Nation nach 1989 nicht nur eine zweite Chance staatlicher Einheit erhalten – und bisher verantwortlich genutzt – hat, sondern damit ebenso die Chance auf ein neues Rollenverständnis als Nation in Europa und für Europa. Gerade unsere gebrochene Nationalgeschichte mit all dem Ballast verfehlter Identitätssuche und dem moralischen Totalbankrott durch das nationalsozialistische Unrechts- und Terrorregime gibt uns Hinweise auf diese besondere Chance. Die Zäsur von 1945 war in dieser Hinsicht auch eine Befreiung von der »deutschen Ideologie des 19. Jahrhunderts« und damit eine Befreiung vom scheinbaren Zwang einer »deutschen Mission«.[21] 1945 ging nicht nur das »Dritte Reich« unter, sondern zugleich das bismarcksche Reich von 1871. Das eröffnet heute dem *vereinigten Deutschland* neue Chancen, den nationalen Weg in Europa zu suchen, eben *als junge Nation*.

Es drängt sich die Überlegung auf, ob die Idee einer europäischen politischen Union, insoweit sie auf den spezifischen Kriegserfahrungen und Nachkriegserwartungen zur Mitte des 20. Jahrhunderts beruht, nicht fragwürdig geworden ist und es vielmehr einer europäischen Neubewertung der Nationalstaaten im Lichte der Entwicklung seit dem Jahr 1989 bedarf. Ein Vierteljahrhundert nach dem Ende des jahrzehntelang währenden Systemkonflikts ist es an der Zeit, die mit den Veränderungen des Jahres 1989 zunächst nur unmerklich gestellten Fragen an Nation und Nationalstaat in Europa anzunehmen. Und es ist höchste Zeit, diese Debatte zu führen. Denn die Staatsschuldenkrise führt scheinbar unstrittig und zwingend viele deutsche Politiker zur Europäisierung der Volkssouveränität. Ein Projekt, das zum Scheitern verurteilt ist, denn es verkennt die positive Sicht auf Nation und Nationalstaat außerhalb Deutschlands, und es übersieht die Potenziale für eine deutsche Neubewertung von Nation und Nationalstaat. Dass das Thema mit Untiefen verbunden ist und leicht zur Polarisierung führen kann, bedarf keiner besonderen Erläuterung. Notwendig ist es deshalb, die gebotene historische Tiefe zu erlangen, um den Blick auf die langen Linien geschichtlicher Entwicklung zu richten. Dies eröffnet eine Perspektive auf die in der Regel unterschätzten Kontinuitäten ebenso wie auf die regelmäßig überschätzten Brüche. Deutlich wird dadurch, welche Kontexte sich als wirkungsmächtig erweisen und welche Bezugsmuster über die Zeit hinweg in unterschiedlicher Weise zum Tragen kommen. Nicht übersehen sollte man freilich, dass die Kritik der Nation, des Nationalstaats und des Nationalismus nie unreflektiert geblieben ist.

Angesichts der Tatsache, dass die Nationsbildung mit der abschließenden Wirkung eines überhöhten Nationalstaats und des Nationalismus auch ihre schwarze Seite bereits im 18. und 19. Jahrhundert hatte, und eingedenk der schlimmen Erfahrungen mit reaktionärem Nationalismus im 20. Jahrhundert drängte sich nach 1945 ganz selbstverständlich die Frage auf, »ob der überkommene Nationalstaat als Grundeinheit der Staatenordnung in Gegenwart und Zukunft noch die geeignete politische Organisationsform für die Menschheit ist und sein kann«.[22] Bereits im Herbst 1946 hatte sich eine Gruppe deutscher Historiker getroffen, um erdrückt durch die Niederlage, aber ebenso durch die Irrwege deutscher Historiker Europa als Idee über die Nationalstaaten zu stellen und so einen neuen Anfang zu suchen.[23] Darin lag dann zumindest für die deutschen Intellektuellen und auch weite Kreise der Politik ein übergreifender, nahezu befriedender altbundesrepublikanischer Konsens.

Doch die »Verteidiger des Nationalstaatsprinzips machen zu Recht geltend, dass sich ein überzeugender Ersatz für die weithin nationalstaatlich geprägte Weltordnung bislang noch nicht gefunden hat«.[24] Ebenso wurde die überragende Reichweite der modernen Nation gewürdigt: »Die Nation ist durchweg zum Substrat der Staaten zunächst Europas und dann auch der ganzen übrigen Erde geworden.«[25] Was 1985 und erst recht 1964 noch mutig erschien, hat durch den Fall des Eisernen Vorhangs 1989 und die deutsche Staatsgründung 1990 neue Nahrung erhalten. Denn plötzlich waren wieder Prozesse der Nationenbildung zu beobachten, so dass die Verortung der Nation gerade in Europa neu zu befragen war.[26] Die Wiederbelebung und Neuschaffung von Nationen aus dem Zerfall des Ostblocks ist ebenso spannend wie eindrucksvoll, denn einerseits zeigt sich, dass »der historisch gewachsene Nationalstaat … (sich) als eine der historisch erfolgreichsten Vergesellschaftsformen«[27] erweist, und andererseits kehrt »Europa … nicht in seine dunkle Vergangenheit zurück, (es) löst sich vielmehr von ihr«[28], auch wenn die Verbindung von Staatsbürger und von Weltbürger noch mehr Idee als Wirklichkeit ist.

lung hat jedenfalls fiskalisch und gesamtwirtschaftlich ihre Eskalationsphase verlassen. Die wirtschaftliche Herausforderung liegt in dem Befund begründet, dass seit dem Jahr 2008 die realwirtschaftliche Konvergenz nicht mehr voranschreitet. Damit verknüpft sich die Krisenerkenntnis, dass das Lernen voneinander in einer Wirtschaftsgemeinschaft offenkundig nur sehr begrenzt funktioniert. Jedenfalls zeigt die unterschiedliche Performanz der europäischen Volkswirtschaften sehr deutlich diese Defizite, ebenso aber auch die Kraft der Pfadabhängigkeiten.

Bestätigt sich die Einschätzung, dass Europa als »angsterfüllter Kontinent« mit »unerklärlicher Willenlosigkeit« sich gemessen an den Erwartungen von 1989 »im Niedergang befindet«[30], weil ihm die positive, gestaltende Botschaft für die Welt fehle? Diese Frage wird nicht angemessen beantwortet werden können, wenn nicht ebenfalls geklärt wird, welche Rolle der Nationalstaat in und für Europa in den nächsten Jahrzehnten spielen kann. Jedenfalls sind die Hinweise auf die »Zunahme eines regressiven Nationalismus« und die Sorgen vor »einem Zurück zum Nationalen und zum Nationalstaat«[31] ins Leere gegangen. Und der allfällige, nahezu eschatologische Ruf nach einer politischen Union[32] hilft nicht weiter, weil er – neben anderem – verkennt, dass wir zunächst nationale Verfassungsdiskurse führen müssen. Auch fehlt uns die europäische Öffentlichkeit, die das für die repräsentative Demokratie so zentrale Prinzip der Wahlrechtsgleichheit akzeptabel macht.[33]

3. Verspätete Nation und Bürgerlichkeit: Zu Helmuth Plessner

Die *These der jungen deutschen Nation* nimmt Bezug auf die *These der verspäteten Nation*, die Helmuth Plessner vor über 50 Jahren pointierte. Der Lebensweg Helmuth Plessners (1892–1985) spiegelt den furchtbaren Gang der deutschen Geschichte. Er musste als Deutscher jüdischen Glaubens das Land verlassen und trug in seinen Werken diesem biografischen Umstand Rechnung.[34] Er wurde durch die erzwungene Emigration aus seinem Umfeld und seinen Diskursen herausgerissen. Er musste sich in der Emigration neu einfädeln und positionieren, seine Anschlussfähigkeit an die in Deutschland laufenden intellektuellen Debatten der Nachkriegszeit war damit geschwächt. Er konnte zu dem Zeitpunkt seiner Emigration in die Niederlande (Groningen) 1933 bereits auf ein umfangreiches wissenschaftliches Werk zurückblicken und stand kurz vor der Berufung auf ein Ordinariat in Köln (als Nachfolger für Max Scheler), als die Nazis an die Macht kamen.[35]

Aus dem Anliegen, die Studenten in Groningen in die deutsche Philosophie seit der Jahrhundertwende sowie deren Beitrag zum Niedergang von Weimar einzuführen, entstand in den Jahren 1934 und 1935 das Buch *Das Schicksal des deutschen Geistes im Ausgang seiner bürgerlichen Epoche*, das 1959 unter dem berühmt gewordenen Titel *Die verspätete Nation* in Deutschland erschien. Plessner hat in den Vorlesungen und bei der Niederschrift von der Anteilnahme der Hörer und der Unterstützung durch die Kollegen entscheidend profitiert.[36] Das Interesse in Groningen traf sich mit seinem persönlichen Anliegen, den jüngsten Gang der deutschen Geschichte einzuordnen und zu klären. »Zudem war Plessner nicht nur als Philosoph, sondern speziell auch als ehemaliger Biologe und Begründer einer philosophischen Anthropologie herausgefordert. Denn es waren Bilder vom Menschen, die bei ihm wie auch in den nationalsozialistischen Ideologemen im Mittelpunkt standen.«[37]

Plessner war zutiefst verankert in einer bürgerlichen Welt des Ausgleichs und des Schutzes für den Einzelnen. Für ihn ist der Mensch »ins Nichts« gestellt, und gerade deshalb ist er auf den gesellschaftlichen Schutz seiner Verletzlichkeit angewiesen. Es ergibt sich die »Pflicht zum Politischen« als Plädoyer für die Respektierung des Privaten eines jeden Menschen. Wir Menschen sind aufgrund unserer leiblichen Verfassung darauf angewiesen, uns zur Welt hin zu öffnen und sie »künstlich«, geschichtlich und gesellschaftlich zu gestalten; »die Genealogie politischen Lebens (folge) aus der Grundverfassung des Menschen«; »Politik ist in ihrer menschlichen Notwendigkeit zu begreifen«.[38] Hierin zeigt sich seine Erfahrung totalitärer Herrschaft verbunden mit der Ablehnung der *Bürgerlichkeit.* So litt die Weimarer Republik an dem Mangel einer bürgerlichen Mitte und dem Überangebot an politischen, aber auch philosophischen Positionen, die das Bürgerliche negierten und angriffen, weil sie es entweder als den Untergang des Abendlandes erachteten oder als Verrat der Revolution begriffen.[39]

Der Nationalsozialismus war durch den utopischen Rekurs auf Mythen der Vergangenheit die totale Kampfansage an die Bürgerlichkeit und die zivile Umgangsform; der Bolschewismus als verinnerlichte Hoffnung auf die gesellschaftliche Utopie negierte das Bürgertum als Ausdruck kapitalistischer Lebensform und als Ermöglichung von Individualität. Dagegen steht die bürgerliche Welt als »die Welt der Herkunft, der Familie, der sittlichen Üblichkeiten, der Religion, der bunten Traditionen, deren Pluralität Individualität ermöglicht, und der Bewahrungskultur als Freiheiten, die in der bürgerlichen Welt geschützter sind als in nicht bürgerlichen Verhältnissen. Denn: Durch ihre Rechtsverhältnisse ist die bürgerliche Welt das Reich der Gewaltenteilung; sie schützt Zukunft und Herkunft vor ihrer Gleichschaltung. Sie gewährleistet die Pluralität der Wirklichkeiten, die Liberalität garantiert.«[40]

Diese Position, die für die *Normalität der Bürgerlichkeit* wirbt, wendet sich gegen alle unzivilen Formen des Umgangs, gegen jede kollektive Überformung des autonomen Individuums, gegen die Entblößung der Intimität, gegen die Abwertung desjenigen, der eine andere Meinung vertritt, gegen die Deklamation des Ausnahmezustands oder gegen die Überhöhung der eigenen Banalität. Sie wirbt stattdessen – im Sinne Hannah Arendts – für das freundschaftliche Gespräch im öffentlichen Raum als höchster Form der Zivilität.[41] Dies verbindet sich mit Plessners früher Kritik des sozialen Radikalismus in seiner Studie *Die Grenzen der Gemeinschaft*.[42] Er beklagt die Entgrenzung von Privatheit und öffentlichem Raum durch Gemeinschaftsradikalismus linker wie rechter Couleur und wendet sich gegen den »Inter-nationalistischen Menschheitskommunismus« marxistischer Herkunft und gegen den »nationalistischen Kommunismus« einer Volkstumsideologie.[43] Plessner postuliert gegen diese Versuche gesellschaftlicher Totalität über das Individuum eine liberale Gesellschaftsidee, die den Einzelnen in seiner Autonomie, seiner Kreativität, seiner Rationalität würdigt und ihm einen geschützten Raum verlässlich gewährt.

Mit Helmuth Plessner lässt sich zudem die *Ausdrucksform des Lächelns* hinzufügen: das Lächeln als Ausdruck der Bürgerlichkeit.[44] »Wie immer es sich damit verhalten mag, so ist es gewiss im Wesen des Eindrucks, den das Lächeln auf den Lächelnden und seine Umwelt macht, und seiner leichten Hervorrufbarkeit begründet, dass die Zivilisierung des Umgangs sich gerade dieser vieldeutigen Gebärde bedient.«[45] Dem Lächeln fehlt die Explosivität, ihm fehlt die grobe Affektladung. »Durch seine Distanziertheit gewinnt das Lächeln Bedeutung als Mittel und Ausdruck der Kommunikation. Man gibt sich lächelnd zu verstehen: gemeinsames Wissen um etwas, Gemeinsamkeit überhaupt, auch in der Form des Getrenntseins wie Triumph und Niederlage, Überlegenheit; Verlegenheit und Demut. Das Lächeln reagiert auf die Situation und bestätigt zugleich sich selbst und dem anderen, dass man die Situation begreift und insofern ihre Bindung wieder gelockert hat … Lächeln ist Mimik des Geistes. Mimik der menschlichen Position.« Im Lächeln bewahrt der Mensch seine Distanz zu sich und zur Welt und vermag sie zu zeigen. »Wird Lächeln Ausdruck, dann drückt es in jeder Form die Menschlichkeit des Menschen aus.«[46] Während das Lachen und Weinen Grenzreaktionen – Katastrophenreaktionen an den Grenzen menschlichen Verhaltens – sind, quasi als Antwortersatz in Situationen, in denen es keine Antwort gibt, oder als Folge eines Verlustes der Selbstbeherrschung, verweist das Lächeln in seiner vielfältigen Anwendung auf die Pluralität des Lebens und die Fähigkeit, diese zu beherrschen. *Das Lächeln ist der mimische Ausdruck der Bürgerlichkeit.*

Helmuth Plessner bietet eine wichtige Orientierung für meine Überlegungen. Die Suche nach dem Verständnis der deutschen Nation kreuzt sich mit dem Bemühen, den Nationsbegriff politisch zeitgemäß aufzuladen, indem die Frage geklärt wird, wie der Mensch in der modernen Welt konstruktiv – human und *lächelnd* – das Miteinander gestalten und die Versuchung des Totalitarismus abwehren kann. Die Nation mit dem Konstrukt des öffentlichen Raums und der Bürgerlichkeit zu verknüpfen eröffnet eine andere Perspektive auf das Politische im 21. Jahrhundert, als es einer ausschließlich historischen Sichtweise mit ihrer Verankerung der Nation im 19. Jahrhundert eigen ist. Das Verständnis der verspäteten Nation ermöglicht es, für die Deutschen einen zweiten Ansatz zu begründen, wie er sich bislang fast unbemerkt mit der Wende 1989 verbindet, wenn man diese als nationale Erstgrundung versteht, und der in besonderer Weise durch Bürgerlichkeit geprägt ist: *Die junge Nation lächelt.*

Damit ist der Versuch verbunden, Helmuth Plessner einen angemessenen Platz in unseren historisch-politischen Debatten zuzuweisen. Ihm war es trotz seiner Remigration nicht gelungen, nach 1950 mit seinen geistesgeschichtlichen sowie anthropologischen Arbeiten an die deutschen Diskurse wieder anzuknüpfen. Das Nachwirken des Nationalsozialismus, die umfängliche Faszination Heideggers und die Dominanz der Frankfurter Schule, die sich gegen die philosophische Anthropologie starkmachte, eine letztgültige, historisch gestaltbare Bestimmung des Menschen betonte und mit neomarxistischen Theorien das intellektuelle Milieu der alten Bundesrepublik prägte, können dafür als Erklärung herangezogen werden.[47] Die Unvollkommenheit des Menschen, seine Zufälligkeit als Ergebnis zwingend unvollständigen Bemühens um seine selbstbewusste Erschaffung, seine konstitutive Ziellosigkeit – das wird nicht so leicht und selbstverständlich hingenommen, wenn man von der geschichtlichen Bestimmung der Menschen in der Unbedingtheit umfassender Wertesysteme ausgeht. Plessner setzt dagegen die Einsicht, dass die Welt auch von Eigenwilligkeit und Irrationalität – nahezu unvermeidbar – bestimmt ist und dadurch jeder Radikalismus auf Dauer nicht durchsetzbar ist: »Radikalismus heißt Vernichtung der gegebenen Wirklichkeit zuliebe der Idee, die entweder rational oder irrational, aber in jedem Sinne unendlich ist, Vernichtung der Schranken, die ihrem vollkommenen Ausdruck gezogen sind, um ihrer Materialität, Ungeistigkeit, Unlebendigkeit willen.«[48]

Die Kritik der neomarxistischen Frankfurter Schule bezieht sich letztlich darauf, dass die philosophische Anthropologie allgemein und im Besonderen bei Plessner von unveränderlichen Grundtatsachen des Menschen und seinen historisch-gesellschaftlichen Bindungen ausgehe und dass diese Auffassung einer politisch-gesellschaftlichen Veränderung des Menschen an sich im Weg stünde.[49] Plessners Grundgedanke der Heteronomie, mit der Bezugnahme auf das Individuelle, Private, und der Schutzbedürftigkeit der menschlichen Seele durch die Organisation der Gesellschaft steht gegen die Vorstellung einer gesetzmäßigen menschheitlichen Zukunftsidee, nach der die Gesellschaft zu organisieren und die Menschen zu formen sind. Dieser Widerspruch hat ihn nach dem Krieg den Vertretern der Frankfurter Schule suspekt gemacht. »Der homo absconditus, der unergründliche Mensch, ist die ständig jeder theoretischen Festlegung sich entziehende Macht, seine Freiheit, die alle Fesseln sprengt, die Einseitigkeiten der Spezialwissenschaften ebenso wie die Einseitigkeiten der Gesellschaft.«[50]

Die Vertreter der Frankfurter Schule – allen voran Max Horkheimer – konnten ebenso wenig mit dem Topos der *deutschen geschichtlichen Verspätung* und dieser damit angelegten Deutung der These vom deutschen Sonderweg anfangen. Ihnen war der Nationalsozialismus »eine auf die radikale Spitze getriebene Spielart des Kapitalismus. … In den deutschen Entwicklungen zum Nationalsozialismus und seiner barbarischen Aufkündigung zivilisatorischer Standards zeigte sich für sie vielmehr eine spezifische Verkopplung der Risiken und Chancen westlicher Rationalität.«[51] Während Horkheimer und Adorno den Nationalsozialismus rationalitäts- und modernitätstheoretisch zu erklären versuchten und diesen nicht als Rückfall hinter die Moderne sahen, sondern als umfassende und grenzenlose Nutzung moderner Effizienz, bietet Plessner mit der *Verspäteten Nation* eine nationalgeschichtliche Einordnung, welche den Spannungsbogen zwischen westeuropäischer Moderne und deutschem Nachlauf in seiner Einwirkung auf die geistesgeschichtlichen Horizonte bewertet.

Diese gleichermaßen teleologische wie globale Sichtweise findet sich zeitgenössisch heute bei Wolfgang Streeck, der ebenfalls die nationalen Differenzierungen und Differenzierungsspielräume im Angesicht der ökonomischen Krise unserer Zeit negiert: »Behandelt man die Krise als Zwischenstadium in einer langgezogenen Entwicklungssequenz, so zeigt sich, dass die Parallelen und Wechselwirkungen zwischen den kapitalistischen Ländern die institutionellen und wirtschaftlichen Unterschiede bei weitem überwiegen.«[52] Dazu gehört auch die skeptische Sicht auf die Korrekturkräfte im Krisenfall: »Zu ihnen (den Gemeinsamkeiten mit Adorno) gehört, dass ich es intuitiv ablehne zu glauben, dass Krisen immer gut ausgehen müssen ... Mir erscheinen soziale Ordnungen als normalerweise fragil und prekär und unangenehme Überraschungen jederzeit möglich.«[53] Das ist zweifellos bedenkenswert, es negiert eine grundsätzlich positive Sicht auf das Potenzial des Menschen, im Miteinander wieder zu sich zu finden. Eine solche positive Sicht signalisiert hingegen keinen naiven Optimismus, denn sie bedeutet nicht, dass Unheil ausbleibt, aber dass es doch immer Wege daraus zurück zu einer besseren Welt gibt.

Hoffnung und Skepsis in diesem Sinne auszutarieren ist freilich leichter, wenn man von dem offenen Menschenbild ausgeht, wie es die philosophische Anthropologie anbietet, anstatt den Menschen letztlich in einen Prozess gesellschaftlicher Höherentwicklung zwangsläufig eingebettet zu sehen. Darauf bezogen muss die Bewertung, dass der Höhepunkt gesellschaftlicher Ausreifung bereits hinter uns liegt, zu einem negativen Erwartungshorizont führen. Wolfgang Streeck nimmt eine solche Bewertung für die 1970er Jahre zum Anker seiner Reflexion über die künftigen Entwicklungspotenziale, für Michael Zürn »dient der stilisierte demokratische Wohlfahrtsstaat [der 1970er Jahre] gleichsam als Maßstab für erfolgreiches Regieren heute und in Zukunft«.[54] Die Aussagen, »alles, was vorfindlich ist, ist immer auf einem Entwicklungspfad unterwegs«[55], gewinnt dadurch eine besondere Bedeutung. Trotz aller Skepsis der Nachfahren der Frankfurter Schule bleibt die Vorstellung einer zielgerichteten Entwicklung wirksam.

Der geschichtliche Verlauf seit der großen Zäsur von 1989 hat Fragen nach der *Nation* und ihrer Organisationsfunktion neu gestellt, damit ist der deutsche Sonderweg hinsichtlich des Ob und Wie erneut zu debattieren. Die Differenzierung politischer Partizipation und die Zweifel an seiner Legitimation aus verschiedenen Zusammenhängen (Globalisierung von außen, Zivilgesellschaft von innen) verlangen nach einer Neukonstituierung des *öffentlichen Raums*. Nation und öffentlichen Raum als Verständnismodelle für unsere Zeit zusammenzuführen scheint allein deshalb als ertragreich und jeden Versuch wert. Hannah Arendt betont, dass »die Bedingungen menschlicher Existenz – das Leben selbst und die Erde, Natalität und Mortalität, Weltlichkeit und Pluralität – niemals ›den Menschen‹ erklären«[56]. »Gewonnen wird die Humanität nie in der Einsamkeit ... Nur wer sein Leben und seine Person mit in das ›Wagnis der Öffentlichkeit‹ nimmt kann sie erreichen. ... Was daraus wird, wissen wir nie.«[57] Das Urteilen und Handeln sind jene Formen menschlicher Entäußerung, die den öffentlichen Raum und damit das Politische begründen. Für beide Formen spielt die Privatheit in Abgrenzung zum öffentlichen Raum eine große Bedeutung, die sich in der Schutzbedürftigkeit des Privaten spiegelt. Die Entwicklung des öffentlichen Raums ist ungewiss. Diese Position trägt den »Abschied vom Prinzipiellen«[58] ebenso in sich wie die Absage an jegliche Gesetzmäßigkeit menschlicher Entwicklung. Das aber eröffnet den Raum, immer wieder neu zu denken, und das gilt auch für die (deutsche) Nation.

Dabei ist ein *Blick mit anderen Augen* empfohlen, denn »man muss der Zone der Vertrautheit fremd geworden sein, um sie wieder sehen zu können«.[59] Um dem Vorurteil und der Bedingung durch Anschauung zu entgehen, sollte jede Vertrautheit mit einem Thema durch Distanzgewinn und eine Form der Fremdheit wieder neu justiert werden. »Nicht nur fremdes Leben, auch das eigene Milieu, das eigene Land, die eigene Tradition und ihre großen Figuren mit anderen Augen sehen lernen ist die Kunst der Geschichtswissenschaft, die, aktiviert durch ein echtes Erlebnis, das heißt durch Schmerz, die Vertrautheit zerstört, so dass es uns wie Schuppen von den Augen fällt. Sie weckt uns zu neuer Wahrnehmung, befreit den Blick und härtet ihn gegen die ablenkenden und verdeckenden Vorurteile.«[60]

Einen solchen Schmerz hat bei vielen Beobachtern die Staatsschuldenkrise in Europa verursacht, ohne jedoch den Blick wirklich frei zu machen. Denn es fällt auf, dass die Stellungnahmen und Positionen gerade im Kreis der Ökonomen von Verhärtung, von Vorwurf und gegenseitiger Abgrenzung geprägt sind; manche sehen sich sogar als Opfer einer Verschwörung. Das Erleben dieser Krise beförderte zumindest bisher nicht die Bereitschaft, in neuen Zugängen eine Basis der Vermittlung zu suchen. Ein Grund dafür liegt in der zweifachen Ausgliederung der historischen Zeit aus der Ökonomik, einmal im analytischen Zugang, andererseits in der Selbstreflexion. Die Wirtschaftsgeschichte wurde – wie angedeutet – im Zuge der einseitigen Hinwendung zur mathematisch-formalen Methode fast gänzlich an die Historiker delegiert, die Wissenschaftsgeschichte – zugegebenermaßen wenig hilfreich als ökonomische Dogmengeschichte begrifflich geführt – findet ebenfalls kaum noch statt. Wenn wirtschaftliche Situationen und wirtschaftliche Entwicklungen aber nicht historisch eingeordnet werden, dann scheint es so, als wäre alles in Raum und Zeit neutral und somit das gerade Bedeutsame immer und überall von herausragender Bedeutung. Wenn das ökonomische Denken nicht selbst als Teil einer disziplinären Wissenschaftsgeschichte gesehen wird, dann werden der Erklärungsanspruch und der Erklärungsgehalt nicht relativiert, sondern verabsolutiert. Die Vertrautheit nimmt überhand, jede Fremdheit fehlt.

Der Blick mit anderen Augen wird nicht nur von Helmuth Plessner beworben, sondern ebenso von Hannah Arendt mit ihrer Konzeptualisierung des öffentlichen Raums. Arendt beschreibt damit jene Sphäre des Lebens, die unsere unvermeidbare gegenseitige Abhängigkeit manifestiert und die wir deshalb nur gemeinsam gestalten können. Die Funktionalität des öffentlichen Raums liegt in einem glaubwürdigen Koordinationsversprechen für alle ihm konstruktiv zugewandten Akteure. Ein Versprechen, das die effiziente Koordination unterschiedlicher Interessen, Lebenslagen und Perspektiven offeriert und dadurch Sicherheit begründet. Die Gestaltung des öffentlichen Raums erfordert es, die anderen nicht mit den eigenen Augen, sondern mit ihren Augen zu sehen – quasi von einer höheren Warte im Sinne Kants.[61] Die damit angelegte Objektivierung des öffentlichen Raums lässt ihn für viele nur schwer fassbar und auch nur schwer erträglich sein. Denn diese Objektivität des öffentlichen Raums erfordert den guten Willen zur Gestaltung und die Bereitschaft, die Bedingungen des anderen zu akzeptieren. »Ungeachtet aller Unterschiede der Position und der daraus resultierenden Vielfalt der Aspekte (ist) es doch offenkundig …, dass alle mit demselben Gegenstand befasst sind«[62]: dem öffentlichen Raum. Ob und wie die Gestaltung des öffentlichen Raums in Zeiten der wirtschaftlichen Globalisierung noch möglich ist, soll uns zunächst beschäftigen.

II. NATIONALSTAAT UND VOLKSSOUVERÄNITÄT IN DER GLOBALISIERUNG

»Alle Staatsgewalt geht vom Volke aus. Sie wird vom Volke in Wahlen und Abstimmungen und durch besondere Organe der Gesetzgebung, der vollziehenden Gewalt und der Rechtsprechung ausgeübt.«

Artikel 20 Absatz 2 Grundgesetz

Die Überlegungen zur verspäteten respektive jungen deutschen Nation in Europa eröffnen eine andere Perspektive, als sie in den politischen und gesellschaftlichen Diskursen Europas vorherrscht. Die Vorstellung, der Nation unverändert eine besondere Führungs- und Gestaltungsrolle zuzuweisen, spannt mit den Ideen und Visionen einer fortschreitenden politischen Integration in Europa. Doch die Aktivierung der Nation und ihrer staatlichen Fassung als Organisationsprinzip für die Gesellschaft und den öffentlichen Raum sowie als Ordnungsprinzip für das Miteinander von Gesellschaften ist nur dann als Option für das 21. Jahrhundert plausibel, wenn die damit adressierte Volkssouveränität auch unter den Bedingungen der ökonomischen Globalisierung und des institutionellen Standortwettbewerbs (Systemwettbewerb) ihren Gestaltungs- und Bestimmungsanspruch realisieren kann. Das wird leichthin negiert. Damit gewinnen supranationale Strukturen eine große Selbstverständlichkeit. Wie sieht es aber tatsächlich aus? Hat der Nationalstaat noch Gestaltungskraft und Gestaltungsmacht, oder ist er ein Opfer globaler ökonomischer Zusammenhänge? Dieser Frage nachzugehen setzt voraus, den Kern der demokratischen Ordnung zu bestimmen. Darauf bezogen können dann die verschiedenen Argumente und Theorien der Unregierbarkeit, der Bestimmung durch globale Finanzmärkte und der Erosion des Primats der Politik beleuchtet werden.

1. Grundbedingungen demokratischer Ordnung

Jenseits der konkreten Bestimmung in Raum und Zeit erweisen sich in der Moderne – also jenem Zeitraum, der mit der Aufklärung beginnt – einige Merkmale als konstitutiv für die demokratische Ordnung und diese Einhegung von Macht. Prägend war dafür nach der Erfahrung, dass Despotie abgeschüttelt und abschließend der Vergangenheit zugeordnet werden konnte, die Vorstellung eines – in einem Urzustand begründeten – Gesellschaftsvertrages zwischen prinzipiell freien und zur Vernunft begabten Menschen.[63] Er bildet die Grundlage für ein politisches Koordinations- und Steuerungssystem, welches die Partizipation aller Bürger in den Entscheidungsprozessen und der Legitimierung staatlichen Handelns gewährleistet.

Daraus lassen sich stilisierend folgende Elemente einer modernen demokratischen Ordnung ableiten, die für deren Funktionalität sowie Legitimität unabdingbar und deshalb unabhängig von den Umweltbedingungen zu stabilisieren sowie zu sichern sind. Dazu gehört zentral der Aspekt, dass die mit der Aufklärung begründete Sicht auf den Menschen als autonomes, kompetentes Wesen sich einerseits in der Freiheits- und Verantwortungsfähigkeit des Bürgers (1) und andererseits in seiner Freiheitsberechtigung sowie der Freiheitsverpflichtung des Staates (2) spiegelt. Damit aus dieser Befähigung des Individuums auch gewünschte und akzeptierbare Ergebnisse im Miteinander resultieren, bedarf es passender Koordinationsregeln: Gerechtigkeit, Fairness, Partizipation und Minderheitenschutz (3). Diese sind durch Verfassungsregeln zu ergänzen, welche die Legitimität der Verfahren und ihrer Resultate begründen: Volkssouveränität, Wahlrechtsgleichheit, Gewaltenteilung und Repräsentativität (4). Demokratische Ordnung lebt aber nicht nur von Verfahren und Spielregeln, sondern ebenso von der Mitverantwortung als Steuerungsressource unterhalb der Regelebene und einer bürgerlichen Haltung der Besonnenheit, einer Haltung für Maß und Mitte (5).

(1) *Freiheits- und Verantwortungsfähigkeit des Bürgers.* Die Botschaft der Aufklärung lautet, dass der Mensch von Natur aus zur Vernunft begabt sei. Damit verbindet sich zugleich die optimistische Feststellung, dass – jenseits allgemein akzeptierter Bedingungen der Unzurechnungsfähigkeit – die Handlungskompetenz des Einzelnen seine Freiheits- und Verantwortungsfähigkeit begründet. Mit der Selbstbestimmung, mit dem Handeln aus eigenen Gründen, verbindet sich das Prinzip der Individualität.[64] Erst durch die Verantwortung wird die Freiheit des Einzelnen gesellschaftlich sowie politisch gebunden und somit akzeptabel. Die damit entstehende Reziprozität im verantwortlichen Miteinander begründet auf sehr elementare Weise die innere Kohäsion einer Gesellschaft und damit die des politischen Systems. Aber auch für die Handlungen eines Kollektivs gilt, dass sie letztlich auf den Einzelnen verweisen und auf seiner Selbstbestimmung beruhen. Es

bedarf also eines Koordinationssystems, das die individuellen Handlungen und Unterlassungen so vermittelt, dass die Verantwortung des Individuums nicht in Zweifel gezogen wird.

Die Voraussetzungen und Bedingungen der individuellen Freiheits- und Verantwortungsfähigkeit sind von Staat und Gesellschaft zu erfüllen und zu beachten. Die angemessene Ausstattung mit Ressourcen in Form von Bildung, Gesundheit und Vermögen ist damit angesprochen. Das firmiert als Gewährleistungsstaat[65] und speziell für die kommunale Ebene als Daseinsvorsorge, die als Antwort auf das mit der modernen arbeitsteiligen Wirtschaft verbundene Abgehen von der Subsistenzwirtschaft entwickelt wurde.[66] Ungleichheit ist bezogen auf diese Grundausstattung mit Ressourcen überhaupt nur unter der Berücksichtigung von Mindestausstattungen akzeptabel. Dabei ergibt sich ein Dilemma infolge »der Freisetzung von Unterschieden durch Chancengleichheit und damit die sozialen und kulturellen Differenzierungswirkungen egalisierter Partizipations- und Zugangsgelegenheiten«[67].

Die allgemeine Schulpflicht, die (Mit-)Verantwortung des Staates für das Bildungssystem, die Gestaltung der gesundheitlichen Prävention und Kuration, die Versicherung gegen die großen Risiken, Grundsicherung und Einkommensumverteilung lassen sich damit als notwendige Staatsaufgaben ableiten, deren konkrete Ausgestaltung freilich im historisch-kulturellen Kontext und angesichts der gesellschaftlichen differierenden Präferenzen variieren kann. Die Ausprägung von Verantwortung und Verantwortungsfähigkeit muss in den Lebensverlauf und seine Stadien integriert werden, womit die verengte ökonomische Sicht stabiler und einmaliger Präferenzen des Menschen (als *homo oeconomicus*) aufgegeben wird. Der Mensch vollzieht im individuellen Lebensverlauf eine Entwicklung, die über die Befähigung zur Selbstsorge die Mitverantwortung im Kollektiv ermöglicht und ihn so als soziales und politisches Wesen auszeichnet, das Respekt verdient.

Die Ausbildung und Ausprägung von Mitverantwortung folgt neben intrinsischer Motivation besonders den Notwendigkeiten, den Möglichkeiten und den Erfahrungen der Kooperation im öffentlichen Raum. Vor allem aber setzt Verantwortungsfähigkeit einen Prozess der Vertrauensbildung voraus, um Vertrauen in die eigenen Kräfte ausbilden zu können. Dieses Vertrauen entwickelt sich im gesamten Lebensverlauf, aber mit unterschiedlichen Perspektiven in den verschiedenen Lebensaltern: vom Bindungsvertrauen der Kindheit über das Zukunftsvertrauen der Jugend zum generativen Vertrauen im Erwachsenenalter Die Gesellschaft ist durch entsprechend konfigurierte Angebote der Bildung und Unterstützung, Prävention und Kuration gefordert. Dies lenkt die Aufmerksamkeit auf die *Daseinsvorsorge im Lebensverlauf*. Dazu gehört neben den relevanten öffentlichen Gütern zugleich die Einbettung in die Familie und in den Generationenzusammenhang.

(2) *Freiheitsberechtigung des Bürgers und Freiheitsverpflichtung des Staates*. Für die Frage, wie das Miteinander von Staat und Bürgern unter den zuerst genannten Bedingungen grundsätzlich zu verorten ist, haben sich die Begriffe der Freiheitsberechtigung des Bürgers und der Freiheitsverpflichtung des Staates etabliert.[68] Das staatliche Handeln gegenüber den der Gewalt unterworfenen Bürgern ist an die für Minderheiten verlässlichen Grundrechte und die Gesetze gebunden und dadurch begründet; der Staat ist das Subjekt der Freiheitsverpflichtung. Damit wird die Sicherung der Menschenrechte zum originären Auftrag des (Rechts-)Staates, was auf die Vertragstheorie der Aufklärung verweist und das Ineinandergreifen von Menschenrechten, Bürgerrechten und politischen Grundrechten adressiert. Denn bereits in der französischen Aufklärung werden fundamentale Freiheits- und Lebensrechte der Menschen in eine demokratische Ordnung eingefügt, naturrechtlich hergeleitet und um Partizipationsrechte erweitert.[69] Die wech-

selseitige Bindung von Grundfreiheiten und demokratischer Mitwirkung ist bis heute prägend.

Gefährdungen resultieren dafür nicht nur aus einer Deformation der politischen Ordnung und des Rechtsstaats sowie undemokratischen Machtverhältnissen, sondern auch aus der Beschränkung jener Handlungsfähigkeit des freiheitsverpflichteten Staates, die darauf zielt, den freiheitsberechtigten Bürgern die Basis ihrer Freiheitsansprüche zu gewährleisten (beispielsweise durch eine unzureichende Daseinsvorsorge oder mangelhafte Bildungsangebote). Gefahren für die Rechtsstaatlichkeit und die demokratische Legitimation liegen ebenso in einer »Entgrenzung des Staates und in dem individuellen Zugriff der Freiheitsberechtigten auf den Staat«[70] – oder bezogen auf Hannah Arendt: die Entgrenzung von Privatheit und öffentlichem Raum, mit der Folge, dass die Grenzen der jeweiligen Verantwortungsbereiche verschwimmen.[71] Damit ist die Verlässlichkeit des Rechts- und Leistungsstaats angesprochen, die sich gerade auch daraus ergibt, dass die Regelanwendung und die Leistungszumessung (wie die Besteuerung) der Willkür enthoben sind und dies nicht dadurch in Zweifel gezogen wird, dass Einzel- oder Gruppeninteressen Einfluss gewinnen.

(3) *Gerechtigkeit, Fairness, Partizipation und Minderheitenschutz.* Bisher angesprochen wurden die individuellen Voraussetzungen für eine demokratische Ordnung sowie die daraus sich ergebenden Staatsaufgaben, aber auch das Staatsverständnis. Darüber hinaus leiten sich für den demokratischen Alltag Handlungsbedingungen ab, die durch entsprechende Koordinationsergebnisse von Staat, Markt und Gesellschaft die Funktionalität, Legitimität und Akzeptanz der demokratischen Ordnung bewahren. Damit wird der Blick von den Voraussetzungen auf die laufenden Bedingungen und deren Ergebnisse der Demokratie gewendet.

Ein Schlüsselbegriff ist die *soziale Gerechtigkeit*, der sich gewöhnlich schnell zum Konzept der sozialen Gleichheit weitet.[72]

Dieser implizite Gleichheitsbegriff geht weit über die aufklärerische Forderung nach »gleicher Freiheit« hinaus und verlangt danach, soziale Ungleichheit von Status, Einkommen und Vermögen zumindest zu begrenzen. In zeitgenössische Debatten in den etablierten westlichen Demokratien mit marktwirtschaftlicher Ordnung wird oft die Aussage als Tatsache genommen, dass Gesellschaften nur ein bestimmtes Maß an Ungleichheit in diesen Bezügen ertragen. Dieses Maß ist freilich selbst unbestimmt und kann nur im konkreten Horizont der historisch begründeten gesellschaftlichen Werte eingeordnet werden. Bei aller Unbestimmtheit dieses Konzepts: »Das Streben nach sozialer Gleichheit gehört untrennbar zur Geschichte – und Gegenwart – der Demokratie.«[73] Es trifft indes auf den systemimmanenten Widerspruch, dass die Chancengerechtigkeit einer modernen Gesellschaft zugleich die soziale Heterogenität erhöht. Was demnach bei den Voraussetzungen demokratisch fundiert ist, bedarf auf der Ergebnisseite ebenso demokratisch fundiert der – freilich viel unspezifischeren, nur im historisch-kulturellen Konzept definierbaren – Korrektur. Daraus resultiert anreiztheoretisch ein Dilemma, denn eine zu weitgehende Ergebnisangleichung kann die Nutzung der Chancen zur Potenzialentwicklung beim Einzelnen schwächen. Notwendig wäre eine dynamische Betrachtung, die jenseits einer Mindestausstattung mit Ressourcen die Entwicklungsperspektiven des Individuums als Chancen des (Wieder-)Aufstiegs wie als Risiken des (Wieder-)Abstiegs würdigt. Dann können sich starke und schwache Positionen im Zeitablauf relativieren.

Eng verbunden mit diesen Gerechtigkeitsdiskursen sind die Prinzipien der Fairness, der Partizipation und des Minderheitenschutzes. John Rawls versucht in einem liberalen Diskurs, die Gerechtigkeit an das System gleicher Grundfreiheiten (vorrangiges Prinzip) zu binden, in dem soziale und ökonomische Ungleichheiten durch zwei Bedingungen eingehegt werden: »Erstens müssen sie mit Ämtern und Positionen verbunden sein, die unter Bedingungen fairer Chancengleichheit allen offenstehen; und zweitens müssen sie den am wenigsten begünstigten Angehörigen der Gesellschaft den größten Vorteil bringen (Differenzprinzip).«[74] Das Differenzprinzip soll helfen zu versuchen, »die den Bürgern angemessenste Idee der Gleichheit zu ermitteln«[75], wenn die freiwillige Kooperation das Miteinander bestimmt. Dabei soll eine Reziprozität – durch Umverteilung – die so entstandenen Vorteile in Beziehung zu den Kooperationsleistungen bringen und für die Ärmsten öffnen, was auch den Schutz der Minderheiten einschließt.

In den Vorstellungen von Rawls ist zugleich enthalten, dass der Einzelne sich in der demokratischen Ordnung einbringt, dass er die Partizipationschancen selbstverpflichtend annimmt. So gesellt sich zur Ethik der Selbstbestimmung die politische Verantwortung der Mitbestimmung.[76] Durch die beiden Seiten der Partizipation – Chance und Verpflichtung – wird die Kooperation in der Demokratie unter dem Gesichtspunkt der Gegenseitigkeit erlebbar, was wiederum die Systemergebnisse (im Sinne des Differenzprinzips) akzeptabel oder gesellschaftlich akzeptiert korrigierbar werden lässt. An Grenzen stößt das Konzept der Partizipation und der Reziprozität nicht nur dort, wo es um die Kooperation in bestehenden Ordnungen geht, sondern ebenso dort, wo es um die Festlegung der grundlegenden Prinzipien (der Verfassung) geht, etwa im Falle körperlicher oder geistiger Beeinträchtigungen beziehungsweise Behinderung.[77] Beide Lebenslagen sind weder für die und durch die Parteien des Urzustands noch für die Bürger der Gesellschaft reflektiert; der Mangel an Selbstbestimmung führt die Vertragstheorie an Grenzen. Damit werden Fragen der Menschenwürde, der Wohltätigkeit und der sozialen Inklusion virulent.

(4) *Volkssouveränität, Wahlrechtsgleichheit, Gewaltenteilung und Repräsentativität.* Der Begriff der Souveränität, der hier demokratisch gefasst ist, lässt sich historisch facettenreich bebildern. Jean

Bodin hat diesen Grundbegriff der politischen wie der juristischen Welt geprägt: »Souverän wurde genannt, wer hinsichtlich einer (letztinstanzlichen Entscheidungs-)Befugnis weder einen Herren über sich hatte noch von der Zustimmung eines anderen abhängig war. Innehabung und Ausübung der Souveränität fielen zusammen.«[78] Rousseau hat dies auf das Volk übertragen, indem dieses nicht nur den Souverän inthronisiert, sondern selber auch nach Abschluss des Gesellschaftsvertrages dieser Souverän ist.[79]

»Alle Staatsgewalt geht vom Volke aus. Sie wird vom Volke in Wahlen und Abstimmungen und durch besondere Organe der Gesetzgebung, der vollziehenden Gewalt und der Rechtsprechung ausgeübt« (Artikel 20 Absatz 2 Grundgesetz). So ist der auf Rousseau zurückgehende Grundsatz der Volkssouveränität für die Bundesrepublik Deutschland verfassungsmäßig verankert. Die verfassunggebende Gewalt ist damit ebenso gemeint wie die verfassungausübende Gewalt. In Wahlen verschafft sich dies regelmäßig seinen Ausdruck.[80] Die Volkssouveränität bedingt den Grundsatz der Wahlrechtsgleichheit, wonach jede Stimme gleich viel zählt (Zählwert) und gleiches Gewicht (Erfolgswert) hat. Letzteres darf durch Wahlkreisgrößenunterschiede oder Sonderregelungen (Fünf-Prozent-Hürde, Überhangmandate, negatives Stimmengewicht wie bei der Bundestagswahl) nur sehr begrenzt und gut begründet beschränkt sein, es würde ansonsten »das Ideal gleicher Freiheit und Würde verletzt«.[81]

Außerhalb von Wahlen trägt das ebenfalls in Artikel 20 des Grundgesetzes fixierte und auf Montesquieu zurückgehende Prinzip der horizontalen Gewaltenteilung der Volkssouveränität Rechnung. Die Gewaltenteilung sorgt dafür, dass die (befristete) Machtzuweisung in der Demokratie angemessen eingehegt und die Steuerungshoheit des Volkes nicht ausgehöhlt wird. Dabei kommt der unabhängigen Gerichtsbarkeit ein besonderes Gewicht gegenüber der typischerweise enger miteinander verflochtenen Legislative und Exekutive zu. Gerade die Parlamentsregierung, die scheinbar die Gewaltenteilung verletzt, aber in besonderer Weise der Volkssouveränität Ausdruck verschafft, führt zu überlappenden Strukturen. Einerseits wird die Exekutive so mit dem Parlament verbunden, andererseits entstehen über die Unterscheidung von vollziehender und ausführender Gewalt bürokratische Einheiten mit erheblichem Gewicht.[82] Mit der Gewaltenteilung einher ging bei der Prägung der modernen Demokratie der Grundsatz der Repräsentation. Dazu wurde die vordemokratische Institution des Parlaments umgeformt. Dafür sprachen die größeren politischen Einheiten mit entsprechender Bevölkerungszahl. Aber bereits die Verfasser der *Federalist Papers* (mit denen 1787/88 im Staat New York für die Annahme der bundesstaatlichen Verfassung geworben wurde, hauptsächlich von Alexander Hamilton) argumentierten für das Prinzip der Repräsentation mit dem Hinweis, das so Einzel- und Gruppeninteressen besser gefiltert werden können und daher sowohl der Schutz von als auch der Schutz vor (effektiven) Minderheiten besser gewährleistet sei.[83]

In seinem Urteil zum Vertrag von Lissabon hat das Bundesverfassungsgericht deutlich gemacht, was es zur Erfüllung des Demokratieprinzips als notwendig erachtet und dass insbesondere eine Aushöhlung des Budgetrechts des Bundestages einer Verletzung des Wahlrechts gleichkomme (BVerfG, 2 BvE 2/08 vom 30.6.2009, Rn 252): »Als besonders sensibel für die demokratische Selbstgestaltungsfähigkeit eines Verfassungsstaates gelten seit jeher Entscheidungen über das materielle und formelle Strafrecht, die Verfügung über das Gewaltmonopol polizeilich nach innen und militärisch nach außen, die fiskalischen Grundentscheidungen über Einnahmen und – gerade auch sozialpolitisch motivierte – Ausgaben der öffentlichen Hand, die sozialstaatliche Gestaltung von Lebensverhältnissen sowie kulturell besonders bedeutsame Entscheidungen etwa im Familienrecht, Schul- und Bildungssystem oder über den Umgang mit religiösen Gemeinschaften.«[84]

Der Blick nach Europa zeigt, wie sehr die Volkssouveränität durch den Bedeutungsverlust des Nationalstaats gefährdet ist oder gar obsolet erscheint.[85] Diese Gefährdungsdeutung setzt allerdings voraus, Volkssouveränität in den Kontext der Verfassungsgebung und bei bestehender Verfassung der Gesetzgebung zu stellen, damit sie dauerhaft »einen engen Funktionszusammenhang zwischen Öffentlichkeit und Volkssouveränität herstellt«: »Volkssouveränität ist also nicht nur von jeglicher Gewaltausübung weit entfernt, sondern in jeder ihrer Aktivierungen der genaue Gegenspieler der gewalthabenden Staatsapparate.« Dagegen steht eine Tradition, die anknüpfend an Carl Schmitt (»Souverän ist, wer über den Ausnahmezustand entscheidet«) die Exekutivfunktion in den Mittelpunkt der Volkssouveränität stellt.[86] Mit dieser exekutiven Deutung hat man weniger Schwierigkeiten als das Bundesverfassungsgericht mit seiner legislativ verankerten Sicht, die Reaktionen der europäischen Staaten auf die Staatsschuldenkrise zu akzeptieren. Da kann es nicht verwundern, dass die Staats- und Regierungschefs der Eurozone als Spitzen der Exekutive kaum Probleme mit einer Übertragung von Souveränitätsrechten nach Europa haben. Dass sie sich dabei in der Rechtstradition eines Carl Schmitt befinden, sollte ihnen freilich zu denken geben. Die horizontale Gewaltenteilung wird so in Frage gestellt.

(5) *Respekt, Mitverantwortung, Besonnenheit und Vertrauen im öffentlichen Raum.* Demokratische Staatlichkeit lebt nicht von Regeln allein, sie erfordert Institutionen und »metaphorische Versinnbildlichung«[87]. Sie bedarf unterhalb der Regelebene eines Selbstverständnisses für Haltung und Handlung im öffentlichen Raum; ethische Verhaltensnormen vermindern die Durchsetzungskosten der Regelwerke und Ordnungen. Fragt man nach den Gefährdungen in Zeiten der Globalisierung, dann ist es eben nicht hinreichend, den möglichen Druck auf die etablierten Spielregeln sowie Systeme zu würdigen. Notwendig ist es ebenso, danach zu fragen,

wie das *Spielverständnis der Bürger*, das die Demokratie im Alltag prägt und trägt, unter Druck gerät. Der Begriff des Spielverständnisses spiegelt die Tatsache, dass jeder Akteur in der Demokratie trotz durch Verfassung und Gesetz definierter Regelwerke eine Ordnungsmitverantwortung trägt, indem er im täglichen Tun und Unterlassen einerseits die fixierten Regeln erlebbar oder gegebenenfalls korrekturbedürftig macht.[88] Andererseits wird dadurch deutlich, dass es informelle Regeln und Übereinkünfte gibt, die vor allem in kleinräumigen Bezügen ihre Steuerungswirkung entfalten, aber auch auf der Ebene der Gesellschaft Haltung und Verhalten prägen.

Zwei Positionen markieren die besondere Rolle, die der Bürger jenseits der Verfassungs- und Rechtstreue in und für die Demokratie einnimmt und für deren Gelingen auf Dauer einnehmen muss und die sich mit dem Begriff der Bürgertugend oder gar dem der Bürgerpflicht verbinden.[89] Dabei geht es nicht »um den staatsbezogenen Bürger, sondern um den Bürger in einem originär politischen, der Trennung von Staat und Gesellschaft vorgängigen Sinn. … Zivilgesellschaft bezeichnet … eine Form menschlichen Zusammenlebens, in der der Zusammenhang der Gesellschaft … im Handeln eines jeden Einzelnen intentional präsent sein muss, wenn denn das Gemeinwesen als eine Verbindung von Freien Bestand haben soll«.[90] So muss der Raum der Öffentlichkeit nicht explizit geschaffen und gewährt werden, er entsteht vielmehr (Urzustand) dann, wenn Menschen voneinander wissen, miteinander reden und handeln, somit ein aktives Interesse an der gemeinsamen Bewältigung lebenspraktischer Probleme haben.[91]

Diesen Anspruch zu erfüllen erfordert – so Hannah Arendt in Bezug zur Erfahrung der Antike – die Bereitschaft zum freundschaftlichen, zum besonnenen Gespräch: »Für die Griechen aber lag das eigentliche Wesen der Freundschaft im Gespräch, und sie waren der Meinung, dass das dauernde Miteinander-Sprechen erst die Bürger zu einer Polis vereinigte …, weil dies Gespräch, so sehr es von der Freude an der Anwesenheit des Freundes durchdrungen sein mag, der gemeinsamen Welt gilt, die in einem ganz präzisen Sinne unmenschlich bleibt, wenn sie nicht dauernd von Menschen besprochen wird.«[92] Und: »Politisch zu sein, in einer Polis zu leben, das hieß, dass alle Angelegenheiten vermittels der Worte, die überzeugen können, geregelt werden und nicht durch Zwang oder Gewalt.«[93] Damit entsteht durch das freundschaftliche – und damit unweigerlich freiwillige – Gespräch, durch das Miteinanderreden bei allen ein Bewusstsein über das Gemeinsame und seine Traditionen, was wiederum die Bewältigung der Gegenwart und ihrer Konflikte erleichtern kann. »Die Freiheit der Individuen ist somit die beste Gewähr dafür, dass es Öffentlichkeit gibt, bei der man nicht fürchten muss, dass sie sich zum kollektiven Bewusstsein aller verselbständigt.«[94]

Die Gestaltung des öffentlichen Raums als alltägliche Aufgabe in der gegebenen Ordnung, aber auch als Beitrag zur Weiterentwicklung derselben (Ordnungen wie Verfassungen sind nicht, sondern werden) erweist sich so als Kern der Demokratie. Hannah Arendt setzt mit ihrer Beschreibung des öffentlichen Raums an der Schwelle hin zur Moderne an. Die Welt der Arbeitsteilung, die immer auch eine Welt der Verantwortungsteilung und der Risikoteilung ist, habe sich »nur unter den Bedingungen des Öffentlichen« entwickeln können. »Arbeitsteilung und die ihr folgende Steigerung der Arbeitsproduktivität ist eine Entwicklung, … zu der sie es niemals im privaten Haushaltsbereich gebracht haben würde«.[95] Der öffentliche Raum erfasse zum einen »alles, was vor der Allgemeinheit erscheint, für jedermann sichtbar und hörbar ist«, zum anderen das allen Gemeinsame, das auch nur von allen gemeinsam gestaltet werden kann und das die Generationen miteinander in Beziehung bringt. Als permanente Aufgabe des öffentlichen Raums hat Arendt die Koordinierung unterschiedlicher

Interessenlagen benannt, denn es erwachse »die Wirklichkeit des öffentlichen Raums aus der gleichzeitigen Anwesenheit zahlloser Aspekte und Perspektiven, in denen ein Gemeinsames sich präsentiert und für die es keinen gemeinsamen Maßstab und keinen Generalnenner je geben kann«.

Vielfalt – gespeist aus der souveränen Individualität des privaten Lebensraums – kennzeichnet die Öffentlichkeit. Vielfalt als institutionelles Prinzip fordert Respekt, so dass jeder als Mensch angesehen wird, dessen Anwesenheit etwas zählt. Die in der Gesellschaft der Freiheit unvermeidliche, weil in Grenzen unverfügbare Ungleichheit darf nicht zu Positionen des Zurückgelassenseins führen, weil dann Respekt nicht durch Selbstachtung getragen wird. Insofern verweist die Vielfältigkeit des öffentlichen Raums auch darauf, dass eine faire Chance zur Partizipation für jeden besteht – eine Chance zum Einstieg und ebenso eine Chance zum Aufstieg. Wenn Vielfalt und Respekt das Miteinander nicht mehr prägen, so wird kein Appell an Gleichheit und Verantwortung verhindern können, »dass die gemeinsame Welt selbst in Stücke geht«, gerade die »Zerstörung der Vielfältigkeit« verursache katastrophale Zusammenbrüche.

Eine andere Bedrohung des öffentlichen Raums ergibt sich, wenn die Grenzen zwischen Privatheit und öffentlichem Raum verschwimmen, insbesondere weil das Private überdehnt und das Öffentliche ignoriert wird. Dann kann der öffentliche Raum sein Koordinierungsversprechen nicht mehr erfüllen, so dass Selbstverantwortung respektive Selbstbestimmung sowie Mitverantwortung keine spezifische handlungsleitende Funktion haben. Die radikale Privatisierung führt dazu, das Gemeinsame zu verlieren und nicht mehr als gestaltbar zu erfahren. Die radikale Veröffentlichung des Privaten zerstört die Autonomie des Menschen und untergräbt die Vielfältigkeit. Es bedarf vielmehr der fundamentalen Einsicht, dass solche Grenzverletzungen, die zugleich die bestehende Verantwortungsteilung ignorieren, immer auch den Haftungsausschluss nach sich ziehen und damit ein Organisationsprinzip der freien Gesellschaft gefährden.

Die Kategorie Verantwortung erweist sich damit gerade unterhalb der Regelebene als besonders bedeutsam, aber auch als besonders fluide, weil sie ein intentionales Verständnis des Gemeinsamen – den Gemeinsinn – erfordert. Erfüllbar ist dies nur, wenn der Einzelne im öffentlichen Raum nicht auf das Funktionieren verfällt, sondern reflektiert, urteilt, mutig handelt und so Verantwortung übernimmt. Dies verdeutlicht, dass die Verantwortungsethik ohne ein gewisses Maß an Gesinnungsethik nicht auskommt. In diesem Sinne hat bereits Max Weber argumentiert, der zwar auf den öffentlichen Raum durch die Perspektive der Verantwortungsethik blickt, die aber die Gesinnungsethik – also die Bedeutung individueller Moral und Werte – nicht verkennt. »Insofern sind Gesinnungsethik und Verantwortungsethik nicht absolute Gegensätze, sondern Ergänzungen, die zusammen erst den echten Menschen ausmachen, den, der den ›Beruf zur Politik‹ haben kann.«[96] Der Hinweis ist wichtig, weil die Reduzierung Webers auf die Verantwortungsethik in einer Gesellschaft allzu verständlich ist, die zweimal im 20. Jahrhundert die Erfahrung mit politischen Systemen des Gesinnungsterrors machen musste. Dennoch greift es zu kurz, die Gesinnung ordnungspolitisch völlig auszublenden, die ja für die Haltung des Einzelnen im Alltag steht und die im Konfliktfall, wenn auf keine Regeln Bezug genommen werden kann, ihre besondere Bedeutung zeigt. Und es kann nun einmal nicht alles per Gesetz und Verordnung geregelt werden.

Der Begriff des Gemeinsinns ist schillernd und missbrauchsanfällig, aber ebenso notwendig, wenn man die Funktionalität und Legitimität der demokratischen Ordnung angemessen würdigen und stabilisieren will. Gemeinsinn lebt von der Erfahrung, dass die Kooperation, das Einlassen auf Konventionen und die Akzeptanz von Verfahrensregeln den Einzelnen besser stellt und so in seinem ureigenen Interesse liegt. Eine zentrale Voraussetzung dafür ist ein Vertrauen in die Koordinationsinstitutionen Staat, Markt und Gesellschaft einerseits sowie in die eigenen Fähigkeiten und Kräfte andererseits. Vertrauen entsteht durch Verlässlichkeit der Institutionen, die uns umgeben, wenn aus Erfahrung und Beständigkeit deren Leistungsfähigkeit und Anpassungsfähigkeit testiert ist. Das institutionelle Vertrauen und das Vertrauen in die eigenen Kräfte bilden sich nicht unabhängig voneinander aus. Vielmehr stärkt die Verlässlichkeit der Institutionen die positive Sicht auf die eigenen Möglichkeiten, vor allem wenn die Potenziale zur Lebensgestaltung mobilisiert und entwickelt werden können. Das setzt die bereits angesprochene Vorleistungsverpflichtung von Staat und Gesellschaft für ein individuell gelingendes Leben voraus, die vor allem in der Bildungs- und Gesundheitspolitik gefordert ist.

In der Gesellschaft des langen Lebens stellen sich wegen der zunehmenden Heterogenität menschlicher Existenz dafür spezifische Herausforderungen. Denn das längere Leben nivelliert die Lebensperspektiven nicht, sondern lässt früh angelegte Differenzierungen zu beachtlichen Differenzen in der Lebenssituation des Alters werden. Das von Hermann Lübbe vorgetragene Argument, Chancengleichheit setzt erst recht Unterschiede frei, trägt hier besonders.[97] Die Heterogenität des Alters verlangt in besonderem Maße Verlässlichkeit nicht nur der Handlungsbedingungen, sondern der Koordinationssysteme, um so das fraglos als unproblematisch Erlebte zu sichern. Geschärft wird die Herausforderung des langen Lebens für die Bildung von Vertrauen durch die gestiegene Wandlungsintensität der modernen Welt. Es kann Vertrauen im Wandel bestehen, wenn Vertrauen in die Beherrschbarkeit des Wandels als berechtigt erlebt und erfahren wird. Auch dafür muss die Gestaltung des öffentlichen Raums auf eine Stabilisierung seines Koordinationsversprechens zielen.

Ein Spannungsverhältnis zwischen den Institutionen und der individuellen Verantwortung kann sich dadurch ergeben, dass Regeln als systematischer Ort der Moral in freien Gesellschaften einen Fehlanreiz für individuelles Verhalten verursachen können. Auf treffende Weise hat dieses Dilemma Helmuth Plessner[98] benannt: »Aber man gibt den Menschen kein gutes Gewissen, wenn man ihnen sagt, dass sie überhaupt keins zu haben brauchen«. Damit ist jenes inhärente Destabilisierungspotenzial der modernen Gesellschaft (und Demokratie) gemeint, das sich aus einem Mangel an emotionaler Bindung und der Betonung nüchterner Sachlichkeit ergibt, die ausgehalten werden muss. »Die gesellschaftliche Lebensordnung sucht ihre Beziehungen unpersönlich zu gestalten. Sie pflegt alles, was aus der Intimität zur Distanz, aus der Rückhaltlosigkeit zur Verhaltenheit, aus der individuellen Konkretheit zur allgemeinen Abstraktheit führt.«[99]

2. Wirtschaftsordnung unter historischen Bedingungen: Raum für Vielfalt

Die Ängste und Sorgen um die Legitimierung beziehungsweise De-Legitimierung nationaler Politik in repräsentativ demokratischen Strukturen und um den in Zeiten von Globalisierung sowie Systemwettbewerb bedrohten Primat der Politik haben in elementarer Weise mit der unterstellten dominanten wirtschaftspolitischen Strategie zu tun. Die angebotspolitische Wende (in den USA und Großbritannien war mit der *supply side economics* tatsächlich eine grundlegende Veränderung der Wirtschaftspolitik verbunden, in Deutschland blieb die Konzeption der *Angebotspolitik* hingegen vor allem auf der reflexiven Ebene bedeutsam und wurde wirtschaftspolitisch nur in Ansätzen aufgenommen) Ende der 1970er

Jahre hat aus der Rückschau für viele Beobachter am Anfang einer neoliberalen Neupositionierung des Staates gestanden, die den Staat als Minimalstaat neu definierte. Diese Entwicklung wurde massiv forciert durch die zweite Zündstufe der Marktrevolution – den *Big Bang am 27. Oktober 1986*, mit dem Margaret Thatcher die Finanzmärkte deregulierte. So hat sich – zudem motiviert durch die vielfältigen und tiefgreifenden ökonomischen Krisen seit der Jahrtausendwende – eine Grundsatzdebatte über die Richtung der deutschen, aber auch der internationalen Wirtschaftspolitik ergeben.

Herrschte seit den 1980er Jahren lange ein weitgehender Konsens über die Angemessenheit der angebotspolitischen Konzeption vor, um über bessere Investitionsbedingungen im Standortwettbewerb für Arbeitsplätze und Wachstum zu sorgen und durch Deregulierung sowie Marktöffnung verkrustete Strukturen aufzubrechen, so mehren sich grundlegende Kritik und die Forderung nach einer wirtschaftspolitischen Neuorientierung. Bis zur Jahrtausendwende bestanden für die große Mehrheit der Ökonomen keine Zweifel daran, dass es vor allem um eine Stärkung marktwirtschaftlicher Strukturen gegenüber staatlichem Eingriff gehe, um der Effizienz des Marktes Wirksamkeit zu verschaffen. Die damit verbundenen reformpolitischen Vorstellungen für Marktöffnung, Deregulierung, Bürokratieabbau, Privatisierung und Haushaltskonsolidierung spiegelten sich global im *Washington Consensus*.

In dieser von John Williamson 1989 eingeführten Formulierung bündelten sich die aus den Erfahrungen der lateinamerikanischen Schuldenkrise, aus der Einsicht in das nachfragepolitische Versagen in Zeiten der Ölverknappung und aus den seit den früheren 1980er Jahren weltweit mit der Disinflation gemachten Fortschritte resultierenden Konzepte von *Internationalem Währungsfonds* und *Weltbank* für stärkeres Wachstum bei stabilen Verteilungsrelationen: makroökonomische Disziplin, Marktwirtschaft und Offenheit zu den Weltmärkten.[100] Man darf dabei nicht vergessen, dass dahinter die Erfahrung eines mehr oder weniger verlorenen Jahrzehnts für die meisten Staaten in Lateinamerika stand, verbunden mit geringer Aussicht auf grundlegende Besserung. Dadurch wurde das tradierte Entwicklungsleitbild der Importsubstitution fragwürdig, was zusammen mit dem Zusammenbruch der Zentralverwaltungswirtschaften nach einem neuen konzeptionellen Rahmen nicht nur für Entwicklungsländer verlangte. Beide historischen Befunde machten klar, dass sowohl eine Wirtschaftspolitik ohne Rücksichtnahme auf makroökonomische Konsistenzbedingungen als auch eine Strategie gegen ausländische Direktinvestitionen nicht mehr tragfähig waren.

Freilich ist der *Washington Consensus* kein Supercode, mit dem allumfassend und jederzeit die diagnostizierten wirtschaftlichen Probleme zu heilen sind. Der Befund für die 1990er Jahre ist tatsächlich ernüchternd: Allein zwischen 1994 und 1999 erlebten zehn Schwellenländer massive Finanzkrisen, die sowohl den Lebensstandard verringerten als auch das politische System erschütterten. Das führte zu Beginn des neuen Jahrtausends zu einer intensiven Auseinandersetzung über die Angemessenheit einer grundlegenden Marktöffnungsstrategie.[101] Insbesondere die Verteilungsfolgen wurden thematisiert und führten zu Überlegungen einer effektiveren Umverteilungspolitik. Betont wurde auch, dass die Öffnung der Schwellen- und Entwicklungsländer zugleich eine faire Marktöffnung der etablierten Volkswirtschaften erfordert.

Insgesamt muss die politische Steuerung zur Umsetzung eines solchen Maßnahmenkatalogs wie beim *Washington Consensus* den Kriterien der Transparenz, der Partizipation und der klaren Verantwortlichkeit entsprechen.[102] Gerade daran hat es verschiedentlich gemangelt, so dass diese Politik nicht im gebotenen Maße in den Ländern unterstützt wurde. Schließlich wurde die Entwicklung der Institutionen expliziter eingebunden, ein Aspekt, der mit dem Konzept *Governance and Institution building* beispielsweise im Entwicklungsprogramm der Vereinten Nationen eine bedeutsame Rolle spielt.[103] Doch trotz dieser wichtigen Relativierungen bleibt auch 25 Jahre nach der Formulierung des *Washington Consensus* die Einsicht zutreffend, dass die Mobilisierung der Marktsteuerung zu Effizienzgewinnen führt, die – bei angemessenen Institutionen und damit einer angemessenen Berücksichtigung der historisch-kulturellen Besonderheiten einer Gesellschaft – auch die gewünschten Verteilungsergebnisse ermöglichen.

So wurde nach der Dominanz Keynes'scher Rezepturen und originär wohlfahrtsstaatlicher Perspektiven von den frühen 1960er Jahren bis Mitte der 1970er Jahre eine positive Neubewertung des Marktmechanismus weithin für die Wirtschaftspolitik bestimmend. Wolfgang Streeck nennt dies »die lange Wende vom Nachkriegskapitalismus zum Neoliberalismus«.[104] Der Nachkriegskapitalismus wird mit dieser Kritik zur Norm, zugleich die damit verbundene Rolle des Staates. In dieser Bewertung finden wir bei näherer Betrachtung jene Argumentation wieder, die von der Frankfurter Schule im Sinne zweckgerichteter Vervollkommnung gesellschaftlicher Verhältnisse vorgetragen wurde. Dieser Bezug lässt die Emotionen einordnen, die vor allem die Gegner entsprechender angebotsseitiger Reformen zeigen, als ginge es damit um den Niedergang deutscher, im Sozialsystem inkorporierter Werte. Man kann dies nur verstehen, wenn man die dahinter liegenden Ängste zur Kenntnis nimmt – Ängste, die eine Amerikanisierung der deutschen Wirtschaftsordnung thematisieren und die Kritik am Transatlantischen Freihandelsabkommen (TTIP) erklären. Die Ängste speisen sich aus der Wahrnehmung, dass die intensivierte internationale Arbeitsteilung bei weiterem Fortgang keine substanzielle wirtschaftspolitische Differenzierung in den beteiligten Volkswirtschaften mehr erlaubt und nur den vermeintlich ungebändigten neoliberalen Kapitalismus als Leitbild kennt.

Tatsächlich spiegeln sich diese Befürchtungen insbesondere

nach der Weltwirtschaftskrise in dem Befund, dass derzeit in allen großen Volkswirtschaften der Welt fundamentale Probleme der politischen Steuerung (Governance-Probleme) zu beobachten sind. Dies gilt offensichtlich für die Eurozone, wo der Konflikt zwischen europäischer Geldpolitik und nationaler Finanzpolitik die Staatsschuldenkrise politisch so unhandlich werden ließ und Forderungen nach einer politischen Union begründete. Dies gilt ebenso für die Vereinigten Staaten, wo der seit Sommer 2011 wiederholte »government shut down« auf eine fundamentale Störung hinweist, weil die in der Verfassung angelegte grundsätzliche Bereitschaft aller Akteure im Kongress wie im Weißen Haus zum Konsens nicht mehr besteht. Der Widerstreit der Interessen zwischen den beiden großen Parteien wird forciert durch die Stärkung der politischen Ränder. Seit Mitte der 1990er Jahre ist die Verhärtung der Fronten zu spüren, und sie ist in Zeiten von Obama-Care und Tea Party scheinbar unauflösbar geworden.

Diese Befunde lassen sich in weiteren Länderskizzen ergänzen: Japan leidet seit 15 Jahren unter der Deflation, deren Ende sich jetzt abzeichnen könnte. Zusätzlich bedrohte vorübergehend die Abschaltung der Atomkraftwerke die Wettbewerbsfähigkeit, wie umfangreiche Verlagerungen von Produktion und Beschaffung ins Ausland zeigen. Der Bedarf an strukturellen Reformen ist groß, der politische Wille unzureichend. Die wirtschaftliche Agonie dürfte bei dem Alterungsphänomen und der Staatsverschuldung länger anhalten. Die BRIC-Staaten (Brasilien, Russland, Indien, China) erleben tiefgreifende politische Konflikte, weil die Entscheidungsmuster nicht mehr den gesellschaftlichen und ökonomischen Herausforderungen entsprechen. Alle vier Staaten sind durch ein hohes Maß an Korruption und damit unvermeidbar ineffiziente, fehlsteuernde Bürokratien geprägt. Dies verursacht rechtliche Unzuverlässigkeit und politische Unberechenbarkeit – wie die jüngste Entwicklung in Russland zeigt.

Solche Funktionsdefizite bringen zum Ausdruck, dass die Entwicklung der Staatlichkeit dem Fortgang marktwirtschaftlicher Öffnung unter den Bedingungen der Globalisierung nicht standhält. Im Ergebnis werden die Investitionsneigung, die Modernisierung und der gesamtwirtschaftliche Produktivitätsfortschritt geschwächt, weil die Verteilungskonflikte nicht angemessen gelöst werden. Bei allen Unterschieden in Ausgangssituation und Wirtschaftsstruktur ist es auffällig, wie sich die Probleme gleichen. Die BRIC-Staaten stehen vor der Herausforderung, ihre Institutionen den gewandelten Anforderungen anzupassen und letztlich die existierende politische Machtverteilung in Frage zu stellen. Dies schließt Fragen der politischen Legitimation und Organisation mit ein. Unruhen, auf den Straßen ausgetragene Konflikte sowie eine beachtliche organisierte Kriminalität lassen erkennen, dass die existierenden Strukturen nicht zukunftsfähig sind.

Diese Skizzen verdeutlichen, dass wir in allen großen Volkswirtschaften und Wirtschaftsräumen mit Problemen der politischen Steuerung konfrontiert sind. Die Anlässe sind unterschiedlich, die tiefer liegenden Ursachen nicht. Stets drückt die Frage, wie in einer Welt intensiven ökonomischen und institutionellen Wettbewerbs die Verantwortung zwischen Privat und Staat angemessen geteilt und wie die Verteilungsfolgen der Globalisierung sozial akzeptabel aufgefangen werden können. Dies verlangt erstens glaubwürdige, in den historisch-kulturellen Kontext eingebettete demokratische Institutionen und Strukturen, zweitens klar definierte und durchsetzbare, aber auch hinreichend anpassungsflexible Regeln, drittens kompetente Regelsetzung (Regierung und Parlament) sowie effektive Regelsanktionierung (Bürokratie).[105] Schließlich folgt die Einsicht, dass auf man Dauer gut beraten ist, die Logik freiheitlicher Märkte intensiv im Rahmen staatlicher Daseinsvorsorge zu nutzen, um mehr Chancen für alle zu schaffen. So sehen wir in diesen politischen Funktionsdefekten jene Sorgen gespiegelt, die sich im

Zuge der Globalisierung für das gesellschaftliche Miteinander entwickelten.

Diese Sorgen, die in den 90er Jahren zunehmend artikuliert wurden und bereits zur Jahrtausendwende selbst bei Williamson zu einer moderaten Einordnung des *Washington Consensus* führten[106], haben sich im Zuge der Finanz- und Wirtschaftskrise verschärft. Der *Finanzkapitalismus* wird nun als Triebkraft nationaler Enteignung gesehen. Die Stabilisierung der Krisen forderte die Staaten in einer Weise zu Rettungsmaßnahmen, dass deren finanzielle Folgen besonders in den Krisenländern Europas, aber grundsätzlich auch in den anderen Staaten, die demokratische Gestaltung der öffentlichen Ausgaben und damit Aufgaben bedrohen. Damit gewinnt die Frage, inwieweit unter diesen Bedingungen die nationalstaatlich gefasste Volkssouveränität materiell gesichert werden kann, eine neue Qualität. Ist das Ende des *demokratischen Kapitalismus*[107] damit eingeläutet worden? Was bleibt von der Idee der Nation im eigenen Staat, wenn die kapitalistische Ökonomie immer weiter gehender von staatlicher Intervention befreit wird?

Die umfassenden und unausweichlichen Verfallsthesen nationaler demokratischer Ordnung werden vor allem damit begründet, dass trotz nationalstaatlicher Ordnung der Welt »die Parallelen und Wechselwirkungen zwischen den kapitalistischen Ländern die institutionellen und wirtschaftlichen Unterschiede bei weitem überwiegen«.[108] Entscheidend ist demnach nicht das institutionelle Setting einer Volkswirtschaft durch tradierte Ordnungen und der lange Pfad nationaler Besonderheit, sondern die große Kulisse der durch fragwürdige Mächte getriebenen Finanzströme, die mal hier, mal dort – nahezu beliebig, aber doch mit einer durchgehenden inneren Logik – neue Bewertungen vorhandener politischer Strukturen und etablierter Institutionen vornehmen, die häufig zu Entwertungen führen.

Nun wird man den *Standortwettbewerb* als Kern der ökonomischen Globalisierung nicht bestreiten können. Und ebenso wenig ist strittig, dass dieser Standortwettbewerb um Kapital und qualifizierte Arbeit einen *Systemwettbewerb* begründet, der die nationalen politischen Lösungen (Institutionen, Strukturen, Prozesse der Konfliktlösung und Konflikteinhegung; kurz: den nationalen öffentlichen Raum) unter Anpassungsdruck setzt. Tatsächlich suggeriert Globalisierung die Vorstellung, dass es einer stärker einheitlichen Gestaltung der institutionellen Bedingungen bedarf. Globale Märkte bieten international agierenden Unternehmen die Möglichkeit, sich den Anforderungen der nationalen Politik zu entziehen und dadurch Politik- sowie Regulierungsarbitrage zu betreiben. Die Globalisierung – so die Vorstellung – habe so den Primat der Politik durch den Primat des Marktes ersetzt. Privatisierung und Deregulierung sind beziehungsweise waren die Trends, die mehr oder weniger in allen offenen Volkswirtschaften dominier(t)en. Die *Konvergenz-Hypothese* postuliert mit Verweis darauf und die dadurch in Management und Produktion eingeleitete Vereinheitlichung der Methoden und Standards, dass kulturelle Unterschiede entsprechend eingeebnet würden.

Dagegen steht jedoch die Einsicht, dass die Globalisierung nicht nur eine Geschichte der Annäherung und Angleichung von Institutionen sowie Strukturen, sondern ebenso eine Geschichte der Differenzierung schreibt. Die *Divergenz-Hypothese* beruhte auf der einfachen Inspektion der realen Verhältnisse und der Feststellung, dass eine Angleichung der kulturellen Spezifität – gerade auch im wirtschaftlichen Handeln – nicht eingetreten ist.[109] Stattdessen werde die prägende Kraft der Nation deutlich, ebenso die Langlebigkeit des nationalen Habitus. Im ökonomischen Diskurs stehen die *six major puzzles in international economics* für diesen Befund unverändert existierender Differenzierungen, der das Zitat von Streeck geradezu umdreht: *Trotz der Parallelen und Wech-*

selwirkungen zwischen den kapitalistischen Ländern dominieren die institutionellen und wirtschaftlichen Unterschiede. Die Rätsel lassen sich wie folgt in Frageform zuspitzen:[110]

- Warum haben die Menschen scheinbar eine so starke Vorliebe für heimische Waren (*home-bias-in-trade puzzle*)?
- Warum ist der Konsum in den OECD-Ländern nicht stärker korreliert (*consumption correlations puzzle*)?
- Warum sind die Leistungsbilanzungleichgewichte im Vergleich zu Ersparnis und Investitionen in längerfristiger Betrachtung so gering (*Feldstein-Horioka puzzle*)?
- Warum präferieren Investoren überwiegend heimische Aktien (*home-bias portfolio puzzle*)?
- Wie ist es möglich, dass die realen Wechselkurse erst in sehr langer Frist zur Kaufkraftparität tendieren (*purchasing-power-parity puzzle*)?
- Warum sind Wechselkurse so volatil und so wenig durch Fundamentalfaktoren erklärbar (*exchange-rate disconnect puzzle*)?

In der Stoßrichtung dieser Fragen und dem damit angelegten Befund zur Globalisierung wird sichtbar, dass die ökonomische Globalisierung ein sehr viel differenzierteres Verständnis verlangt, als es mit Verweis auf internationale Kapitalströme angelegt ist. Hilfreich ist dafür eine produktionsbezogene Sichtweise, die die Globalisierung der industriellen Wertschöpfung in den Mittelpunkt stellt und nach deren Voraussetzungen sowie Bedingungen fragt.[111] Damit sind aber zugleich volkswirtschaftliche Spezialisierungsmuster angesprochen, die über unterschiedliche Produktionsschwerpunkte und Produktionsweisen zu einer Differenzierung der Volkswirtschaften im globalen Strukturwandel beitragen.

Trotz aller *Liberalisierung, Deregulierung, Privatisierung, Marktöffnung und Internationalisierung* sind zentrale Bereiche wirtschaftlicher Tätigkeit nicht integriert, sondern folgen sehr stark nationalen Mustern und Strukturen. Und das gilt bis heute im Grundsatz unverändert, allerdings weniger scharf, obgleich sich seit dem Jahr 1950 der internationale Handel und die Kapitalbewegungen massiv ausgeweitet haben. Empirisch führt das zu der Feststellung, dass die Effizienzerwartungen neoklassischer Provenienz mit Blick auf die internationale Ressourcenallokation sich nicht bestätigen lassen.[112] Die hauptsächliche Erklärung finden Heathcote und Perri in den verzerrenden Wirkungen unzureichend liberalisierter und integrierter Finanzmärkte. Unbeleuchtet bleibt, was empirisch kaum zu fassen dürfte: die Bedeutung von gesellschaftlich verankerten Präferenzstrukturen (zum Beispiel regionale Vorlieben, Habitus, Patriotismus) für die Differenzierung der nationalen Strukturen als Gegenkraft zu den Angleichungsfolgen der Globalisierung. Die Frage nach der kulturellen Differenz zwischen Gesellschaften wird damit auch für die ökonomische Betrachtung wichtig.[113] Dieses Thema hat Max Weber – aus anderer Perspektive – bereits in seiner Freiburger Antrittsrede von 1895 behandelt und dabei nationale Unterschiede in Habitus, Werten und Ansprüchen als erklärungsmächtig für die Frage bewertet, warum unter »seit Jahrhunderten … wesentlich gleichen Chancen« Akteure unterschiedlicher nationaler Prägung zu unterschiedlichen Ergebnissen kommen.[114]

Dies alles relativiert die Bedeutung der *Globalisierung*, ohne sie in Zweifel zu ziehen: Aber »zum exklusiv gültigen Grundbegriff eignet sie sich schon deshalb nicht, weil es beachtliche Gegenbewegungen gibt. Eine von ihnen, die Regionalisierung, ist sogar von der wirtschaftlichen Globalisierung mitbedingt. … Eine Gegenbewegung stellt auch die Fragmentierung der Mega-Städte in ethnische und kulturell disparate Gruppen dar, ferner in jungen Demokratien die Stärkung des Nationalgefühls. Weiterhin dürfen wir die Vielfalt von Sprachen, Sitten und Religionen nicht vergessen.«[115] Zudem ist die Warnung der Historiker zu bedenken, dass jede

Gegenwart zur Selbstüberschätzung neigt. Denn jede Epoche hat Formen der Globalisierung – bezogen auf den jeweils relevanten Möglichkeitsraum – erlebt. Immer trafen Nachbarn aufeinander und konnten neue Netzwerke sowie Verknüpfungen flechten. Und auch heute ist die Globalisierung vor allem selektiv, wie die hauptsächlichen Handelsströme zwischen etablierten Wirtschaftsräumen und die nationalen Finanzierungskreisläufe belegen. »Weil die doppelte Skepsis berechtigt ist, bedeutet die gegenwärtige Globalisierung erst einen Trend, nicht schon dessen schließliches Resultat. Wir leben in einer ›Zivilisation im Übergang‹; die *eine* und in jeder Hinsicht global vernetzte Weltgesellschaft gibt es – noch – nicht.«[116] Das gilt unverändert.

So kann grundsätzlich die Feststellung nicht verwundern, dass sich die *Wirtschaftsstrukturen infolge der Globalisierung nicht zwingend angleichen*. Deutschland ist dafür das herausragende Beispiel; die starke Industrie ist im Verbund mit Dienstleistungen robuster als andernorts in etablierten, entwickelten Ökonomien, sie ist unverändert Taktgeber der Konjunktur und Impulsgeber für den Strukturwandel. Dabei ist es nicht nur so, dass Deutschland nicht mehr deindustrialisiert, sondern beharrlich seit Mitte der 1990er Jahre seine Industrie wieder leicht an Bedeutung gewinnt. All dies spiegelt sich in der Tatsache, dass sich seit dem Jahr 2008 in der Europäischen Union die Konvergenz der Pro-Kopf-Einkommen nicht mehr fortsetzt.[117] Was über Jahrzehnte zum Selbstverständnis der europäischen Integrationspolitik gehört, hat unter den Bedingungen auseinanderdriftender Wirtschaftsstrukturen vorerst keine Perspektive mehr.

Die Diskussion der Plessner'schen These von Deutschland als der verspäteten Nation wird deutlich machen, *wie lange frühere Zufälligkeiten nachwirken* und dass sich frühe politische und ökonomische Nachteile langfristig in ihr Gegenteil umkehren können. All dies begründet keine Zwangsläufigkeit, lässt es aber angeraten sein, bei wirtschaftlichen Strukturanalysen die historische Betrachtung einzubeziehen. Damit wird deutlich, dass bei aller Kraft die Globalisierung und der daraus resultierende Druck auf die historisch geformte Kongruenz von Territorium, Bevölkerung und Macht durchaus Gegenkräften ausgesetzt ist; zugleich folgt daraus aber, dass die Übertragung bestimmter wirtschaftspolitischer Lösungen und Konzepte von einer Gesellschaft auf eine andere selbst bei erkannten Vorteilen auf große Hürden und auch Widerstände trifft. Beispielhaft lässt sich dies für die duale Berufsausbildung beschreiben, deren historische Wurzeln ohne den geistesgeschichtlichen Hintergrund der verspäteten deutschen Nation nicht zureichend beschrieben sind (vgl. Kapitel IV.1).

Die Finanz- und Wirtschaftskrise seit dem Herbst 2008 hatte keinen durchschlagenden Einfluss auf die Trends im globalen Wettbewerb. Die Globalisierung, die 2008 und 2009 von vielen Beobachtern vor einer tiefen Krise gesehen wurde, geht nicht nur weiter, sondern sie steht angesichts der Re-Industrialisierung in Nordamerika und neu zu entwickelnder Potenziale in Ostasien vor einem neuen Schub. Andererseits hat die Krise aber auch die Unterschiede geschärft und profiliert, wie die Entwicklung insbesondere in Europa zeigt. Das lässt vermuten, dass sich neben den spezifischen Interaktionen von politischer Entwicklung, staatlicher Fassung und ökonomischem Strukturwandel auch weniger fassbare Potenzen auswirken, die wir beispielsweise in den kulturell definierten Haltungen der Menschen finden. Die auch nach über 60 Jahren europäischer Integration immer noch fundamental unterschiedliche Sichtweise der Deutschen und der Franzosen auf den Staat, auf die Sozialpartnerschaft, auf die Wirtschaft sind Indizien dafür. Das spricht dafür, dass auch künftig Differenzierungen in der Ausprägung der marktwirtschaftlichen Ordnung möglich sein werden, wenn sie im Gleichgewicht mit der kulturellen Identität stehen.

Diese Einsichten nehmen der eingangs erwähnten Sorge ihre Schärfe, dass die Globalisierung unweigerlich eine Nivellierung der gesellschaftlichen und wirtschaftlichen Verhältnisse in den integrierten Staaten oder gar eine Prägung durch die potenteste und größte Volkswirtschaft nach sich zieht. In diesem Zusammenhang ist darauf zu verweisen, dass die US-amerikanische Wirtschaftspolitik zwar einen grundlegend anderen Ansatz bei der sozialen Absicherung verfolgt und insgesamt über den Staatshaushalt – wie an der Staatsquote erkenntlich – in geringerem Maße auf die Volkswirtschaft einwirkt. Zugleich ist aber zu bedenken, in welcher rigiden Weise regulatorisch und disziplinarisch eingegriffen wird, wie es bei der Haftung von Unternehmen für ihre Produkte oder bei der Haftbarmachung von Unternehmern für Bilanzfälschungen der Fall ist.

Der Entstehungszusammenhang der Finanzmarktkrise bietet für die unterschiedlichen Ansätze staatlichen Handelns in Deutschland und den USA ein eindrucksvolles Beispiel: Während in Deutschland die Frage des angemessenen Wohnens für Haushalte mit geringem Einkommen vor allem durch die Subjektförderung des Wohngelds, also einen direkten Transfer aus Steuermitteln beantwortet wird, hat dies in den USA zu einem fatalen regulatorischen Eingriff in die Kreditmärkte geführt. Der 1977 erlassene *Community Reinvestment Act* begünstigt über ein Rating jene Banken, die besonders viele lokale Kredite und Kredite an Geringverdiener vergeben. 1992 wurde vom US-Kongress sogar ein bestimmter Prozentsatz aller Hypotheken festgelegt, der an Haushalte mit niedrigem Einkommen gehen soll (*Affordable Housing Goals*). Organisiert wurde dies über die implizit staatlich garantierten Institute *Fannie Mae* und *Freddie Mac*, die unter Präsident Obama abgewickelt wurden. Dieser Hinweis auf die Ursachen der Finanzmarktkrise 2007/08 macht deutlich, wie unterschiedliche Haltungen dem Staat gegenüber spezifische Folgen zeitigen, die sich durchaus als widersprüch lich erweisen können: Die Zurückhaltung gegenüber staatlichen Sozialleistungen führt zu einem scheinbar marktkonformen Eingriff mit jedoch verheerenden Folgen, als diese Hypotheken durch die Verbriefungstechnologie ihren Weg in die Bankportfolios weltweit fanden. Anders hingegen konnte man in der Krise erleben, wie die US-Regierung sehr viel rigider in das Bankensystem intervenierte (zwangsweise Rekapitalisierung der Großbanken, *Troubled Asset Relief Program* [TARP] vom 3. Oktober 2008), während die Bundesregierung sich davon durch eine Position ordnungspolitischer Reinheit abhalten ließ und stattdessen eine fallweise freiwillige Kapitalstärkung präferierte (*Sonderfonds Finanzmarktstabilisierung* [SoFFin] vom 17. Oktober 2008). Die Ergebnisse sind an der unterschiedlich schnellen Erholung und Stabilisierung der jeweiligen Großbanken zu erkennen.

So scheint für die Klärung der Frage, inwieweit differenzierte marktwirtschaftliche Ordnungen in der vernetzten Weltwirtschaft tragfähig sind, der oben angelegte Hinweis bedeutsam zu sein, dass die Zukunftsfähigkeit einer Ordnung nicht nur von Kapitalströmen, Warenbewegungen und Bürgerwanderung abhängt, sondern zunächst und auch künftig primär von ihrer *kulturellen Kompatibilität*. Die historisch geprägte Mentalität eines Volkes, die zugleich ein Reflex der kollektiven historischen Erfahrung und damit Ausdruck eines kollektiven Erinnerungsbestandes ist, definiert auch den Gestaltungsspielraum tragfähiger Regelwerke, hier der wirtschaftlichen Ordnung. Dies kann freilich nicht bedeuten, dass alles Bestehende als Konsequenz historischer Prozesse legitimiert wird. Vielmehr gilt: Die tragfähigen Lösungen können nur solche sein, die im vorgenannten Gestaltungsspielraum den Grundsätzen der Logik entsprechen und die realen ökonomischen Bedingungen akzeptieren. Jedenfalls ist es nicht so, dass die global gleichermaßen drängenden Fragen, Probleme und Herausforderungen zu global identischen Antworten und Lösungen führen.

Ein weiteres Beispiel soll das Argument nationaler Differenzierung in der Globalisierung vertiefen. Der amerikanische Ökonom George Stigler beschreibt in seinen Memoiren die Ausgangsbedingungen seines Lebens:[118] Der Vater war um die Jahrhundertwende aus Bayern eingewandert und heiratete eine Tochter aus ungarischer Familie. Beide arbeiteten hart, gelangten mit abwechslungsreicher Erwerbsbiografie und »nomadenhafter Existenz« zu ökonomischem Erfolg. Obwohl der Vater nie richtig Englisch konnte, bewarb er sich um einen Sitz im Stadtrat von Seattle; der Sohn war selbst in den ersten Lebensjahren nur der deutschen Sprache mächtig. George Stigler verweist auf die Forschungsergebnisse zum ökonomischen Erfolg von Zuwanderern in den Vereinigten Staaten, die in der Regel nach rund zehn Jahren ein im Vergleich zur angestammten gleichaltrigen Bevölkerung höheres Einkommen erzielten, nicht zuletzt, weil sie außergewöhnlich gesund, risikobereit und voller Tatendrang waren. Eine Gesellschaft, die diese Erinnerung nicht vereinzelt, sondern quasi im kollektiven Bestand hat, wird eine andere Form der sozialen Sicherung für notwendig erachten und damit dauerhaft akzeptieren als eine Bevölkerung mit geringerer Fluktuation. Zugleich verband sich mit den Zuwanderergeschichten die Erfahrung der gelingenden Integration, wie es sich an der Sprachkompetenz und dem Bildungserfolg der zweiten Generation zeigte.

Insofern geht es bei der *Frage nach dem zukunftsfähigen Wirtschafts- und Gesellschaftsmodell* nicht nur um die Feststellung, dass angesichts der genannten internationalen Vernetzung ein Systemwettbewerb wirksam ist, der marktferne Lösungen unter Druck setzt, sondern ebenso um die Einsicht, dass eine nationale Differenzierung möglich sein sollte, wenn die Wirtschaftsordnung kulturell akzeptabel ist und dadurch legitimiert wird. Das aber erfordert, dass die Wirtschaftspolitik auf einer Konzeption beruht, die weder gegen den Grundsatz der Konsistenz der Teilsysteme verstößt (etwa Arbeitsmarkt und Sozialsystem) noch gegen den Grundsatz der Anreizkompatibilität (einfach gesagt: derjenige, der im Markt sein Einkommen erzielt, muss stets bessergestellt werden als derjenige, der auf das Sozialsystem verwiesen ist). Kraft zur Eigenständigkeit eines Ordnungsmodells und damit starke Potenzen gegen die Globalisierung sind aber nur möglich, wenn es ein Bewusstsein über die ethische Fundierung der marktwirtschaftlichen Ordnung gibt. Hier liegt neben den Prozessen spezifischer Präferenzbildung in den einzelnen Gesellschaften ein bedeutsamer Ansatz zur Differenzierung, weil dies die gesellschaftliche Akzeptanz für die konkrete Ausprägung der marktwirtschaftlichen Steuerungslogik bedingt, was letztlich auf den Gemeinsinn zielt.

Die Frage, wie viel Gemeinsinn – Mitverantwortung und Mitgestaltung im öffentlichen Raum – eine individualistisch orientierte Gesellschaft für ihren dauerhaften Bestand erfordert und in welchem Maß wir uns deshalb der Aufgabe widmen müssten, Gemeinsinn zu rekonstruieren, drängt sich heute immer stärker auf. Dafür kann hier die wie folgt belegte Einsicht genutzt werden, dass die Marktwirtschaft keineswegs ohne ethische Funktionsprinzipien und ohne Moral ist. So fordert der Grundsatz der Verknüpfung von Entscheidungsfreiheit und Haftung für eigenes Tun einen verantwortlichen Umgang mit Ressourcen und ebenso die Rücksichtnahme auf die anderen (Verantwortungsethik), er begründet ein Gerechtigkeitsverständnis, das erbrachte und im Markt bewertete Leistung zum Verteilungsmaß macht (Leistungsgerechtigkeit). Und in ihrem Wesen ist die Marktwirtschaft nichts anderes als die flächendeckende Umsetzung des fairen, alle beteiligten Seiten stets besserstellenden Tauschprinzips. Die Durchführung des Tauschs impliziert in jedem einzelnen Fall ein Bekenntnis zu dem Gebot, nicht zu stehlen (Tauschgerechtigkeit). In intertemporaler Sicht ist eine vorausschauende und nicht nur nachsorgende Wirtschaftspolitik bei der Nutzung natürlicher Ressourcen gefordert. Zudem bewirkt der Marktmechanismus, dass ökonomische Machtpositionen bestreitbar sind und immer wieder erodieren; man kann dies auch als Grundsatz der Gewaltenteilung erfassen. Anders gewendet: Als System wiederholter Spiele lässt die Marktwirtschaft jeden Teilnehmer den Vorteil der Kooperation erfahren und erzieht damit zu kooperativem Verhalten.

Verantwortungsethik, Leistungsgerechtigkeit, Tauschgerechtigkeit und Gewaltenteilung bilden das ethische Fundament der Marktwirtschaft. Doch wie zuvor ausgeführt, hat Max Weber bei aller Präferenz für die Verantwortungsethik die Gesinnungsethik nicht ausgeschlossen. Gerade darin liegt eine Steuerungsressource für Gesellschaft und Wirtschaft, die allerdings nicht auf Gesinnung im engeren Sinne zielt, sondern auf das besondere Spielverständnis unterhalb der Regelungsebene. Darin zeigt sich das *intentionale Verständnis für das Gemeinsame.* Eine Wirtschaftsordnung muss auf Dauer, wenn sie unter den Bedingungen der Globalisierung und damit insbesondere angesichts mobilen Kapitals sowie ebenso mobiler Spitzenkräfte (Humankapital) Differenzierungsspielräume gewinnen soll, die notwendige Konsistenz mit der kulturellen Identität erfüllen.

Dieser Zusammenhang lässt sich verdeutlichen, wenn man die Arbeitsmarktverfassung in Dänemark im Vergleich zu Deutschland betrachtet. In Dänemark gilt einerseits ein sehr liberaler Kündigungsschutz, andererseits haben Arbeitslose vier Jahre Anspruch auf ein sehr großzügig bemessenes Arbeitslosengeld (für die unterste Einkommensgruppe liegt die Lohnersatzrate bei 90 Prozent), was wiederum besondere Aktivierungspflichten nach sich zieht (unter anderem zwei Jobgesuche pro Jahr). Aus deutscher Sicht sind beide Lösungen gesellschaftlich nicht vermittelbar, da sie jeweils eine Ausbeutungsoption – den Arbeitgebern beim Kündigungsschutz, den Arbeitslosen beim Transferbezug – offerieren, deren Nutzung als wahrscheinlich angesehen wird. Dagegen scheint in

Dänemark bei allem erkannten und umgesetzten Reformbedarf vor der Jahrtausendwende diese Befürchtung nicht vergleichbar bedeutsam zu sein. Dies hat sicherlich auch damit zu tun, dass das generelle Vertrauen den Mitmenschen gegenüber in Dänemark dauerhaft am höchsten ist, wie es die Umfragen des *European Social Survey* 2002 bis 2010[119] belegen.

In Analysen zu den unterschiedlichen Ausprägungen der marktwirtschaftlichen Ordnung wird die (idealtypische) Funktion des Unternehmens zum Anker der Systemdifferenzierung, zum Unterscheidungsmerkmal zwischen Kapitalismusformen.[120] Dies wird damit begründet, dass Unternehmen mit ihrem Verhalten und ihren Strategien in aggregierter Betrachtung die volkswirtschaftliche Struktur und Leistungskraft wesentlich bestimmen und zugleich die Präferenzen und Rationalisierungswünsche der Konsumenten dokumentieren. Unternehmen agieren in unterschiedlichen Märkten – Beschaffungs-, Finanzierungs- und Absatzmärkte – und damit in sehr weit gespannten thematischen Kontexten – Finanzierungsweise, Sozialpartnerschaft, Lohnfindung, Arbeitsbedingungen, Aus- und Weiterbildung, Forschung und Entwicklung sowie innerbetriebliche Organisation. Deshalb reflektieren Unternehmen durch ihr Handeln nicht nur die Steuerungskraft der Konsumenten und der Anteilseigner, sondern ebenso die Bedeutung der gesellschaftlich getragenen Regulierungen verschiedener Märkte und Handlungsbereiche sowie die Bedeutung gesellschaftlicher Wertvorstellungen und ethischer Orientierungen.

Vor diesem Hintergrund liegt die besondere Bedeutung für Unternehmen darin, ihren langfristigen Erfolg dadurch abzusichern, dass sie die Koordinierung der verschiedenen Kontexte effizient gewährleisten. Anders gewendet: Unternehmerischer Erfolg ist gerade in der Marktwirtschaft nachhaltig, das heißt über einen Konjunktur- und Technologiezyklus hinweg nur möglich, wenn in den verschiedenen Handlungskontexten erkennbar konsistent gearbeitet wird. Die Reaktion auf die Finanzkrise, und zwar insbesondere auf die Unternehmen der Finanzwirtschaft, zeigt, wie tief Verunsicherung und Misstrauen gehen können, wenn dieser Zusammenhang ignoriert wird. Bei der Koordinierung der verschiedenen Kontexte werden zwei unterschiedliche Ansätze ordnungstheoretisch unterschieden:[121] In *liberalen Marktwirtschaften* (Markt- oder Shareholder-Kapitalismus) dominiert die Koordinierung über offene, wettbewerblich organisierte Märkte mit in der Regel formalen vertraglichen Vereinbarungen als Grundlage. In *koordinierten Marktwirtschaften* (Beziehungs- oder Stakeholder-Kapitalismus) dominiert die Koordinierung über strategische Kooperation mit anderen Institutionen, beispielsweise über Netze gegenseitiger Beteiligung oder über Interessenvertretungen für bestimmte Handlungsbereiche wie die industriellen Beziehungen.

Diese Überlegungen zu den *Varieties of Capitalism*[122] lassen sich mit den Einsichten zu *interkulturellen Differenzen*[123] verbinden. Diese zielen zwar auf Organisationskulturen und Führungsweisen der Unternehmen, beruhen aber auf der Analyse nationaler kultureller Besonderheiten und Unterschiede. Kultur wird hier als »kollektive Programmierung des Geistes [definiert], die die Mitglieder einer Gruppe oder Kategorie von Menschen von einer anderen unterscheidet«.[124] Diese Programmierung – und damit die Kultur – reproduziere sich, was dazu führe, dass der Kulturwandel eine Veränderung der Lebenspraktiken, kaum aber der elementaren Werte bedeutet. Fünf Differenzierungsdimensionen in der nationalen Kultur sind empirisch valide ermittelt worden: (1) der Umgang mit sozialer Ungleichheit und gelebte Machtdistanz, (2) die Beziehung zwischen Individuum und Gruppe, (3) die Vorstellung von Maskulinität und Femininität, (4) der Umgang mit Unsicherheit und Mehrdeutigkeit, (5) die langfristige versus kurzfristige Orientierung.[125] Das, was in der Kapitalismusforschung typisiert wird, reflektiert unterschiedliche Prägungen in den ermittelten Kulturdimensionen, die auf eine lange, zum Teil sehr lange Geschichte zurückgehen.[126] Die Veränderbarkeit in einzelnen Dimensionen hängt wesentlich von der Wohlstandsentwicklung ab – so reduziert sich die Machtdistanz zwischen Menschen, wenn der Wohlstand in der Gesellschaft steigt, ebenso wird der Individualismus mit wachsendem nationalen Wohlstand gestärkt. Aus alldem folgt, dass die nationale Differenzierung hartleibig ist, jedenfalls einfachen Übertragungen entgegensteht und so die These einer globalen Angleichung stark relativiert. Noch so überzeugende Organisations- und Managementtheorien wirken sich nicht einheitlich auf die unternehmerische Realität aus, denn »Nationalität engt Rationalität ein«.[127]

Die idealtypisch gekennzeichneten beiden Ordnungsformen (Shareholder vs. Stakeholder) sind überzeichnet und kontrastieren mit realen Ausprägungen von Wirtschaftssystemen, die mehr oder weniger deutlich auf die eine oder andere Form verweisen. Dadurch wird aber erkennbar, dass reale Wirtschaftssysteme immer nur Annährungen an theoretische Konstrukte sein können und einem erheblichen institutionellen Wandel unterliegen, der im Zeitablauf unterschiedliche Distanzen zum Idealtypus markiert. Bezogen auf den Zusammenhang zwischen konkreter Ordnung und gesamtwirtschaftlicher Performanz zeigt die empirische Forschung, dass es nicht *das* Erfolgsmodell gibt, sondern vielmehr verschiedene zentrale Bedingungen für den Erfolg.

Diese Erfolgsbedingungen beziehen sich angesichts beachtlicher Komplementaritäten auf die ordnungstheoretische Konsistenz der Teilsysteme.[128] Institutionelle Ungleichgewichte beziehungsweise Widersprüche sind langfristig nicht tragbar, da sie die Dynamik der Wirtschaft beeinträchtigen und die Fähigkeit schwächen, angemessen auf exogene Schocks reagieren zu können. Damit ist zugleich begründet, dass der institutionelle Wandel trotz intensiven globalen Standortwettbewerbs nicht, zumindest nicht zwingend zu einer

Konvergenz der Ordnungsmodelle führt. Die Differenzierungen ergeben sich aus unterschiedlich konsistenten Teilordnungen, deren Spezifität nur durch historisch-kulturelle Besonderheiten erklärt und an einem Beispiel veranschaulicht werden kann: Die duale Berufsausbildung hat nicht nur spezifische deutsche Wurzeln, sondern zugleich Konsequenzen für das Miteinander der Sozialpartner. Denn damit erweitert sich deren Verantwortung von der reinen Lohnfindung auf die (unter Einschluss des Wirtschaftsministeriums) gemeinsame Gestaltung und Weiterentwicklung der beruflichen Bildung. Das erfordert aber eine andere Konfliktkultur als der Streit um Lohnerhöhungen.

Damit wird erneut deutlich, dass Akteure in der Marktwirtschaft in ihrem Handeln unter den jeweils spezifischen Ordnungsbedingungen einer Konsistenzanforderung unterliegen, die weit über den ökonomischen Zusammenhang hinaus und auf die ethische Orientierung der Gesellschaft verweist. Das eröffnet die Perspektive auf die historischen und kulturellen Bedingungen der formalen Konsistenz in Bezug auf die institutionelle Ordnung. So wird eine Perspektive auf das wirtschaftliche Handeln der Menschen eröffnet, die die kulturellen und gesellschaftlichen Bedingungen nicht nur nicht ausblendet, sondern sie geradezu einfordert. Unternehmer und Unternehmen beispielsweise werden damit zu Institutionen, die ihre ökonomische Rationalisierungsfunktion erst dann nachhaltig erfolgreich wahrnehmen können, wenn sie zugleich als Akteure im öffentlichen Raum Verantwortung übernehmen. Das stellt die moralische Freistellung des Gewinns im Sinne der Ressourcenschonung nicht in Frage, ordnet sie aber in einen gesellschaftlichen Rahmen ein, der darüber hinausgeht und moralisch anspruchsvoller ist. Unternehmen können sich dieser Beanspruchung nicht einfach mit Verweis auf Rechtssystem und Wettbewerbsordnung entziehen.

Ein Beleg für die wachsende Bedeutung regionaler Werte und Haltungen ist auch der verstärkte Wunsch nach politischer Partizipation. Die gestiegenen Anforderungen der Bürger an eine intensivere Beteiligung an politischen Entscheidungsprozessen stellen die traditionellen demokratischen Rechte und die staatliche Intervention auf den Prüfstand. Die globale Krise der vergangenen Jahre war dabei ein wichtiger Impuls, da die Konsistenz beziehungsweise Komplementarität der nationalen Systeme einem Test auf Robustheit unterzogen wurde. Dies ist deshalb beachtlich, weil die Krisenerfahrung die Befürchtung wieder verstärkt hat, dass unter den Bedingungen der Globalisierung die demokratische Ordnung nicht mehr störungsfrei funktionsfähig und die Volkssouveränität durch die globalen Kapitalmärkte gefährdet sei. Was ist davon zu halten?

3. De-Nationalisierung durch Globalisierung?

Trotz aller Relativierungen, die für die Konsequenzen der Globalisierung für den Nationalstaat und seine demokratische Legitimation erörtert wurden und die deutlich gemacht haben, dass sich damit sowohl eine Angleichungs- wie eine Differenzierungsgeschichte verbindet, bleibt die Frage virulent, welche Folgen der Angleichungsdruck hat. Die Globalisierung als Prozess umfassender Öffnung national definierter Systeme und Ordnungen verschafft qualitativ neue Abhängigkeiten über ökonomische Vernetzungen und einen weltweiten Standortwettbewerb. Dadurch können originäre Gefährdungen der Demokratie entstehen, aber auch inhärente dysfunktionale Potenzen der Demokratie beeinflusst werden.

Dem Begriff der Globalisierung ist in diesem Sinnverständnis der Begriff der De-Nationalisierung entgegengesetzt worden, um die reduzierte Reichweite der nationalstaatlichen Institutionen und Interventionen präziser zu erfassen.[129] Einerseits sind die Sachzusammenhänge über die Grenzen der Nationalstaaten hinausgewachsen; die ökonomischen Öffnungsprozesse haben Vernetzungen begründet, die einer inter-, trans- oder supranationalen Steuerung und Begleitung bedürfen. Andererseits aber werden damit nationale Entscheidungen auch im nationalen Rahmen bestreitbar, was ihre Legitimität erodiert. So meint De-Nationalisierung je nach Betrachtungspunkt zweierlei: einmal die geringere Gestaltungsmacht der Nationalstaaten im globalen Miteinander, sodann die geringere Gestaltungsmacht innerhalb der eigenen Jurisdiktion. Dabei »dient der stilisierte demokratische Wohlfahrtsstaat [der 1970er Jahre] gleichsam als Maßstab für erfolgreiches Regieren heute und in Zukunft«.[130]

Das ist zwar mit der Position vereinbar, wie sie etwa Streeck[131] bezieht, doch es bleibt historisch fragwürdig, weil es von der Vorstellung geleitet ist, gesellschaftliche Entwicklung vollziehe sich zielgeleitet in sozialpolitischer Währung. Die unbedingte Prämierung des Wohlfahrtsstaates jener Dekade wird damit begründet, dass sich darin »alle vier Ziele des Regierens in bis dahin ungekanntem Maße verwirklicht«[132] hätten. Danach ziele demokratisches Regieren auf (1) Sicherheit, (2) Identität, (3) Legitimation und (4) soziale Wohlfahrt. Auf diese Weise wird definitorisch fixiert, was eigentlich Gegenstand der Analyse sein soll. Denn jede der vier Zielsetzungen muss in Raum und Zeit differenziert beantwortet werden und verlangt deshalb ebenso differenzierte Bewertungen. Eine optimale Kombination als objektive Referenz kann es nicht geben, sondern immer nur Optimierungen unter den jeweils gültigen Ausprägungen von Wirtschaft und Gesellschaft. Insofern ist die Einordnung bei Streeck schlüssiger, weil sie immerhin das historisch Besondere und Einmalige des *Nachkriegskapitalismus* herausstellt.[133] Dabei war allerdings ein Gleichgewicht zwischen Arbeit und Kapital realisiert, das sich in stabilen korporatistischen

Strukturen (Branchentarifverträge, unternehmerische und betriebliche Mitbestimmung), einem breiten öffentlichen Sektor, robusten Eigentumsnetzwerken der Deutschland AG und umfassenden Ausnahmebereichen von der Wettbewerbsordnung (Gesetz gegen Wettbewerbsbeschränkungen 1957) manifestierte, die seitdem – vor allem nach 1990 – unter Anpassungsdruck geraten sind. Der damit verbundene Wandel der Staatlichkeit wird als Wende zum Neoliberalismus gedeutet.[134]

Bei der im Weiteren interessierenden Frage nach den Möglichkeiten demokratischer Willensbildung im 21. Jahrhundert wird das Interesse auf strukturelle Bedrängnisse der Volkssouveränität – also die erläuterten Funktionsbedingungen der demokratischen Ordnung – und auf deren Ergebnisse gerichtet. Das eröffnet auch die Möglichkeit, die Frage nach einer Reaktivierung des Nationalstaats oder nur der bewussten Weiterentwicklung in übernationalen Strukturen unverstellt zu beantworten, ohne in eine Debatte der Re-Nationalisierung zu verfallen und die aus der Referenz zum Wohlfahrtsstaat der 1970er Jahre resultierende Bewertung »ahistorisch und rückwärtsgewandt« zu motivieren.

Eine originäre Gefährdung reflektiert die These der De-Legitimierung nationaler Souveränität, wenn bedingt durch globale Bedingungen und Systeme staatliche Institutionen ihren Verfassungsauftrag nicht mehr erfüllen können. Gleichermaßen kann eine Erosion von Gemeinsinn im Kontext globalisierter Handlungsmöglichkeiten und -bedingungen die Funktionalität nationaler Demokratie – durch eine Flucht aus dem öffentlichen Raum – bedrohen. Ebenso vermögen globale Wirtschaftskrisen durch ein fundamentales Koordinationsversagen der Marktwirtschaft die Legitimität der demokratischen Ordnung in Zweifel zu ziehen. Unabhängig von autonomen Gefährdungen durch die Globalisierung kann diese auf Wandlungen demokratischer Staatlichkeit treffen, die sich eigenständig vollziehen.

(1) *Wandel der Staatlichkeit.* Damit ist ein längerer Prozess der Ausprägung staatlichen Handelns und Steuerns angesprochen, der bis heute für die Frage nach der Regierbarkeit von Nationalstaaten von großer Bedeutung ist. Allerdings beginnt diese Geschichte nicht mit der Überlegung, was der zunehmende internationale Standortwettbewerb für demokratische Prozesse und Strukturen bedeutet, sondern sehr viel früher – nämlich Anfang bis Mitte der 1970er Jahre – mit der Feststellung, dass eine Spirale fortschreitender Ansprüche an den Staat zu seiner Überforderung und damit einem Zustand der Unregierbarkeit führe. Dahinter stand die Erfahrung, dass die staatliche Konjunkturpolitik nach 1970 in Tateinheit mit dem Ausbau des Sozialstaats und starker Umverteilungsziele der Gewerkschaften Vollbeschäftigung nicht mehr zu garantieren vermochte, sondern zunächst zu Inflation und dann zu Stagflation führte – der aus Sicht der simplen Phillips-Kurven-Betrachtung unerwarteten Kombination aus Wachstumsschwäche und Inflation.[135] Erklärend für diese These der Unregierbarkeit wurde neben der ersten Ölkrise 1973 auf die Verbandsmacht, vor allem der Gewerkschaften, verwiesen; empirische Analysen unterstützten dabei den Befund, dass ein mittlerer Zentralisierungsgrad bei den Lohnverhandlungen – wie in Deutschland auf der Ebene der Branchen und Regionen der Fall – zu höheren Reallöhnen und niedrigerer Beschäftigung führe.[136] Die Sorgen und die Verzagtheit gipfelten – auch mit Blick auf neue Formen des Terrorismus im Westen – in der Einschätzung, es mit einer »grundlegenden Krise der Demokratie«[137] zu tun zu haben.

Die Unregierbarkeitsthese beruhte, obgleich in einem Umfeld zunehmender ökonomischer Öffnung der Volkswirtschaften formuliert, auf den binnendemokratischen Strukturen. Dagegen stand die linke These, dass die politische Steuerung nicht durch die Gewerkschaftsmacht gefährdet war, die Steuerungsprobleme vielmehr ein Reflex der durch umfassende politische Interventionen versuchten Entschärfung des Klassenkonflikts waren.[138] Der Staat musste zur Befriedung sehr viel Geld aufwenden: Infrastrukturvorleistungen für die Unternehmen, Sozialleistungen für die Reproduktion der Arbeitskraft und Kosten der Beseitigung von Folgeschäden des Wirtschaftens. »Der keynesianische Wohlfahrtsstaat sicherte durch eine Fülle politischer Vorleistungen das Funktionieren der Märkte.«[139] Damit war auch die Krisenerwartung der Neomarxisten klar begründet, nämlich in der Einschätzung, dass der keynesianische Wohlfahrtsstaat die Grenze seiner Integrationskraft erreicht habe.

Doch die Legitimationskrise blieb aus, weil es über die Renaissance der Marktsteuerung und eine begrenzte Marktöffnung, Deregulierung und Privatisierung gelang, die Herausforderungen im Strukturwandel zu meistern. Wachstumsdynamik war wieder mit Preisniveaustabilität und sich entspannenden Einkommensverteilungsrelationen verbunden. Die angebotspolitische Wende erbrachte so für die Verfechter der überkommenen keynesianischen Doktrin ebenso wie für die Vertreter der späten Frankfurter Schule große Überraschungen. Wolfgang Streeck begründet diese »Revitalisierung des kapitalistischen Systems als Marktwirtschaft« mit der Tatsache, dass staatliche Politik dem kapitalistischen System mit Geld Zeit gekauft habe, »indem sie dem neoliberalen Gesellschaftsprojekt als Konsumgesellschaft zunächst durch Inflationierung der Geldmenge, dann durch steigende Staatsverschuldung und schließlich durch freizügige Kreditvergabe an private Haushalte eine Art von Massenloyalität sicherte, wie sie die Theorie des Spätkapitalismus sich schlechthin nicht hatte vorstellen können. Gleichzeitig freilich verbrauchte sich jede dieser Strategien nach einer gewissen Zeit auf eine der neomarxistischen Krisentheorie durchaus geläufige Weise, indem sie das Funktionieren der kapitalistischen Wirtschaft zu unterminieren begann, das ja auch davon abhängt, dass kapitalistische Erwartungen eines *just return* respektiert und befriedigt werden.«[140]

Diese Thesen haben den entscheidenden Mangel, dass sie sich nicht gut mit der beobachtbaren historischen Entwicklung verbinden lassen. Es gab keine globalen Strategien, sondern allenfalls den weltweiten Versuch, einen Ausweg aus der Armut zu finden respektive die Beschäftigungswünsche in den entwickelten Gesellschaften besser zu erfüllen, als dies unter dem Regime der Nachfragepolitik und besonders bei – bezogen auf die reale Problemlage im Strukturwandel der Volkswirtschaft – sachlich falscher Anwendung noch möglich schien. Jede staatliche Ordnung, die aus Sicht der Bürger eine hinreichende innere Legitimation haben will, muss sich dieser Aufgabe stellen. Nur in einer Welt, in der der Staat infolge von Funktionslosigkeit abstirbt, ist dies anders; das freilich ist kaum zu erwarten. Die große These von Streeck verkennt die sehr unterschiedlichen Entstehungszusammenhänge der *supply side economics* einerseits und der *angebotsorientierten Wirtschaftspolitik* andererseits, mit der Folge, dass auch die unterschiedlichen Konzeptualisierungen von Wirtschaftspolitik übersehen werden. Inkonsistent ist an der Streeck'schen Deutung, dass die Konsolidierungsanstrengungen nach vorangegangenen, kritisch gesehenen Überdehnungen – der Geldpolitik, der Finanzpolitik, der privaten Kreditaufnahme – nicht als notwendige Korrektur bewertet wurden, sondern als Abkehr vom demokratischen Prinzip.

Dennoch bleibt für unsere Überlegungen wichtig, dass die Debatte über die Zukunft nationalstaatlicher Demokratie unter den Bedingungen der Globalisierung auf eine Erörterung aufsetzt, die sich der Unregierbarkeit moderner Staaten gewidmet hat und jetzt wieder auftaucht wie ein U-Boot nach langer Schleichfahrt und dabei die verstaubte neomarxistische Krisentheorie als frische Ware anbietet. Der Mangel an historischer Reflexion wirkt hinderlich, weil er zu falschen Einordnungen führt oder beispielsweise die Genese der unterschiedlichen Krisen nicht angemessen würdigen lässt. Übrig bleibt die Feststellung, dass die Unregierbarkeit von

Staaten einer genaueren Betrachtung bedarf. Die Staatlichkeit moderner Gesellschaften unterliegt heute einem zweifachen Wandlungsprozess, der als Differenzierung bestehender Strukturen erscheint. Einerseits öffnen sich nationale Systeme durch transnationale Politiken und Strukturen, andererseits führt die Stärkung der Zivilgesellschaft zu neuen Begleitungen und Einhegungen nationaler Staatlichkeit auf lokaler und regionaler Ebene.[141]

Mit supra- und transnationaler politischer Kompetenz und Verantwortung (Governance) verbindet sich tendenziell eine Absage an den modernen Nationalstaat und seine demokratische Legitimation.[142] Die multilaterale Regierungszusammenarbeit, die seit dem Zweiten Weltkrieg prägend ist und sich in vielfältigen Formen äußert – von Regierungskonferenzen über internationale Bürokratien bis zu supranationalen Strukturen –, verändert tatsächlich die nationale Gewaltenteilung. Die Legislative erfährt eine Verkürzung ihrer Reichweite und Einwirkungstiefe. Der demokratisch legitimierte Agent des Volkes – die Regierung – arbeitet durch einen »exekutiven Multilateralismus«[143] an der Wurzel der Volkssouveränität. Der schlichte Ruf nach einer Demokratisierung internationaler Institutionen hilft hier mangels internationaler Öffentlichkeit nicht weiter. Erfolgreicher erscheint der Versuch, die Zustimmungsrechte des Parlaments zu stärken und nationale zivilgesellschaftliche Akteure in einen breiteren Diskurs vor der Entscheidungsfindung auf globaler oder internationaler Ebene einzubinden. Verschärft stellt sich das Problem bei supranationaler Kooperation. So ist in der europäischen Integration ein Zustand erreicht, dessen Weiterentwicklung so oder so die politische Repräsentation in seiner bisherigen Struktur überformt und damit den Grundsatz der Volkssouveränität in Zweifel zieht. Die Entscheidung des Bundesverfassungsgerichts zum Vertrag von Lissabon, aber auch seine Entscheidungen zur Euro-Krisenpolitik nehmen offensiv zu diesem Konflikt Stellung und skizzieren, was einer Übertragung von Souveränitätsrechten vorauszusetzen ist. Gerade auch eine europäische Öffentlichkeit – ein europäischer öffentlicher Raum – wird für eine demokratische Begründung als wesentlich erachtet.[144]

Unabhängig von globalen Veränderungen sind traditionelle Strukturen durch eine bewusste Positionierung der Zivilgesellschaft im Steuerungskontext von Staat, Markt und Gesellschaft unter Anpassungsdruck geraten.[145] Damit wird der öffentliche Raum heute durch eine »Pluralität von Gemeinwohlakteuren« gekennzeichnet, die ihre verschiedenen Rollen immer wieder auszuhandeln und neu zu bestimmen haben. Darin kommen die zunehmende Komplexität von Gesellschaften und die steigende Heterogenität der Lebenslagen in der längeren Lebenszeit zum Ausdruck, weil sie eine Differenzierung der kollektiven Vorleistungen erfordern, die der Staat so nicht gewähren kann. Zivilgesellschaftliche Angebote und Strukturen können darauf – zumal auf kommunaler Ebene – sehr viel passender antworten.

Die »Pluralität von Gemeinwohlakteuren« erfordert eine bewusste und nicht zufällige Verantwortungsteilung, um die Beiträge der verschiedenen Akteure koordinieren zu können. Dafür hat der Staat aufgrund seiner demokratischen Fundierung eine »Aktivierungspflicht«, zugleich eröffnet er mit der Überprüfung sozialstaatlicher Leistungsversprechen »Gelegenheitsstrukturen für bürgerschaftliches Engagement«.[146] Vor diesem Hintergrund erweisen sich Zivilgesellschaft und bürgerschaftliches Engagement zunehmend sowohl als Bindemittel als auch als Standortfaktor im globalen Wettbewerb. Gut ein Drittel der Bundesbürger engagiert sich bürgerlich, und ein steigender Anteil der nicht Engagierten ist zum Engagement bereit. Die Unternehmen in der Bundesrepublik wenden jährlich rund elf Milliarden Euro für entsprechende Aktivitäten auf, 68 Prozent davon, um den gesellschaftlichen Zusammenhalt zu stärken, und 76 Prozent sehen ihr Engagement in einem engen Bezug zur Unternehmenskultur, all dies im lokalen und regionalen Umfeld.[147]

Offenkundig führt die Globalisierung kompensatorisch zu einer Stärkung der Zivilgesellschaft und damit zu einer Standortvergewisserung des in Unternehmen gebundenen, aber prinzipiell flüchtigen Kapitals. Unternehmen werden heute im öffentlichen Raum anders adressiert, man erwartet eine Übernahme von Verantwortung für Themen, die außerhalb des eigentlichen Unternehmenszwecks liegen (neue *licence to operate*). Damit ist eine »Moralisierung der Märkte« angelegt, die eine kulturelle Einbettung erfasst.[148]

Diese Entwicklung ist freilich nicht nur und vollumfänglich positiv für die demokratische Ordnung und ihre Art der Entscheidungsfindung durch Repräsentation. Dies gilt vor allem dann, wenn das bürgerschaftliche Engagement in Widerspruch gerät zu demokratisch legitimierten Leistungen und Regeln. Dann gerät der Souverän – sowohl bürgerschaftlich engagiert als auch parlamentarisch repräsentiert – mit sich selbst in einen Konflikt. Dazu kommt, dass die »Zivilgesellschaft oftmals im Staat der repräsentativen Demokratie eher den Gegner einer abgekapselten Obrigkeit«[149] sieht. Deshalb »bedürfen alle diese Organisationen der Überprüfung und Kontrolle«, und dabei ist es wichtig, »dass Wachsamkeit und Kritik aus der Zivilgesellschaft selber kommen«.[150] Andernfalls ist nicht auszuschließen, dass sich Parallelstrukturen entwickeln, die letztlich den demokratisch-repräsentativen Entscheidungsprozess aushebeln und den Staat auf elementare, funktionsbedrohende Weise »dezentralisieren«.

(2) *De-Legitimierung nationaler Souveränität.* Die Sorge um die Sicherung nationaler Handlungsfähigkeit unter den Bedingungen der politischen und wirtschaftlichen Globalisierung hat viele Quellen. Besonders nachhaltig wirkt der Eindruck breiter Kreise in der Öffentlichkeit, dass in Zeiten hochmobilen internationalen Kapitals

der Handlungsspielraum nationaler Autoritäten geschwächt wird. Der Standortwettbewerb wird dann nicht als Motor für Veränderung, sondern als Bedrohung für Bestehendes gewertet. Die Schärfung des Wettbewerbs durch die nach 1980 erreichte Liberalisierung des internationalen Kapitalverkehrs hat zu einer veränderten öffentlichen und politischen Perzeption geführt. Der Staat ist zum Beobachtungsobjekt im globalen Vergleich geworden.[151] Das verschärft den Wettbewerb, ist in seiner Wirkung auf die nationalen demokratischen Möglichkeiten aber ebenso ambivalent. Dort, wo es um *good governance* geht, ist es der gewünschte institutionelle Wettbewerb zur Verbesserung staatlicher Leistungen. Dort, wo es demokratisch begründete spezifisch nationale Leistungen gefährdet, kann es problematisch werden, vor allem, wenn legislative Rechte beeinträchtigt werden.[152]

Ob es unter demokratietheoretischen und demokratiepraktischen Gesichtspunkten tatsächlich problematisch ist, das hängt vom Potenzial zur De-Legitimierung nationaler Staatlichkeit ab. Bindet man die Souveränität elementar an den Tatbestand, wer im Notstand entscheidet und handelt, dann kann diese nicht als gefährdet angesehen werden. Denn gerade in der fundamentalen Krise ab dem Jahr 2008 haben sich die Staaten als entscheidungsfähig und handlungskompetent erwiesen. Anders sieht es aus, wenn grundlegende legislative Befugnisse bestritten werden und infolge des Wettbewerbs der Staat

- das Gewaltmonopol nicht mehr glaubhaft ausfüllen (Regelgerechtigkeit),
- die Privilegienfreiheit und Neutralität der Rechtsordnung nicht mehr garantieren (Regelgerechtigkeit),
- die Funktionsgewährleistungsfunktion im Sinne eines fairen Ressourcenzugangs für die Bürger nicht mehr erfüllen (Chancengerechtigkeit; Bedarfsgerechtigkeit) und

- die effiziente sowie effektive Pflege der Steuer- und Abgabenbasis nicht mehr sicherstellen kann (Leistungsgerechtigkeit).

In diesen Fällen droht eine De-Legitimierung der Demokratie, weil sie die elementaren Leistungs- und Regelungsversprechen moderner Staatlichkeit nicht mehr erfüllen kann.[153] Bislang ist das aber nicht der Fall. Auch wenn die etablierten Wohlfahrtsstaaten ihre Leistungsangebote überprüfen mussten, weil der demografische Wandel, die finanzpolitische Überdehnung oder die Überbeanspruchung der Steuerbasis es erforderte, so hat dies doch nichts daran geändert, dass weit über die elementaren Ansprüche hinaus – im Sinne der Funktionsgewährleistungsfunktion des Staates[154] – verlässlich Leistungen angeboten werden. Im Grunde geht es dabei um die Frage nach den Grenzen des institutionellen Wettbewerbs.[155] Eine Grenzüberlegung leitet sich aus dem Befund ab, dass für den institutionellen Wettbewerb (auch Systemwettbewerb) anders als für den Wettbewerb auf Faktor- und Gütermärkten kaum globale Regeln existieren, die dessen Degeneration verhindern können. Staaten versuchen, dem ansatzweise durch die Definition von Mindeststandards Rechnung zu tragen, was allerdings leicht protektionistisch genutzt werden kann. Gegen die Sorgen vor einem dysfunktionalen Systemwettbewerb lässt sich das erwähnte Ergebnis der Wirtschaftssystemforschung anführen:[156] Es gibt nicht das Erfolgsmodell, sondern die zentrale Bedingung der Konsistenz der Teilsysteme für den Erfolg.

(3) *Flucht aus dem öffentlichen Raum.* Spielregeln, Ordnungen und Leistungsversprechen sind das unabdingbare Gerüst der Demokratie, das Spielverständnis ist ebenso unabdingbar für die tägliche Gestaltung des öffentlichen Raums. Dessen Gefährdung liegt demnach nicht nur in einem globalisierungsbedingten Anpassungsbedarf der Institutionen, sondern ebenso in einer denkbaren Verhaltensdeformation der Bürger durch die großen Möglichkei-

ten der Globalisierung: Man kann dem öffentlichen Raum leicht entfliehen, man ist nicht begründungspflichtig. Respekt, Verantwortung und Vertrauen können dann nicht ihre Orientierungs- und Steuerungswirkungen entfalten. Institutioneller Rahmen und individuelle Haltung im öffentlichen Raum stehen in einer wechselseitigen Beziehung, so dass sich Gefährdungspotenziale gegenseitig verstärken können. Ebenso kann aber auch die Stabilität auf der einen Seite eine Stabilisierung auf der anderen bewirken.
Die Flucht aus dem öffentlichen Raum ignoriert die notwendige Grenzziehung zwischen diesem und der Privatheit, Verantwortungsteilung ist dann nicht mehr effektiv möglich. Die »radikale Privatisierung« und die »radikale Veröffentlichung des Privaten« waren als Mechanismen der Zerstörung des öffentlichen Raums benannt worden. Insbesondere die in unseren Zeiten zu erlebende Öffnung und Ausdehnung der Privatheit in den öffentlichen Raum mag man auch als Flucht aus einer beschleunigungsbedingt prekären Zeitlage verstehen. Die Welt wird quasi privatisiert, ihre Kontingenz eingehegt. In einer extremen Variante kann dieser Verlust des öffentlichen Raums in der von Colin Crouch beschriebenen »Postdemokratie«[157] enden, wenn die öffentliche Debatte durch Kommunikationsagenturen, Lobbygruppen und Expertenkommissionen bestimmt wird. Die große Mehrheit der Bürger privatisiert angesichts des politischen Schauspiels und reagiert nur noch auf einzelne starke Signale. Ein Diskurs im öffentlichen Raum findet nicht mehr statt. Man kann als Triebkräfte dahinter den globalen Druck zur Anpassung der eigenen Institutionen vermuten, allerdings ist die Dysfunktionalität des Systemwettbewerbs eher als fraglich zu bewerten. Wichtige Korrekturmechanismen liegen im bürgerschaftlichen Engagement sowie in der Ermächtigung der Bürger zur Partizipation durch verlässliche Bildungssysteme und offene Arbeitsmärkte, aber ebenso in systematischen Gegenkräften zu offenen Märkten.

Die marktwirtschaftliche Ordnung lebt davon, dass die Kosten des institutionellen, systembezogenen Vertrauens geringer sind als die Kosten des entsprechenden Misstrauens. Systemisches Misstrauen wirkt desintegrierend, es untergräbt die Wissens-, Arbeits- und Risikoteilung. Vertrauen bedeutet, einzelwirtschaftlich auf die Kontrolle des Verhandlungspartners zu verzichten, gesamtwirtschaftlich die Funktionsstabilität des Systems nicht in Zweifel zu ziehen und politisch die mittelfristige Zielkongruenz zwischen Prinzipal und Agent zu unterstellen. Vertrauen erscheint als das Ergebnis institutioneller Gegebenheiten und persönlicher Erfahrungen, zugleich ist es die Voraussetzung für Verhandlungsergebnisse in Form von Kontrollverzicht, wenn wir von der rechtlichen Absicherung von Gewohnheiten, von selbstverständlichen Geschäften und gemeinsamen Aktivitäten absehen. Kooperation bedeutet, Ausbeutungsoptionen nicht zu nutzen. Kooperation bedeutet in diesem Sinne zugleich, Mitverantwortung zu tragen, weil man durch den Verzicht auf Extrempositionen und scheinbar kurzfristige Vorteile zur Stabilität des Gesellschafts- und Wirtschaftssystems beiträgt.

So gilt es, darauf hat Friedrich August von Hayek hingewiesen, eine innere Logik des Marktgeschehens, Sitten zu entwickeln, welche die Kosten der Wissens-, Arbeits- und Risikoteilung und des Tauschs spürbar verringern:[158] Ehrlichkeit, Verlässlichkeit, Fairness, Kooperation. Manch einer nennt dies Sekundärtugenden. Sicherlich ist es zutreffend, den Markt als *einen* Mechanismus zur Entwicklung solcher Tugenden der Mitverantwortung zu sehen. Doch finden wir damit noch keine hinreichende Lösung für die gestellten Fragen. Allein der Markt reicht nicht aus. Ansonsten würde es bedeuten, dass er die Voraussetzungen seiner nachhaltigen Funktionsfähigkeit autonom und selbständig schaffen könnte. Das wäre eine extreme Variante der Selbstheilungsthese der Marktkräfte. Die historischen Erfahrungen sprechen nicht dafür, sondern für den Bedarf an gezielter politischer Begründung der Rahmenordnung.

Zwar verstärkt die Globalisierung das Potenzial für die Vielfältigkeit des öffentlichen Raums, zugleich begründet sie aber eine Beschleunigung im Wandel der Lebensumstände, die einer bewussten Hinwendung zum Bereich des Öffentlichen entgegenwirkt. Diese Hinwendung zum anderen im öffentlichen Raum entzieht sich der Beschleunigung, denn sie erfordert vor allem Denken, Empfinden, Betrachten, Erfahren und Vertrauen. Verlässliche Institutionen als extreme Entschleunigung schaffen dafür die Voraussetzungen. Allerdings stellt die Globalisierung angesichts sich überlappender nationaler, supranationaler und internationaler Governance-Strukturen eine besondere Herausforderung dar, solange unklar bleibt, wo der relevante öffentliche Raum liegt. Tatsächlich ist es so, dass trotz einer in den vergangenen 25 Jahren intensivierten Internationalisierung nahezu kompensatorisch die Bindung an lokale Strukturen zugenommen hat. Dies gilt auch für die Zivilgesellschaft, sie hat ihren Schwerpunkt im konkreten Lebensumfeld der Menschen. Der Wunsch nach Orientierung scheint diese Rückbindung der Perspektive auf den individuellen Lebensraum zu begünstigen. So wie der Nationalstaat immer noch die zentrale Gestaltungskraft ist, so zeigt sich die Verpflichtung zum nationalen öffentlichen Raum nicht nur als unverändert wirksam, sondern als geradezu kompensatorisch gestärkt. Anders gewendet bestätigt dies die These, dass der Nationalstaat als Ausdruck politischer Rationalisierung komplexer gewordener gesellschaftlicher und politischer Zusammenhänge im 18. und 19. Jahrhundert heute weder seine Bindungswirkungen noch seine Orientierungskraft verloren hat. Nationalstaaten als organisierte und abgesicherte öffentliche Räume tragen zugleich die Souveränität und damit den Rahmen für demokratische Prozesse, Strukturen und Legitimation.

(4) *Gefährdung durch globale Krisen.* Eine besondere Gefahr für die Demokratie ist die große Krise seit 2008 wegen ihrer Tiefe, Breite und Schärfe. Erstmals seit der Weltwirtschaftskrise ist der Eindruck vorherrschend, dass das Makrosystem Wirtschaft sein Koordinierungsversprechen nicht mehr erfüllen kann. Vor allem die hohe Arbeitslosigkeit infolge der krisenhaften Zuspitzung durch das Zusammenwirken von Staatsschuldenkrise und Verfall der Wettbewerbsfähigkeit hat in den Anpassungsstaaten der Eurozone zu einem Protest geführt, der sich angesichts der supranationalen Vereinbarungen der jeweiligen Staaten mit der Europäischen Union, der Europäischen Zentralbank und dem Internationalen Währungsfonds aus erfahrener Machtlosigkeit und entmündigter Demokratie speist.

Die Herausforderung ist deshalb so groß, weil die nationale Handlungsunfähigkeit auch nicht durch einen demokratischen Wechsel aufgehoben werden kann. Die normalen politischen Mechanismen für eine Korrektur – sprich: Besserung der Lage – greifen nicht. Will man das aufgrund veränderter Risikoeinschätzung wirksame Urteil der Kapitalmärkte nicht akzeptieren, so entkommt man dieser Abhängigkeit nur durch eine Flucht in die Abhängigkeit von anderen Staaten und internationalen Institutionen. Dabei ist nicht zu ignorieren, dass die Ursachen des Desasters für die betroffenen Demokratien vor allem in einer politischen Überdehnung der eigenen Möglichkeiten lagen, und zwar im Bereich der privaten oder öffentlichen Verschuldung sowie der Lohnpolitik.

Wendet man die Entwicklung der großen Krise seit 2008 historisch, so fällt im Vergleich mit der Weltwirtschaftskrise der Jahre ab 1929 ein deutlicher Unterschied auf. Seinerzeit ging es – so die Analyse der deutschen Ökonomen um Walter Eucken und den Freiburger Kreis – um die Einhegung und Bekämpfung von ökonomischer Macht als Kehrseite der Freiheit; die wesentliche Antwort wurde deshalb in der Wettbewerbspolitik gesehen. Heute sind wir erstmals mit dem Phänomen des systemischen Risikos konfrontiert, das nicht so einfach, klar und eindeutig Verantwortungszuweisungen zulässt, weil es eine endogene systemgetragene Krisendynamik verursacht. Das Problem nur begrenzter Klärung und Zuweisung der Verantwortung und der vertraglichen sowie schuldrechtlichen Haftung stellt für die demokratische Ordnung eine besondere Herausforderung dar. Das Krisenmanagement der Regierung muss nach dem Grundsatz allgemeiner Gefahrenabwehr aus Steuermitteln versuchen, eine weitere Eskalation der Krise zu vermeiden und eine Besserung einzuleiten. Im Grund geht es darum, die Keynes'sche Botschaft auf ihren Ursprung zurückzuführen: Staatliches Handeln ist in einer fundamentalen Krise (und nicht in einer Rezession) gefordert, weil kein anderer Akteur die notwendige Rekonstruktion von Vertrauen leisten kann. Im Sinne einer Neumandatierung der Wirtschaftspolitik wäre diese Verantwortung des Staates als eine allgemeine Versicherung expliziter zu legitimieren.[159]

Bindet man die verschiedenen Argumentationsstränge zusammen, dann sind die Gefährdungspotenziale für die demokratische Ordnung durch die Globalisierung nicht zu übersehen. Es gilt aber ebenso, dass viele Zersetzungs- und Zerfaserungsprozesse (Entwicklung zur Postdemokratie) davon unabhängig in den nationalen Zusammenhängen begonnen haben. Und schließlich beobachten wir Kompensationen vor allem durch die Differenzierungskraft der Globalisierung, durch die Zivilgesellschaft und durch neue Formen der Beteiligung. Letztlich muss es um ein angemessenes Verständnis der *Bürgerlichkeit im öffentlichen Raum* gehen. Dafür reicht nicht der Blick auf die Institutionen und Regeln, entscheidender sind die Haltung und das Verhalten im öffentlichen Raum. Die Befähigung zum verantwortlichen Miteinander muss Teil des Bildungskonzepts sein, die Förderung des Einzelnen kann nie von der Forderung nach einer Partizipationsbereitschaft an den Einzelnen entkoppelt werden. Die Angebote der repräsentativen Demokratie bieten beste Chancen breiter und fairer Beteiligung. Die Öffnung und systematische Verbindung mit den Möglichkeiten der Zivilgesellschaft sind die entscheidende Herausforderung zur Stabilisierung des Öffentlichen und des Gemeinwesens. Dies allerdings erfordert auch die Akzeptanz der notwendigen räumlichen Begrenzung des für die Demokratie maßgeblichen öffentlichen Raums. Das muss bei der Gestaltung supranationaler Strukturen ebenso bedacht werden. Prinzipal und Agent als zentrale Akteure der Demokratie benötigen eine Heimat, und diese Heimat bieten unverändert Nation und Nationalstaat. Deshalb lohnt die historische Betrachtung, der wir uns nun zuwenden.

III. EUROPAS WEG DER NATIONSBILDUNG

»Mit der Bevölkerungsexplosion, die seit der Mitte des 18. Jahrhunderts den Kontinent ergriff, mit der Umwälzung von Wirtschaft und Gesellschaft, mit der Modernisierung der Verkehrs- und Postverbindungen, mit der Verbreitung von Lese- und Schreibfähigkeit, der eine ungeheure Ausweitung der Buch- und Zeitschriftenliteratur entsprach, kurz, mit der Entstehung moderner ›Öffentlichkeit‹ war eine tiefgreifende Krise der Milieus einhergegangen, die bisher der Gesellschaft Struktur und Sinn gegeben hatten. Die alten Bindungen, Mythen und Loyalitäten verblassten; der einst feste, auch im Geistigen und Religiösen verankerte Sozialkörper der ständisch-agrarischen Gesellschaft brach auf und entließ Myriaden von Einzelwesen, die nach neuer Sinngebung suchten, sofern sie nicht allein mit der nackten Daseinsvorsorge befasst waren.«

Hagen Schulze[160]

Europas Weg der Nationsbildung vollzog sich in den verschiedenen politischen Räumen unterschiedlich schnell und auf verschiedenen Ebenen. Am deutlichsten erkennen wir auch heute noch die seinerzeit angelegten Unterschiede zwischen England und Frankreich auf der einen Seite sowie Deutschland auf der anderen Seite

Deutschlands Weg zum Nationalstaat war komplexer und langwieriger, vor allem im Vergleich zu Frankreich und England erst später erfolgreich. Die nach dem Zweiten Weltkrieg und dem Zusammenbruch des Dritten Reichs entbrannte Debatte um Deutschlands Sonderweg hat sich diesem *Befund der Verspätung* gewidmet. Das hat interessante Einsichten erbracht, allerdings auch dazu geführt, dass wir ein sehr kompliziertes und wenig schlüssiges Verhältnis zur eigenen Nation hatten und haben. Die Widersprüchlichkeit zeigte sich für die alte Bundesrepublik daran, dass zwar einerseits die europäische Integration als Chance der Einhegung nationaler Interessen in besonderer Weise begrüßt und unterstützt wurde, andererseits aber die Wiedervereinigung auf der Grundlage nationaler Selbstbestimmung zumindest bis in die frühen 1980er Jahre ebenso zur *Raison d'être des bundesdeutschen Staatsverständnisses* gehörte.

In den »Briefen zur deutschen Einheit«, die im Zusammenhang mit dem Moskauer Vertrag vom 12. August 1970 und dem deutsch-deutschen Grundlagenvertrag vom 21. Dezember 1972 jeweils vor Unterzeichnung durch die Bundesregierung der anderen Seite übergeben worden waren, heißt es, dass die jeweilige vertragliche Vereinbarung »nicht im Widerspruch zu dem politischen Ziel der Bundesrepublik Deutschland steht, auf einen Zustand des Friedens in Europa hinzuwirken, in dem das deutsche Volk in freier Selbstbestimmung seine Einheit wiedererlangt«. Im Laufe der Jahre ist das Wiedervereinigungsziel jedoch in der Öffentlichkeit, aber auch in der Politik in den Hintergrund gerückt; das deutsche Volk und die deutsche Politik hatten sich mit der Teilung arrangiert.[161] Dazu hat auch beigetragen, dass mit der Wiedervereinigung ein rückwärtsgewandtes Ziel verbunden schien, das an die wenig erfolgreiche Reichstradition von 1871 anknüpfte, ohne die schreckliche Entwicklung des Dritten Reichs als Irrweg übergehen und verdrängen zu können.

Jedenfalls war in den späten 1980er Jahren allenthalben die Distanz zur eigenen Nation und ihrer Einheit so weit ausgebildet, dass Helmut Kohl gerade im eigenen Land Irritationen auslöste, als er nach dem Fall der Mauer am 9. November 1989 die Herstellung der staatlichen Einheit beider deutscher Staaten unmissverständlich auf die weltpolitische Tagesordnung setzte. Er besaß diese Handlungsfreiheit, weil er ab Mitte der 1980er Jahre den Fortgang der europäischen Integration betrieben hatte und nie einen Zweifel an der Westbindung der Bundesrepublik aufkommen ließ. Die Spannung zwischen transnationaler europäischer Lösung und nationaler deutscher Einheit schien damit aufgelöst.

Doch dieser Spannungsverlust hat nicht wirklich gehalten. Die Krise in Europa und das wundersame Schwanken Deutschlands zwischen dem »kranken Mann Europas« und »Europas ökonomischem Superstar« haben das Zusammenspiel von *föderativem Staatenverbund Europa*[162] und den Nationalstaaten in das Zentrum des Interesses gerückt. Gerade die Krisenpolitik hat mit den an die Hilfe geknüpften Bedingungen die nationale Souveränität herausgefordert. Und schon stellen wir fest, dass der Kompromiss von 1989 zwischen europäischer Integration und deutscher Vereinigung brüchig geworden ist, und zwar sowohl aus Sicht der Europäer als auch aus Sicht von uns Deutschen. Dabei verlangt die Diskussion des *deutschen Sonderwegs zum Nationalstaat* eine Klärung des Konzepts der Nation und des damit eng verbundenen historischen Begriffs des Nationalstaats, aber auch der politikwissenschaftlichen Konzeption des öffentlichen Raums.

1. Nation, öffentlicher Raum und Nationalstaat

Es kann angesichts der lange zurückgreifenden historischen Wurzeln des Begriffs der Nation nicht verwundern, dass die dafür heute gebräuchlichen Muster Legion sind und durchaus kontrovers erörtert werden.[163] Trotz mangelnder Eindeutigkeit des Begriffs, kann – wenn wir manches Beiwerk ignorieren und uns auf den Kern beschränken – Folgendes festgehalten werden:

Nation ist zu allererst ein *Ordnungsprinzip* und ein *Organisationsprinzip* für die Menschheit, das sich modern seit dem 18. Jahrhundert herausgebildet hat. Nation rekurriert auf Identitätsmuster, auf Zugehörigkeitsempfinden und somit auf den Willen sowie auf die Fähigkeit zum effektiven Austausch. Damit sind unterschiedliche Voraussetzungen angedeutet: Ethnizität, Sprache, Kultur, Habitus, Sitten, Rituale, Religion, Interessen und Interessenkonflikte.[164] Hier wirken gemeinschaftliche Erinnerungsorte ebenso wie in der sozialen Gruppe geteilte Mythen. Gemeinsam wahrgenommene Bedingungen und gemeinsam akzeptierte Normen bilden ein kollektives Bewusstsein und lassen so ein »spezifisches Solidaritätsempfinden anderen gegenüber« zumutbar sein.[165] Innerhalb einer Nation ist die Beanspruchung des Einzelnen für ein gemeinsames Anliegen grundsätzlich zumutbar, es gibt einen übergreifenden Sinnzusammenhang, der zugleich Verantwortungsstrukturen begründet. Eine Nation ist somit auch als Solidargemeinschaft zu verstehen, was der Beliebigkeit eines gesellschaftlichen Verbundes entgegenwirkt und Ansprüche aus anderen Nationen so kritisch sehen muss, dass Ablehnung und Konflikt fast unausweichlich erscheinen. »Selbstkonstituierung und Umweltabgrenzung«[166] begründen gemeinsam die Nation als Großgruppe.

Dies lässt erahnen, dass Nation ein gleichermaßen allgemeines wie spezifisches Konstrukt ist, und zwar umso mehr, wenn man beachtet, dass Nation weder mit Staatsvolk noch mit Sprachgemeinschaft identisch sein muss und sich nicht einfach auf ethnische Gemeinsamkeit berufen kann.[167] Die unterschiedlichen Ausprägungen und Begründungen von Nation deuten darauf hin, dass es weniger objektive Tatbestände sind als vielmehr deren Perzeption ist, die über die Bildung von Prestige und die Legitimation einer Mission die Grundlage für eine Nation schafft.[168] »Die Überlegenheit oder doch die Unersetzlichkeit der nur kraft der Pflege der Eigenart zu bewahrenden und zu entwickelnden ›Kulturgüter‹ ist es denn, an welcher die Bedeutsamkeit der ›Nation‹ verankert zu werden pflegt.«[169] So erweist sich die Nation als gestaltbar, als entwickelbar, jedenfalls nicht als per se gegeben. Die Voraussetzungen dafür liegen einerseits in Ankern emotionsgeladener Identität und andererseits in dem erkennbaren Vorteil gemeinsamen, durchaus solidarischen Handelns, so dass aus der Nation die verfasste politische Gemeinschaft des Nationalstaats werden kann. Damit sind die Bedingungen angesprochen, die einer (politischen) Ordnung Legitimität garantieren: »rein innerlich« (durch gefühlsmäßige Hingabe, wertrational, religiös) oder »durch Erwartungen spezifischer äußerer Folgen« (durch Interessenlage).[170]

Hilfreich für das Verständnis von Nation ist die *historische Erklärungskonstellation*. Die Konfessionskonflikte der frühen Neuzeit verlangten zu ihrer Einhegung sowohl die Säkularisation der Politik und des Rechts als auch eine Haltung der Toleranz und der individuellen Selbstermächtigung, wie sie durch die Philosophie der Aufklärung begründet wurde. Damit wurde die Menschheitsentwicklung zur Sache der Menschen, die Geschichte als Kollektivsingular wurde denkbar, weil die Welt aus »der heilsgeschichtlichen Umklammerung«[171] gelöst wurde. Den Menschen prinzipiell als Gestalter der weltlichen Verhältnisse zu sehen und diese nunmehr dynamisch statt statisch zu verstehen musste die Vorstellung von den kollektiven Zusammenhängen fundamental verändern. »Der grundlegende Wandel des Verständnisses vom Menschen in seiner Welt, der mit der Idee einer säkularisierten Geschichte schlechthin gegeben war, kommt in den beiden Begriffen der Gesellschaft und der Nation in besonders eindrucksvoller Weise zum Ausdruck«; mit der Dominanz der »Frage nach dem Entwicklungsprozess der Geschichte im Ganzen wurden *Nation und Gesellschaft* zu Zentralbegriffen dieses Prozesses«.[172] Der Nationsbegriff öffnete sich im Zuge der »revolutionären Epoche um 1800« wie der Begriff der Gesellschaft aus einem vormodernen engen standesbezogenen und statischen Verständnis. Damit war beiden Begriffen in ihrer modernen Deutung die Vorstellung inhärent, dass die Menschen prinzipiell gleich und frei sein sollten sowie privilegienfrei identische Rechte beanspruchen können. Dadurch wurde sowohl für Gesellschaft wie für Nation die Demokratie aus einer beliebigen Regierungsform zur einzig passenden politischen Lösung. Gesellschaft und Nation wurden durch die Modernisierung zu Konzepten der Befreiung – hier die Befreiung von ständischen Schranken, dort die Befreiung von hegemonialen Ansprüchen anderer, jeweils durch »die Bändigung von Willkür und Gewalt politischer Herrschaft«.[173]

Abstrakt lässt sich Nation mit dem *Konzept des öffentlichen Raums* füllen.[174] Diese Verbindung ist zwar unüblich, bietet aber die Chance, zusätzlich zur historischen Einordnung einen neutralen Zugang zur Nation zu finden und sich nicht von der inneren Kraft der Emotionen den Blick verstellen zu lassen. Der öffentliche Raum grenzt sich von der Privatheit ab und erfasst als Ort des Gemeinsamen, der Gemeinschaft, der Aushandlung von Ergebnissen, der Lösung von Konflikten und der Kommunikation all das, was nur im Miteinander der Menschen zu regeln und zu lösen ist. Es ist kein herrschaftsfreier Raum, wohl aber einer, der idealtypisch frei ist von Privilegien. Ökonomisch gesprochen offeriert der öffentliche Raum öffentliche Güter, die jeder benötigt, aber keiner allein bereitstellen kann. So entsteht der Sinn der Öffentlichkeit in einer Großgruppe von Menschen.[175]

Hannah Arendt sieht den öffentlichen Raum als Ausdruck der modernen Welt ab Mitte des 18. Jahrhunderts sich entwickeln, denn er setzt voraus, dass Privatheit und öffentlicher Raum zu separieren und jeweils institutionell zu fassen sind sowie Autonomie die Individuen charakterisiert beziehungsweise ihnen zugesprochen wird.[176] Das war erst einer Welt zugänglich, die infolge der *Aufklärung* die Kompetenz und Verantwortungsfähigkeit des Individuums zu würdigen in der Lage war, und zwar gerade auch das individuelle Handeln im sozialen Kontext. »Kritik und Utopie verknüpften sich im Denken der Aufklärung.«[177] Die *Kritik* richtete sich gegen die ständischen Privilegien, die absolutistische Willkür und die Gängelung durch die Kirche und Klerus; die *Utopie* hoffte auf eine vernunftgeleitete Gestaltung des öffentlichen Raums, indem das Gemeinsame erkannt und auf der Grundlage rationaler, sachorientierter Erziehung durch Reform im Sinne selbstbestimmter Ordnung gestaltet wird. Damit wurden soziale Ordnungen, Wirtschaftssysteme, intertemporale Zusammenhänge, Teilhabechancen und Beteiligungsergebnisse zum Thema philosophischen Räsonierens und politischen Gestaltens. Das ermöglichte die Entwicklung der Arbeitsteilung und schuf damit jenen ökonomischen Freiheitsgrad, der für die Gestaltung des öffentlichen Raums erforderlich ist. Hiermit soll nicht übersehen werden, dass es Öffentlichkeit – jedoch nicht den öffentlichen Raum – bereits sehr viel früher gegeben hat.[178]

Der öffentliche Raum verlangt und begründet jenes ausgesprochene *Solidaritätsempfinden*, das sich schließlich in gesellschaftlicher Kohäsion und in politischer Konstitution äußert. Das fügt sich zu der Deutung, »die Nation erst dann als eigenständige politische und soziale Gemeinschaft [anzuerkennen], wenn sich nachweisen ließ, dass sich ihre Angehörigen ihrer Zusammengehörigkeit bewusst waren und sie als Wert betrachteten«.[179] Dahinter steht der schlichte Tatbestand, dass »die Gegenwart anderer, die sehen, was wir sehen, und hören, was wir hören, … uns der Realität der Welt und unserer selbst«[180] versichert. Insofern ist der öffentliche Raum auch der Ort, an dem in besonderer Weise unser Leben bewusst durch das Zusammentreffen mit anderen pluralisiert und dadurch entlastet wird. Denn angesichts der begrenzten Lebenszeit und der nahezu unbegrenzten Möglichkeiten, etwas zu gestalten, zu tun oder zu unterlassen, bedürfen wir Menschen der Entlastung.[181] Entlastend wirkt einmal die Tatsache, dass wir im Miteinander mit anderen die Vielfalt, den Pluralismus des Lebens erleben, ohne selbst all dies Mögliche tun zu müssen. Zudem erfahren wir Entlastung durch lebenspraktische Aspekte, die es uns ermöglichen, sich auf das *Wagnis der Öffentlichkeit* einzulassen: durch glaubwürdige Regeln und Institutionen, ein gemeinsames Grundverständnis für das Öffentliche (Gemeinsinn). Dazu gehört konstitutiv ein Bewusstsein über die gemeinsame Welt, worauf sich Denken und Sprechen nicht nur bezieht, sondern es voraussetzt; »jedes Einzelbewusstsein ist bereits Ausdruck einer Partizipation an einem Allgemeinen, das sich stets im konkreten Dasein zu bewähren hat.«[182]

Die Glaubwürdigkeit der Regeln und Institutionen sowie die Begreifbarkeit der Öffentlichkeit haben zuallererst mit redenden und handelnden Personen – außerhalb und innerhalb von Organisationen – zu tun. Akteur des öffentlichen Raums ist zum einen der Staat, indem er demokratisch Institutionen, Regeln und Verfahren schafft, die ihn funktional absichern, räumlich definieren und international ansprechbar machen. Akteure sind zum andern alle Bürger, die diesen Status von Seiten der Verfassung haben, und die Zivilgesellschaft, die jene unvermeidbare Differenziertheit der menschlichen Lebensweisen und Lebenssituationen aufnimmt, begleitet und unterstützt. Durch die Kommunikation zwischen den Akteuren konstituiert sich »eine Art soziales Kollektiv, manchmal ›Publikum‹ genannt«, das »je nach Umfang und Qualität der Kommunikation«[183] expandiert oder schrumpft. Entsprechend lassen sich eine unterschiedliche Reichweite und ein unterschiedlicher Verpflichtungsgrad der Öffentlichkeit – und damit des öffentlichen Raums – ermitteln:[184] (1) politische Öffentlichkeit im rechtsstaatlich verfassten Handlungsraum, (2) gesellschaftliche Öffentlichkeit durch wechselseitige Verständigung und Bezugnahme, (3) Öffentlichkeit als Gesamtheit der vorhandenen Meinungen, Einstellungen und Haltungen der Bürger sowie (4) Weltöffentlichkeit bei punktueller thematischer Orientierung. Im Kontext von Nation und Nationalstaat sind die ersten drei Typen direkt konstitutiv, der vierte ist indirekt reflektierend bedeutsam.

Der öffentliche Raum ist auf Dauerhaftigkeit angelegt, das heißt, er muss mit seinen grundsätzlichen Lösungen – mit seiner Verfassung – »die Lebensspanne sterblicher Menschen übersteigen«.[185] Damit erweitert sich die Verantwortung und Solidaritätszumutung in der Nation auf die Generationenfolge. Der öffentliche Raum erlangt so eine grundsätzlich andere Fristigkeit – und eine Qualität des Objektiven –, als das Geschehen der Politik mitunter vermuten lässt. Diese Dauerhaftigkeit des öffentlichen Raums verlangt nach Robustheit und Beständigkeit. Darüber lässt sich das Konzept des öffentlichen Raums mit den Begriffen der Nation und der Legitimität von Ordnung verbinden, wie sie von Max Weber skizziert wurden. Mit dem divergierenden Zeitbezug des öffentlichen Raums einerseits und seiner Akteure andererseits treffen Erfahrung – in Form von Traditionen, Üblichkeiten, Konventionen – und Diskurs – der die Distanz zwischen geronnener Erfahrung und lebenspraktischer Bedingung der Gegenwart thematisiert, reflektiert und gegebenenfalls in Handlung überführt – aufeinander. Als Ort der Erfahrung bietet der öffentliche Raum dem Einzelnen gerade in Zeiten hoher Wandlungsintensität der Lebensbedingungen einen Ausgleich für Erfahrungsverlust.[186]

Die Beständigkeit des öffentlichen Raums lebt freilich davon, dass die Grenze zum Privaten, zur Privatheit transparent und eindeutig ist. »Das Öffentliche und das Private kann es nur dort geben, wo beide nebeneinander bestehen. Ohne das Private lässt sich das Öffentliche nicht denken, das Private aber gewinnt seinen Wert erst im Gegenlicht der Öffentlichkeit.«[187] Die Privatheit umfasst nicht nur die individuellen Gehäuse des Lebens – Haus, Hof, Familie, Freundschaft und enge Gemeinschaft, sondern als Bereich des Arbeitens ebenso die Unternehmen, also generell jene Institutionen, die einzelwirtschaftlich rechnen. Die Grenzziehung zwischen Privatheit und öffentlichem Raum ist nicht immer eindeutig, dennoch ist eine Klärung wichtig, um die Zuordnung von Verantwortung angemessen und fair zu ermöglichen. Das fordert jeden Bürger zur Klarheit, denn jede Unklarheit behindert Entscheidungen oder führt dazu, dass ungeordnet der eine Bereich in den anderen eingreift. Die Privatisierung des öffentlichen Raums und die Veröffentlichung des Privaten führen beide gleichermaßen dazu, dass am Ende die Nation ihren funktionalen Kern verliert sowie die Privatheit ihre Intimität und Autonomie. Undefinierte öffentliche Räume lassen die Nation implodieren und begründen entweder einen Rückzug in gemeinschaftlich-familiäre Strukturen oder erfordern eine vollständige Neudefinition des Politischen.

Das macht deutlich, wie wichtig die Kommunikation – der Diskurs – als konstitutives Bindemittel für den öffentlichen Raum und damit letztlich für die Nation ist. Die Art und Weise, mit der die Kommunikation den öffentlichen Raum aufspannt, hängt von diesen Merkmalen ab: »*Gleichheit* und *Reziprozität* der kommunikativen Beziehungen – eine prinzipielle *Offenheit* für Themen und Beiträge und eine *adäquate Kapazität* zu ihrer Verarbeitung –, schließlich die *diskursive Struktur* von Kommunikation.«[188] Der öffentliche Raum sollte sich demnach durch eine privilegienfreie

Kommunikation auszeichnen, die jedem sowohl das Sprechen als auch das Zuhören zubilligt, und zwar bei grundsätzlich symmetrischen Möglichkeiten. Durch entsprechende Formate und Räume muss ermöglicht werden, den Diskurs gleichberechtigt zu führen. Die Zivilgesellschaft erhält dafür eine große Bedeutung. Im historischen Rückblick lässt sich feststellen, dass die zunehmende Demokratisierung der öffentlichen Kommunikation erst in den letzten Jahrzehnten eine Annäherung an dieses Ideal erbracht hat.[189]

Die prinzipielle Offenheit präferiert im öffentlichen Raum jene Themen und Beiträge, die von allgemeinem Interesse sind. Die Relevanz erweist sich im Austausch, der zwar nicht ohne Emotion und Leidenschaft sein muss, den aber doch eine sachliche Angemessenheit auszeichnen sollte. Was sich in der Diskursform insofern reflektiert, als die einzelnen Beiträge einen Anspruch auf eine kollektive Akzeptanz haben sollten. Die Kommunikation zielt auf Überzeugung, was dann besser gelingt, wenn die Perspektive des anderen verstanden oder gar eingenommen wird, so dass Kritik und Achtung des anderen zusammengehen. Hier scheint die Bürgerlichkeit als konstitutives Element eines funktionsfähigen öffentlichen Raums auf und damit einer bindenden Kraft der politisch gefassten nationalen Idee.

2. Prozesse der Nationsbildung

Geistesgeschichtliche und realhistorische Prozesse verlaufen meist verschränkt und verstärken oder behindern sich gegenseitig. Für das *Jahrhundert zwischen 1750 und 1850,* das mit Verweis auf die Koinzidenz von politisch-sozialer Revolution und technisch-industrieller Revolution auch als die *revolutionäre Epoche* bezeichnet wird, beobachten wir in besonderer Weise einen gegenseitigen Antrieb. Wenngleich nicht jede Revolution dieser Epoche erfolgreich war, so waren sie doch allesamt folgenreich. Der Prozess einer umfassenden Modernisierung der Lebensverhältnisse durch die Ablösung von mittelalterlich bestimmten, religiös gerahmten Strukturen und einer Ermöglichung individueller Selbstbefähigung sowie Selbstermächtigung kann keine Kurzgeschichte sein, sondern muss auf längeren Wirkungsketten beruhen. Eindrucksvoll ist die Vielfalt der Veränderungen in der revolutionären Epoche: Die Aufklärung und mit ihr das Nachdenken über den Staat reifen aus, die industrielle Revolution gelangt zum Durchbruch, der Nationalstaat wird zum staatspolitischen Programm, und all dies wird begriffsgeschichtlich – und damit geistesgeschichtlich – von der *Sattelzeit* begleitet und transformiert.

In der Sattelzeit werden Begrifflichkeiten neu geformt, bestehende Begriffe neu mit Inhalt belegt und kollektive Perspektiven sowie Kontexte erstmals begrifflich fassbar gemacht. »Es ist ein besonders typisches Kennzeichen der revolutionären Epoche zwischen der Mitte des 18. und der Mitte des 19. Jahrhunderts, dass die wachen Geister dieser Zeit mannigfach nach neuem sprachlichen Ausdruck für den Wandel ihrer Gegenwart suchten. Wie nie zuvor wurde von Grund auf nach neuen und grundlegenden Maßstäben oder Leitbegriffen der Geschichte gefragt.«[190] In diesem begriffsgeschichtlichen Wandel liegt das überzeugende Testat für die Existenz einer *revolutionären Epoche*.

Geschichten wurden zum Kollektivsingular Geschichte, es entstehen Geschichtswissenschaft und Geschichtsphilosophie, nicht zuletzt motiviert durch das Bemühen, die Nation über eine Nationalgeschichte zu legitimieren.[191] Gesellschaft ist nicht länger die *societas civilis*, der politische Verband der Hausväter, sondern säkularisiert die alle Menschen aller Schichten umfassende Großeinheit; Nation meint nicht mehr Stamm oder Volk, in denen nur

Mitglied werden konnte, wer im *status politicus* stand, sondern grundsätzlich alle Angehörigen eines Staates oder einer Sprache. *Industria* kann sattelzeitgerecht nicht mehr als die Tugend des Fleißes übersetzt werden, wie es in der alteuropäischen Ökonomik galt, sondern gemäß der neuzeitlichen Bedeutung als ökonomische Institution, die Industrie. Signalhaft wird der Übergang zur Moderne und ihren Möglichkeiten durch den Bedeutungswandel des Wortes Fortschritt. »Der Fortschritt ist im Gegensatz zum Niedergang eine moderne Kategorie, deren Erfahrungsgehalt und Erwartungsüberschuss vor dem 18. Jahrhundert noch nicht gegeben war. … [Seitdem ist] das Fortschreiten generell und anhaltend …, während jeder Rückfall, Niedergang oder Verfall nur partiell und vorübergehend stattfindet.«[192]

Die Lebensweise der Menschheit änderte sich, ihre Lebenshaltung erreichte ein völlig neues, vorher unvorstellbares Niveau. Über das Ursachengeflecht gibt es unterschiedliche Deutungen und Erklärungen, jedenfalls verwandelte sich zwischen 1780 und 1850, in weniger als drei Generationen, das Gesicht Europas grundlegend. Der nun einsetzende Anstieg der Produktivität war zusammen mit dem Wachstum der Bevölkerung der Treiber dieser Entwicklung. Europa gelang nicht nur vorübergehend der Ausbruch aus der malthusianischen Falle, der Beschränkung der Bevölkerungsexpansion durch die Lebensmittelproduktion. Dabei waren industrielle Revolution und demografischer Wandel interdependente Prozesse. Auf erstaunliche Weise gründet das ökonomische Wachstum auch auf einer breiten Veränderung der Lebensgrundlagen. Technische Neuerungen, veränderte Organisation der Produktion (Fabriksystem), Bauernbefreiung, Verbesserungen in der Landnutzung, Innovationen in der Landwirtschaft wirkten mit Anpassungen im generativen Verhalten, einer »Sentimentalisierung der Familie« und Heiratserleichterungen im Rahmen bewusster Bevölkerungspolitik zusammen. Die Arbeitsteilung führte zu einem erhöhten Koordinationsbedarf über Märkte, der für die einzelnen Akteure und Einheiten die Bedeutung der volkswirtschaftlichen Zusammenhänge sichtbar machte.

All dies war nicht voraussetzungslos, sondern setzte auf Entwicklungen auf, die Europa früh relative Vorteile verschafft hatten. So steht das 13. Jahrhundert für den Aufbruch Alteuropas (vgl. Kapitel V.1), es schuf die bis ins 18. Jahrhundert hinein die Gesellschaft trotz aller Differenzierung und Veränderung prägenden Strukturen und den unverwechselbaren Charakter europäischer Kultur. Ende des 14. Jahrhunderts erlebte Europa die große Pandemie der Pest, die in wenigen Jahren (1347–1353) etwa ein Drittel der damaligen Bevölkerung forderte, eine grundstürzende Erfahrung. Der Schwarze Tod konfrontierte die Menschen mit einem wild gewordenen, alles niedermähenden Tod, löste einen massiven Bevölkerungsniedergang aus und ließ die öffentliche Ordnung zusammenbrechen.[193] Das große Leid und die unvorstellbare Wucht dieses Vorgangs hatten weitreichende Folgen für die gesellschaftliche und ökonomische Entwicklung in Europa. »Die ungeheure Anstrengung der Weltverbesserung, die die Moderne auf sich nimmt, ist eine Kampfansage an diesen Tod.«[194] Die grundlegende Veränderung im Verhältnis des Menschen zum Tod infolge der Pest hat demnach einen zentralen Impuls für den Aufbruch in die Neuzeit gesetzt.

Damit trat der Einzelne aus seiner Gattungsrolle heraus, und ihm wurde die existenzielle Sorge um sich aufgetragen.[195] Der Verlust der Individualität, der im Mittelalter ein Teil der Sozialisation war,[196] wurde aufgehoben. Die Einzelpersönlichkeit trat auf – gestützt durch den vorangegangenen Prozess kultureller Entwicklung (13. Jahrhundert) – und konstituierte eine neue Qualität der Privatheit und erstmals den öffentlichen Raum. Dagegen lebte »das mittelalterliche Individuum in einer Gesellschaft, die keine ausgeprägte ›Entfremdung‹ kennt«, sie stand im Zeichen der Ganzheit und der Ungegliedertheit.[197] Die Anforderungen an den Einzelnen, die Dinge selbst in die Hand zu nehmen, wurden in den weiteren Jahrhunderten, vor allem in der Zeit von 1500 bis 1706, immer wieder durch Pest, Hunger und Krieg in besonderer Weise gesteigert.[198] Das führte dazu, dass man nach generationenübergreifenden Stabilitäten suchte und diese zunächst im engeren Lebensumfeld durch andere Vererbungsgrundsätze oder die Absicherung der Funktion des Familienoberhauptes anstrebte. Ebenso wirkten Traditionen als haltgebende Rahmenbedingungen. Dabei galt: Die Welten unserer Vorfahren »waren physisch zwar kleiner als die unseren, aber ihre Weltanschauung reichte unendlich viel weiter als unsere.«[199]

Die Zerstörung von Glaubensgewissheiten ebenso wie die der sozialen und wirtschaftlichen Strukturen durch die Pest schuf zugleich Freiräume für neue Möglichkeiten des Denkens und Reflektierens, wie es sich beispielhaft in der Renaissance zeigte, aber auch für die wirtschaftliche und technische Expansion. »Zu Beginn des 16. Jahrhunderts verfügt Europa über die technischen Möglichkeiten, die Welt zu entdecken und zu erobern. China hatte sie auch, machte davon im Gegensatz zu Europa aber keinen Gebrauch.«[200] Mehr noch: China kannte die »bedeutendsten Erfindungen der Menschheit« (Francis Bacon) – Kompass, Schießpulver und Buchdruck – vor Europa. Dieser fundamentale Unterschied kann seine Erklärung in dem besonderen Druck zur Expansion – insbesondere zur See – finden, der sich aus kontinentalen Konflikten und dem Versuch ihrer Einhegung ergab, aber auch in kulturellen und mentalitätsmäßigen Besonderheiten, die einer größeren Offenheit, Neugierde und Mobilität förderlich waren.[201] Hannah Arendt nennt »drei große Ereignisse, die an der Schwelle zur Neuzeit« stehen und diesen europäischen Aufbruch befördern: die Entdeckung Amerikas, die Reformation mit ihrer Anstoßwirkung für »den individuellen Enteignungs- und den kollektiven Akkumulationsprozess der modernen Wirtschaft«, die Erfindung des Teleskops und die Entwicklung der neuen Wissenschaft.[202] Dieser knappe Hinweis auf den Aufbruch Alteuropas lässt erahnen, auf welchem Humus die im 18. Jahrhundert beginnende Modernisierung gedeihen konnte.

Wie lässt sich der Zusammenhang zwischen diesen Entwicklungen und der Nationsbildung herstellen? Beachten wir die realen und geistesgeschichtlichen Veränderungen in der *revolutionären Epoche* von 1750 bis 1850:[203]

- Die Bevölkerung wuchs seit dem Ausbruch aus der malthusianischen Falle mit ungekannter Stetigkeit und Geschwindigkeit (Wegfall der Heiratsverbote, sinkende Sterblichkeit etc.). Die Bevölkerungszunahme erhöhte das Reservoir an Arbeitskräften und begründete eine steigende Nachfrage nach landwirtschaftlichen sowie gewerblichen Produkten. Erstmals in der Menschheitsgeschichte war das Bevölkerungswachstum systematisch mit überproportionalem Einkommensanstieg verbunden. Das Pro-Kopf-Einkommen begann im Trend kontinuierlich zu steigen. Bevölkerungszunahme und Produktivitätsanstieg griffen auf unerklärte Weise ineinander.[204]
- Die Landwirtschaft verliert sukzessive ihre dominante Position im volkswirtschaftlichen Strukturwandel; institutionelle und technische Neuerungen führten zu einem kräftigen Anstieg der Produktivität (Fruchtwechselwirtschaft, bessere landwirtschaftliche Geräte). Gewerbebetriebe mit einer neuen räumlichen Organisation der Produktion treten in den Mittelpunkt und befördern den Handel. Der technische Wandel durch Innovation in den veränderten Produktionsweisen wurde zum Standard und Massenproduktion möglich, weil Mechanisierung und Fabriksystem erhebliche Produktivitätssteigerungen auslösten. All das erforderte erhebliche Anstrengungen zur Entwicklung

der Energieversorgung und der Verkehrsinfrastruktur (Eisenbahn).

- Die westliche Welt erlebt eine ungeahnte Verstädterung (Wachstum der Städte) und Urbanisierung (Wandel der Lebensbedingungen). Lebten in Europa zu Beginn des 19. Jahrhunderts 19 Millionen Menschen in Städten, so waren es am Ende des Jahrhunderts über 108 Millionen Menschen; die Anzahl der Großstädte mit über 100 000 Einwohnern erhöhte sich von 21 auf 147. Die Urbanisierung eröffnete und forderte neue Möglichkeiten öffentlicher Verständigung. Bücher, Zeitschriften und Zeitungen fanden in drastisch gesteigerten Auflagenzahlen nach 1750 eine rasche und umfassende Verbreitung im intellektuell emanzipierten und ökonomisch zunehmend unabhängigen städtischen Bürgertum. Über Lesezirkel wurde nicht nur gemeinsam gelesen und darüber debattiert – und so das Bewusstsein geprägt –, die Inhalte wurden auch schnell verbreitet. Neben künstlerischer Ansprache entstehen gelehrte Gesellschaften. Kurzum: Die Öffentlichkeit konstituiert sich grundlegend neu und gewinnt die Qualität, nationale öffentliche Räume zu begründen.
- Mit dem begriffsgeschichtlichen Wandel hin zum Kollektivsingular »Geschichte« entstand erstmals die Möglichkeit, »vergangene Wirklichkeiten als einen prinzipiell erforschbaren, diesseitigen Gesamtzusammenhang von Ursachen, Handlungen und Wirkungen zu denken«.[205] Das bedeutet aber nichts anderes als die Möglichkeit, Gegenwart und Zukunft von der Vergangenheit kollektiv, also gesellschaftlich, zu unterscheiden und zugleich eine Perspektive der Kontinuität hin zum Gemeinsamen der Gegenwart zu erkennen und zu beschreiben. Dadurch wurden die Vorstellung und das Bewusstsein durch Angebote kollektiver Identität – die Geschichte der Nation – orientiert, die nicht mehr als unterhaltsame Erzählung daher-

kamen, sondern als Ergebnis reflektierter Deutung (Zeitalter der Kritik). Das konnte der Selbstvergewisserung der Öffentlichkeit dienen: die *Geschichte als öffentliche Schule*.

- Die Entstehung der Nationalökonomie mit ihrem Basiswerk *Der Wohlstand der Nationen* (1776) reflektierte tatsächlich nicht die industrielle Revolution – mit keinem Wort nimmt Adam Smith darauf Bezug, sondern fügt sich in den geistesgeschichtlichen Wandel infolge der Aufklärung.[206] Letztere hatte wegen der Übel in der Welt zur Kritik Gottes geführt, was Leibniz zu seiner Theodizee und Rechtfertigung Gottes veranlasste (»beste aller möglichen Welten«). Doch dieser Versuch überzeugte nicht und scheiterte, wodurch nun dem Menschen selbst die Verantwortung für die Welt zugesprochen wurde. Einen Entlastungsversuch offeriert Adam Smith – anknüpfend an Jeremy Benthams Utilitarismus – mit dem Prinzip der unsichtbaren Hand, das durch Eigennutz motiviertes Handeln in ein gutes gesellschaftliches Ergebnis transformiert. Die Besserung der materiellen Zustände auf der Welt kann den Menschen gelingen, ohne moralisch anfechtbar zu sein. Wenn der Mensch die Dinge aber selbst erfolgreich in die Hand nehmen konnte, dann hatte dies Voraussetzungen in den Bedingungen der Arbeit und der Motivation zur Arbeit (Gewerbefleiß). So musste die Arbeitszeit, die in vorindustriellen Strukturen keineswegs eine Zeit ausschließlicher Arbeit war, diszipliniert werden. Das neue Zeitsystem wurde in dem Maß möglich, wie im Laufe des 18. Jahrhunderts Kirchen-, Wand- und Taschenuhren eine entsprechende Verbreitung gefunden hatten. In diesem Zusammenhang verlor auch der Arbeitsbegriff seinen Mühsal-Charakter, er wurde nun vermehrt mit Bildung und Erziehung in Verbindung gebracht.[207]

Das, was sich geistesgeschichtlich vollzog, war mit den bestehenden gesellschaftlichen und politischen Machtverhältnissen ebenso in Einklang zu bringen wie die Neuerungen in Wirtschaft und Technik. Die neue Wohlstandsperspektive, obgleich sie zunächst nur wenige betraf und der arbeitenden Klasse anfangs elende Verhältnisse bescherte (Friedrich Engels), eröffnete im Weiteren vielen eine realistische Aufstiegsperspektive, ermöglichte aber auch neue politische Ansprüche und die Bildung eines wirtschaftlich arrivierten Bürgertums. Zugleich musste der veränderten räumlichen Struktur des Lebens und Wirtschaftens Rechnung getragen werden. In einem solchen Umfeld können politische Schocks, wie die Eskalation in Paris im Jahr 1789 infolge einer klimabedingt schlechten Ernte und des darauf ansteigenden Brotpreises (der am 14. Juli 1789, dem Tag der Erstürmung der Bastille, den Höchstwert des 18. Jahrhunderts erreichte), die Weite und Tiefe einer großen Revolution erlangen. »So gesehen wird es fragwürdig, um was es sich bei dieser Entstehung der modernen Nation eigentlich und wesentlich handelt: um die Entstehung einer Nation als Trägerin eines souveränen Staates oder um den Strukturwandel einer Gesellschaft im Sinne der Industrialisierung, die mehr zufällig zur Herausbildung und Abgrenzung gewisser, durch nationale Ideologien in sich gebundener und nach außen abgegrenzter Wirtschaftsräume tendiert.«[208] Vermutlich greift beides ineinander.

Die Bedeutung der Aufklärung für die Nationsbildung erweist sich aber nicht nur an dem neuen Bewusstsein der Individualität, sondern ebenso an dem Selbstbestimmungsrecht des Einzelnen und der Gesellschaft. Da erscheint es nahezu zwangsläufig, dass die Französische Revolution, die damit verbundenen philosophischen und politischen Weckrufe sowie die sich anschließende Fremdherrschaftserfahrung Kontinentaleuropas unter Napoleon der Nationsbildung einen gewaltigen Schub versetzten, so dass *das lange 19. Jahrhundert* in Europa durch die Bildung von Nationalstaaten gekennzeichnet war. In Artikel 3 der Erklärung der Menschen- und Bürgerrechte vom 26. August 1789 heißt es: »Die

Nation bildet den hauptsächlichen Ursprung jeder Souveränität. Keine Körperschaft und kein Individuum können eine Gewalt ausüben, die nicht ausdrücklich von der Nation ausgeht.« Die große Revolution führte somit zu einem großen Gesellschaftsvertrag der Nation und schuf gleichzeitig die für dessen Bewachung und Umsetzung erforderlichen Institutionen.

Nation erfasst und reflektiert ein individuelles Gefühl der Zugehörigkeit zu einer gesellschaftlichen Großgruppe, in der Regel dem Volk. Dieses Gefühl der Zugehörigkeit lebt von einer emotionalen Bindung und verschafft dem sozialen Verband eine Robustheit, welche die Fliehkräfte aus alternativen Strukturen und Bezugspunkten des Öffentlichen zu dominieren vermag. Die Emotionalität als Fundament einer Nation rekurriert auf die gemeinsamen Erinnerungsorte, Geschichte(n) und Mythen. Doch das beschreibt nur die eine Seite der Bindungskraft, jene, die aus der Vergangenheit den notwendigen Fundus an Gemeinsamkeiten und unbefragt akzeptierten Bezugspunkten offeriert und im Sinne von Max Weber innerlich eine Ordnung legitimiert. Hier wirkte sich ebenso aus, dass sich »mit dem Anbruch der modernen Gesellschaft … der stabile situative Rückhalt der Handlungsabläufe zusehends auf[löste]. Die wachsende Heterogenität der Situationen wird durch abstrakter orientierende Codes, aber auch durch vertracktere Feinheiten des kommunikativen Geschehens, durch eine gesteigerte Versprachlichung und eine stärker individualisierende Zurechnung kompensiert.«[209] Dies und die damit verbundene intensivere soziale Kommunikation wurden möglich und wirkungsmächtig infolge einer sprachlichen Homogenisierung, wie sie im Interesse des frühneuzeitlichen Staats war und über eine einheitliche Amtssprache betrieben wurde.[210] Nationsbildung war hier Ausdruck einer vielversprechenden Modernisierung der Öffentlichkeit.

Die Modernität der Nation zeigte sich auch daran, dass sie – bezogen auf den Prototyp der französischen Nation als Kind der

Revolution – als Ausdruck des freien Willens des Menschen und des subjektiven Bekenntnisses zu verstehen war. Das bedeutet einerseits, dass die Existenz einer Nation – beziehungsweise der Wunsch, dieser eine staatliche Fassung zu geben – letztlich vom Willen und der täglichen freien Entscheidung der Individuen abhängt, diesen öffentlichen Raum zu betreten und damit zu konstituieren. Das kann andererseits – als Gegenbuchung zum »spezifischen Solidaritätsempfinden« – freilich nur funktionieren, wenn die Betroffenen mit gleichen Rechten ausgestattet sind beziehungsweise jene, die nicht von der konkreten Nation erfasst werden, diese Rechte nicht genießen. Oder wie Abbé Sieyès (1748–1836) formulierte: »Ein Verband von Menschen, die unter dem gleichen gemeinen Recht leben und von ein und derselben gesetzlichen Körperschaft vertreten werden.« Indem der Nationalstaat dafür elementar *Staatsvolk*, *Staat* und *verfasste Bürgergemeinschaft* zur Deckung bringt, schafft er grundsätzlich und einzigartig die für eine demokratische Ordnung konstitutiven Elemente.[211]

Das eröffnet den Blick auf die Interessenlage, die im Sinne Max Webers eine Ordnung – hier für den öffentlichen Raum – durch die gemeinhin erwarteten Folgen legitimiert, weil nur dann das tägliche Plebiszit positiv (zumindest relativ gemessen an den Transaktionskosten einer Absage und des dann unvermeidlichen Wechsels in eine andere Ordnung) für diese Ordnung ausgeht. »Eine Nation ist eine Seele, ein geistiges Prinzip. Zwei Dinge, die in Wahrheit nur eins sind, machen diese Seele, dieses geistige Prinzip aus. Eines davon gehört der Vergangenheit an, das andere der Gegenwart. Das eine ist der gemeinsame Besitz eines reichen Erbes an Erinnerungen, das andere ist das gegenwärtige Einvernehmen, der Wunsch zusammenzuleben, der Wille, das Erbe hochzuhalten, welches man ungeteilt empfangen hat. … Eine Nation ist also eine große Solidargemeinschaft, getragen von dem Gefühl der Opfer, die man gebracht hat, und der Opfer, die man noch zu bringen gewillt ist. Sie setzt eine Vergangenheit voraus, aber trotzdem faßt sie sich in der Gegenwart in einem greifbaren Faktum zusammen: der Übereinkunft, dem deutlich ausgesprochenen Wunsch, das gemeinsame Leben fortzusetzen. Das Dasein einer Nation ist – erlauben Sie mir dieses Bild – ein tägliches Plebiszit, wie das Dasein des einzelnen eine andauernde Behauptung des Lebens ist.«[212]

Das Prinzip der Rechtsgleichheit hat noch nicht zwangsläufig eine politische Partizipation im Sinne demokratischer Verfahren zur Folge, es ist aber logisch zwingend für die Schaffung einer Nation, um die unterstellte prinzipielle Homogenität der akzeptierten Mitglieder der Nation rechtlich abzubilden und damit eine Integrationswirkung zu begründen. Denn der Weg zu einer Nation ist nicht nur äußerlich meist kurvenreich und langwierig, sondern erfordert gerade im Inneren gezielte Anstrengungen. Nationen werden aus krummem Holz gezimmert, das seine Unebenheit nie ganz verliert. Die kulturelle und ethnische Tradition eines Volkes erfährt geografisch an seinen Rändern stets Ausfächerungen, die meist zu Konflikten über das Dabei-sein-Dürfen und das Dabei-sein-Wollen führen. So sind Kulturnation und Staatsnation aufgrund historisch-politischer Zufälligkeiten nur in den seltensten Fällen weitgehend oder gar voll identisch; Ähnliches gilt für Sprachgemeinschaft und Staatsnation. Entweder sind die Siedlungs-(Sprach-)gebiete nicht geschlossen, so dass Konflikte vorprogrammiert sind, oder sie sind größer als die politisch durchsetzbare Staatsbildung, was ebenfalls Auseinandersetzungen verursacht. So oder so ist die Nationsbildung mit Minderheitenproblemen konfrontiert, die sich durch bewusste Spracherneuerung, Sprachvereinheitlichung und Sprachreinigung akzentuieren und konturieren.

Auch wenn die Nationsbildung letztlich auf die soziale Gruppe – das Volk – in ihrer Gesamtheit zielt, so wird sie besonders anfänglich von Minderheiten getragen, welche die akzeptierte Rolle nationaler Eliten erfüllen. Die Integration breiter Bevölkerungskreise bedarf allein deshalb mehr Zeit. Beides – die äußere und die innere Integration – zeigen häufig ein völlig anderes Gesicht als der Prozess, der zur Gründung des Nationalstaats, zur staatlichen Fassung der Nation führte. Während die Forderung nach eigener Staatlichkeit und damit nach Selbstbestimmung als liberale Botschaft mit dem Blick auf bürgerliche Freiheiten daherkam, kippte dies oft nach dem Erreichen der Staatsbildung, weil dann die Integration durch Abgrenzung dominiert und somit hilft, die inneren Anpassungsprobleme zu überdecken. »Aber gerade die Geschichte Europas zeigt, dass schon am Tage ihres Sieges die Solidarität der auf politische Freiheit und Selbstbestimmung gerichteten nationalen Bewegungen zerfiel.«[213]

Aus diesen Hinweisen wird deutlich, dass trotz einer einheitlichen Begründungsidee jede Nation ein spezifisches dynamisches Gebilde ist. Und selbstverständlich ist der Nationalstaat geprägt durch die jeweiligen Gegenwarten und ihre Bedingungen. Das ist zweifellos banal, doch die heutige Kritik am Nationalstaat scheint dies zu vergessen, denn sie klagt in der Regel über ein Gebilde des 19. Jahrhunderts, das, aus einer schwierigen Gründungsphase kommend, über konfliktreiche Integrationsprozesse nach innen wie außen als imperialistisches, zum Krieg bereites Gebilde unverändert unsere Vorstellung bestimmt.[214] Dagegen sollte nicht strittig sein, dass die Durchsetzung eines neuen Prinzips der Organisation von öffentlicher Gewalt und Ordnung vor grundsätzlich anderen Herausforderungen steht als die Entwicklung staatlichen Handelns ausgereifter Nationen mit entsprechender kollektiver Erfahrung.

Erstaunlicherweise wird bei der heutigen Sorge um den Primat der Politik unter den Bedingungen der zweiten Globalisierung nicht gesehen, dass damit implizit der Nationalstaat als Ort handlungsfähiger und demokratisch legitimierter Politik gewürdigt wird. Denn die Schwierigkeit, in supranationalen und transnationalen Strukturen die gebotene Legitimation politischen Handelns zu erreichen, führt unweigerlich auf die bestehenden nationalstaatlichen Strukturen zurück. Das lässt an dieser Stelle einen Zeitsprung aus der Phase der Nationsbildung in die Gegenwart angezeigt sein, indem wir kurz die zeitgenössischen Probleme des Nationalstaats benennen. Der Nationalstaat und seine demokratische Legitimation sind heute aus verschiedenen Richtungen unter Druck gekommen:

- *Erstens* haben wirtschaftliche Globalisierung und transnationale Governance-Strukturen den Handlungsspielraum beschränkt, zum Teil als Folge des erklärten Willens zur Kooperation und zum Teil als Ausdruck von erduldeter Ohnmacht. Das Arrangement der gemeinsamen europäischen Währung wird in diesem Sinne auch als neoliberale Repressionsstruktur gegenüber der nationalen Souveränität und Autonomie verstanden. Tatsächlich ist Europa an seine verfassungsrechtlichen Grenzen gestoßen.
- *Zweitens* erleben wir in Europa heute Versuche eines regionalen Separatismus, indem selbst jahrhundertealte politische Zusammenhänge wie auf den Britischen Inseln zwischen Schottland und England ernsthaft hinterfragt werden. Nach der Neuordnung in Ost- und Mitteleuropa nach 1989 gewinnt diese Entwicklung jedoch eine andere Qualität, weil sie an lange bestehenden, demokratisch gestalteten Zusammenhängen ansetzt.
- Und *drittens* gibt es einen zunehmenden Bedeutungsanspruch zivilgesellschaftlicher Akteure in den verschiedenen Staaten, die andere Formen der politischen Partizipation und notgedrungen eine Regionalisierung der Meinungsbildung sowie der

Entscheidungsfindung zur Folge haben, als es in den verfassungsmäßig etablierten Routinen des Meinungsaustauschs und der Konfliktlösung vorgesehen ist.

All dies macht deutlich: Der Nationalstaat als Ordnungsprinzip ist nicht unumstritten, allerdings ist ein überzeugender Ersatz unverändert nicht gefunden. Insoweit wirken diese Fliehkräfte ohne einheitliches Ziel und wirkliche Überwindungsmacht. Vermutlich hängt der trotzige Widerstand oder vielmehr die erstaunliche Robustheit des Nationalstaats an seiner heute vielfach ignorierten gut beleumundeten Herkunft. Denn er ist weder ohne die Aufklärung und die damit gewonnene neuzeitliche Autonomie des Menschen denkbar, noch ist die Bewegung zur Nationsbildung ohne den Drang der Menschen zu Freiheit und Selbstbestimmung vorstellbar. Freiheit und Selbstbestimmung verlangen aber nach kraftvollen Ankern für ihre Organisation und Absicherung, sie verlangen nach Identität, Integration und Homogenität. Allerdings: Freiheit und Selbstbestimmung bedeuten nicht die Abwesenheit von Konflikt, Scharmützeln und Krieg, im Gegenteil. Und gerade die historische Phase der Nationsbildung war in besonderer Weise mit militärischen Auseinandersetzungen verbunden. Das hat Gründe im spezifischen historischen Kontext, aber generell auch darin, dass die neue Nation zur Stabilisierung einer scharfen Abgrenzung nach außen bedarf und dies schnell Kriege provozierte. Diese Folgen sind weder gut noch schön, doch reichen sie nicht aus, das Projekt Nationsbildung und Nationalstaat heute zu verdammen, hieße es doch, einseitig vor der geschichtlichen Last des Projekts Nationsbildung zu kapitulieren.

Letztlich sind es Fragen der Zweckmäßigkeit, um die es hier geht. In welcher Organisation lassen sich Volkssouveränität, Freiheit und nationale Identität am besten – das heißt vor allem am verlässlichsten – gestalten? Wo finden wir den öffentlichen Raum dauerhaft am besten abgesichert? Und welches basale Ordnungsprinzip gibt der Welt gleichermaßen Legitimation und Stabilität? Weil diese und verwandte Fragen im ausgehenden 18. und im angehenden 19. Jahrhundert durch die tatsächliche Entwicklung auf die politische Tagesordnung gesetzt worden waren, erscheint aus heutiger Sicht der Begriffs- und Funktionswandel von *Nation* (*natio*, *status politicus*) als durchaus sachgemäße Antwort. Jedenfalls hat »die überragende Geltung des Nationalstaatsprinzips seit dem frühen 19. Jahrhundert dazu geführt, dass der Staatenpluralismus heute die Grundlage der internationalen Staatenordnung darstellt«.[215] Was 1985 unter den Bedingungen des eingehegten West-Ost-Konflikts galt, gilt seit dem Fall des Eisernen Vorhangs noch viel mehr.

Es scheint geradezu, dass der Nationalstaat gegen allerlei historisch begründbare Bedenken fröhliche Urstände feiert. Manches erinnert in seinen Strukturen an die erste Runde der Nationsbildung im 19. Jahrhundert. Denn wiederum gilt, dass die Nationsbildung nicht ohne Konflikte und militärische Aktionen erreicht werden kann, und zwar vor allem dann, wenn die Einheit von Nation, Sprache und Staatsgebiet unerfüllbar oder zumindest sehr unwahrscheinlich ist. Das zeigen die Aufspaltung der Tschechoslowakei zum 1. Januar 1993 und die Unabhängigkeit der baltischen Staaten in den Jahren 1990/1991.[216] Besonders dramatisch und widersprüchlich erweist sich der längere Zerfallsprozess Jugoslawiens von 1991 bis 1999; hier wirkten wirtschaftliche Differenzen zusammen mit ethnischen Unterschieden, aber auch ein bewusst inszenierter Patriotismus dahin, dass der »kommunistische Mythos von der brüderlichen Einheit« zerfiel, obgleich die Politik Titos vor allem in Städten nicht nur erfolglos gewesen war.[217] Ein besonderes Kapitel hat im Westen der ehemaligen Sowjetunion mit dem Konflikt zwischen der Ukraine und Russland begonnen, kulminierend in dem völkerrechtlich fragwürdigen Wechsel der Krim unter Moskaus Obhut. Diese Region hat an der *revolutionären Epoche* nicht teilgenommen, so erscheint manches heute nicht nur als Aufarbeitung des Zerfalls des Sowjetregimes, sondern ebenso als Ausdruck einer sehr grundsätzlich nachholenden, aber im Angesicht geopolitischer Interessen- und Konfliktlagen nicht geklärten Modernisierung.

So finden wir in diesen Prozessen seit 1989 im Grunde die Typen der Nationalstaatsbildung des 19. Jahrhunderts wieder. Am Anfang stand in Westeuropa – England, Frankreich, Niederlande – die Umformung des Ancien Régime zur Staatsnation. Die lange Tradition politischer Einheit setzt sich im Selbstbestimmungsrecht und der Rechtsgleichheit der Bürger fort. Es folgte die langwierige Nationswerdung aus dem Befund der Kulturnation ohne passende politische Rahmung, wie es für Italien (Risorgimento) und Deutschland (Reichseinigung) der Fall war. Und schließlich gab es im ausgehenden 19. Jahrhundert und im frühen 20. Jahrhundert eine Reihe von Staatsgründungen durch Sezession, wobei ebenfalls der Rekurs auf die kulturelle Identität treibend wirkte; dies gilt im weitesten Sinne für Belgien, Finnland, Norwegen, die baltischen Staaten und Polen, die Tschechoslowakei, Rumänien, Albanien und Griechenland. Nach 1989 wurden darin historische Bezugspunkte gesucht und gefunden. Das Beharrungsvermögen der neuzeitlichen Erfindung des Nationalstaats als weltlicher Machtorganisation der Nation, das ein spezifisches Verhältnis zwischen Staatsvolk und Staat begründet,[218] lässt auf eine tiefer liegende Kraftquelle schließen: das Nationalbewusstsein. Nationalbewusstsein spiegelt sich in der Haltung des Nationalismus als ideologischem Unterbau einer auf dem Nationalstaatsprinzip beruhenden Staatenordnung. Damit tritt neben das Phänomen der Nation das Denken und Empfinden der Nation: Nationalbewusstsein, Nationalcharakter und Nationalismus.

3. Nationalbewusstsein, Nationalcharakter und Nationalismus

»Eine Nation entsteht erst mit der Bildung von *Nationalbewusstsein* innerhalb einer Bevölkerung. … Wir verstehen unter *Nationalismus* ein politisches Verhalten, das nicht von der Überzeugung einer Gleichwertigkeit aller Menschen und Nationen getragen ist.«[219] Das Nationalbewusstsein spiegelt sich im *Nationalcharakter* und entwickelt mit diesem ein Wechselspiel gegenseitiger Prägung und Verstärkung. Dabei »sprechen wir vom Bewusstsein als einer sozialen Form der Selbstbezüglichkeit, die Menschen als Menschen benötigen, um überhaupt einen Begriff von sich, von ihrer Gemeinschaft mit anderen und (dies vor allem) von ihrer Welt zu haben. … Menschliches Bewusstsein ist individuell und universell zugleich.«[220] Dies gilt entsprechend für die Kategorie Nationalcharakter, der individuell wirkt, aber immer eine spezifische Art von Gesellschaft und Staatenbildung voraussetzt und deshalb eine Geschichte der langen Dauer ist.[221]

Norbert Elias hat in umfangreichen Studien die Frage behandelt, wie sich ein Nationalcharakter – eine nationaler Habitus als dominante Charakteristik einer Gesellschaft – ausbildet und welche großen Merkmalslinien *à la longue durée* für die Deutschen kennzeichnend sind.[222] Bedeutsam erscheint erstens die Tatsache der geografischen Mittellage in Europa, die immer wieder von Grenzverschiebungen zwischen den latinisierten, den slawischen und den germanischen Völkern betroffen war. Es war keine stabile politische Struktur möglich, weil immer wieder – egal in welche Himmelsrichtung – Gebietsveränderungen durch militärische Konflikte zu verkraften waren. Das Volk in der Mitte erlebte dies grundsätzlicher und öfter als die Völker und Sprachgemeinschaften an den Rändern. Damit war zweitens verbunden, dass die Entwicklung in Mitteleuropa – insbesondere die Staatsbildung – in viel stärkerem Maße diskontinuierlich und durch Brüche gekennzeichnet war. Symbolhaft wird dies deutlich, wenn man die Geschichte der Hauptstädte Paris, London und Berlin vergleicht. Mittelalterliche Repräsentationsbauten, die den staatlichen Anspruch ungebrochen dokumentieren, prägen Paris und London und dokumentieren dort die Kontinuität der Staatsentwicklung, während in Berlin schon vor 1945 Vergleichbares kaum zu finden war.

Drittens gehört zum Prägestock des deutschen Nationalcharakters die Erfahrung fundamentaler Niederlagen im europäischen Ausscheidungskampf. Damit verbunden war die Erkenntnis, dass die politische Fassung in der Mitte Europas nicht Schritt hielt mit der Entwicklung in Frankreich und England und die eigene Schwäche dadurch immer deutlicher wurde. Der Zerfall der Zentralgewalt im 16. und 17. Jahrhundert und die Verlagerung der politischen Macht zu den Territorien machte diese Periode – anders als in Frankreich und England – für die Deutschen zu keinem positiven Erinnerungsort, zumal infolge des Dreißigjährigen Krieges ein unvergleichlicher Bevölkerungsverlust von 30 Prozent zu verkraften war. Schauplatz militärischer Auseinandersetzungen war auch danach wiederholt die deutsche Mitte Europas, ob zur Zeit Ludwigs XIV. oder Napoleons. Die erlebte strukturelle Schwäche ist nur einmal – in den Einigungskriegen 1864 bis 1871 – durchbrochen worden. Umso mehr musste die schwere Niederlage von 1918 nachhaltige Spuren im Habitus der Deutschen hinterlassen, weil sie alle negativen Erinnerungen und Vorbelastungen wiederbelebte und stärkte.

Schließlich hat die Entwicklung des Bürgertums als der tragenden Schicht moderner Staatlichkeit sich in Deutschland deutlich anders vollzogen als in weiten Teilen Europas. Die lange währende statusbezogene Nachrangigkeit des Bürgertums in Deutschland hat mit der geringeren Kraft und dauerhaften Würdigung städtischer Strukturen der Selbstregierung zu tun. »Stadtbürgerliche Patrizier als modellsetzende Schichten begründen eine merklich andere Tradition des Verhaltens und der Wertungen als ein herrschender Militäradel mit bürgerlichen Spitzengruppen, die sich an ihm ausrichten. … In Deutschland überwucherten auf verschiedenen Ebenen militärische Modelle des Befehlens und Gehorchens die städtischen Modelle des Verhandelns und Überredens.«[223] Hierzulande hat der Weg zur öffentlichen Bürgerlichkeit mit einem liberalen Bürgertum als prägender Schicht nicht nur länger gedauert, er war vor allem bis weit ins 20. Jahrhundert mehr als alles andere der Versuch des Bürgertums, sich die Lebenshaltung und Normen des Militäradels zu eigen zu machen, was wiederum die Distanz zu den zivilen Idealen der deutschen Klassik groß und grundsätzlich werden ließ. Diese Disposition auch des deutschen intellektuellen Bürgertums hat offenkundig weitreichende Folgen.

Gerade das *konfessionelle* oder *ständische Zeitalter* erweist sich für Deutschland in einem höheren Maße als strukturell und habituell bestimmend, als im Lichte der historischen Engführung auf das 19. und 20. Jahrhundert gemeinhin gesehen wird.[224] Die lange währenden Unterschiede zwischen England und Frankreich auf der einen und dem deutschen Raum auf der anderen Seite nehmen in der frühen Neuzeit ihren Ausgang. Die Hinterlassenschaft des Dreißigjährigen Krieges greift in vielen Zusammenhängen: weitergehende Schwächung der Zentralgewalt und Stärkung der Territorien; Ausbildung eines Konfessionskonfliktes, dessen gesellschaftliche und lebenspraktische, aber auch politische Folgen erst in der zweiten Hälfte des 20. Jahrhunderts überwunden wurden. So bedeutet »bis zur Reichsgründung ›national sein‹ …, gegen das dynastische Prinzip des Partikularstaates und für das bürgerliche Prinzip des Nationalstaats einzutreten. So gesehen waren national und liberal, Einheit und Freiheit geradezu Zwillingsbegriffe gewesen.«[225] Nationale Einheit musste nicht nur die ausgefächerte Staatenlandschaft in Mitteleuropa zusammenfügen, sondern auch die konfessionellen Gegensätze zumindest neutralisieren. Das erfordert eigentlich eine besonders überzeugende Reichsidee, die freilich mit der Reichseinigung 1871 nicht geliefert wurde.

Damit wird bereits hier plausibel, dass die Reichsgründung 1871 zu ihrer inhaltlichen Aufladung einer besonderen Übersteigerung nationaler Besonderheiten bedurfte. Wer spät dran ist, der muss sich umso schärfer abgrenzen, dem fehlt bei allem breit zur Schau gestellten Selbstbewusstsein die Souveränität, die unvermeidbare Ausfächerung nationaler Identität – zumal in der Breite wie in Deutschland – zu ertragen. Und so gilt: »Die frühe Neuzeit ist zu Ende, wo konfessionelle und soziale Identität nicht mehr dominieren, sondern sich in einer neuen nationalen Identität auflösen; wo breitere Schichten als Fürsten und Stände Mitwirkung am Gemeinwesen und Mitgestaltung des Gemeinwohls verlangen; wo alle einer gemeinsamen Ideologie bedürfen, um über die Klüfte der realen Interessenlage hinweg Gemeinsamkeiten im Inneren und Einheit nach außen zu finden. Nachdem das Konzept ›Nationalcharakter‹ theoretisch obsolet geworden war, begann es praktisch zu wirken: im Nationalismus.«[226] Dabei darf nicht übersehen werden, dass »was wir heute als ›Reichsnationalismus‹ bezeichnen, … 1871 noch keine klaren Konturen [hatte]. Nur das war schon damals gewiss, dass mit der Gründung des deutschen Reiches ein Kampf um die richtige Deutung dessen begonnen hatte, was fortan als ›national‹ gelten durfte.«[227] Als Indiz dafür mag man ansehen, dass es dem Reich, außer dem Kaiser, an anderen gewöhnlichen Symbolen mangelte; so gab es keine Nationalhymne, sondern nur eine Monarchenhymne, auch fehlte ein Nationalfeiertag. »Die Symbole des Reiches verdrängten auch nicht die der Einzelstaaten, sondern ›koexistierten‹ mit diesen.«[228]

Damit wird das fragwürdige Potenzial des zunächst primär nach innen gerichteten Nationalbewusstseins im Zusammenspiel mit dem nach außen getragenen Nationalismus ersichtlich, was zur Übersteigerung und Radikalisierung einer aus liberalen Wurzeln und übergeordneten Rechtsprinzipien gespeisten Nationalstaatsbewegung gerade im späten 19. und frühen 20. Jahrhundert geführt hat; aus einem fortschrittlichen Nationalismus wurde so ein reaktionärer.[229] Der Nationalismus als Denkfigur, Ausdrucksform und Bindungsmittel wurde selbst erst ab Mitte des 19. Jahrhunderts thematisiert und reflektiert.[230] Das ursprünglich reklamierte Selbstbestimmungsrecht der Völker respektive der Nationen – und damit der Anspruch auf eigene Staatlichkeit auf Grundlage der Volkssouveränität – wird im Zeichen der Expansion nach außen gewendet und legitimiert Vormachtansprüche. Die Tatsache, dass jede Nation – sowohl auf ihrem Weg zur Entstehung als auch danach – vielfältige widerstreitende Interessen auszugleichen und unterschiedliche gesellschaftliche Kräfte einzubinden hat, verlangte nach einem ideologischen Überbau, der sich durch seine Geschichten als kraftvoll erweisen sollte. Erst dadurch war das Mindestmaß an Homogenität der Mitglieder einer Nation erreichbar. Die Ablehnung der Gleichwertigkeit aller Menschen wendete sich schnell zu dem politischen Ziel, mit der Nation im Inneren und zur Abgrenzung nach außen eine homogene Gesellschaft zu verbinden.

Das Denken über die Nation und das Empfinden der Nation sind – ebenso wie der Nationalcharakter – nicht unabhängig vom konkreten Erleben und Erfahren der staatlichen und politischen Äußerung derselben. Dem erwähnten großen Maß an nationalstaatlicher Tradition und Kontinuität in Frankreich und England steht ein ebenso großes Maß an Brüchen und Neuanfängen in Deutschland gegenüber. »Die politischen Institutionen, durch welche ein Volk einen Nationalcharakter konstituiert, sind Wandlungen und Abbrüchen, partikularen Entwicklungen und Restaurationen ausgesetzt gewesen wie in keinem anderen Land, das sich zur Nation bilden sollte. … Alles, was nicht unmittelbar politisch ist unter Deutschen, ist so alt und beständig wie Brauchtum und gesellschaftliche Einrichtungen bei irgendeinem Volk.«[231] Da kann es nicht verwundern, dass besonders die Deutschen von alten Überlieferungen umgeben sind, Verhaltensweisen und Sprachgewohnheiten pflegen, deren Wurzeln sich in Jahrhunderten verlieren.[232] Die Deutschen, die im 19. Jahrhundert lange vergeblich auf dem Weg zur staatlichen Einheit waren, fanden in der Kulturnation ersatzweise die Basis für Identität und Identifikation.

Das, was von den Eliten politisch als Mangel wahrgenommen wurde, hatte eine ungeheure Kreativität vor allem im Literarischen freigesetzt. Vor allem die fünf Jahrzehnte von 1780 bis 1830 waren das große und prägende Zeitalter, in dem sich das kulturelle Selbstbewusstsein der Deutschen entwickelte. Die Nation fand ihren Ausdruck in der großen Nationalerzählung, für die besonders der »*Faust* Inbegriff eines deutschen Mythos«[233] geworden ist. Die Figur des Faust ist nicht lediglich ein literarisches Thema des deutschen 19. Jahrhunderts, sie gehört vielmehr als nationale Ikone zu den deutschen Erinnerungsorten, zum Prägematerial für die kulturelle Identität dieses Volkes, die dadurch stark idealistische Züge erhielt.

Das lag vor allem auch daran, dass mit großem Einfluss Georg Gottfried Gervinus mit seiner fünfbändigen *Geschichte der poetischen Nationalliteratur der Deutschen* (1835 bis 1842) die Werke von Goethe und Schiller »in den Rang einer übergeschichtlich ›klassischen Gültigkeit‹« – ohne angemessene geschichtliche Fortsetzung – erhob.[234] Zugleich wurde dieser deutsche Nationalmythos klassisch-antik umrankt, indem einhergehend mit der nach 1800 aufkommenden Griechenverehrung *Goethe und Schiller zu den deutschen Griechen* und damit prinzipiell über die in römischer Tradition gesehenen literarischen Werke der Franzosen gestellt wurden.[235] Die Wahlverwandtschaft zwischen Griechen und Deutschen wurde mit der hohen Passgenauigkeit begründet, mit der das griechische Denken durch seine Vielseitigkeit sowie das Potenzial der Allgemeingültigkeit der staatlichen Vielfalt in Deutschland entsprach.

Die Werkgeschichte des *Faust* – von einer spätmittelalterlich-frühneuzeitlichen Erzählung bis zu Goethes großer Dichtung – reflektierte für die Zeitgenossen des 19. Jahrhunderts symbolhaft die eigene Nationalgeschichte; das Werk erschien als etwas ausschließlich Deutsches.[236] Das rechtfertigte ganz selbstverständlich, dass die deutschen Soldaten mit Goethes *Faust* in den Ersten Weltkrieg zogen. »Als Philosophie des deutschen Sonderwegs erhält diese Überzeugung [gemeint: der besondere deutsche Weg zur Nation] im Faust-Mythos ihr Denkmal.«[237] Friedrich Nietzsche, Oswald Spengler, Thomas Mann und Max Weber haben sich in der einen oder anderen Weise mit der Faustgeschichte wie mit der Faustdichtung auseinandergesetzt, Bezüge zum Gang der deutschen Geschichte und zum Besonderen der deutschen Nation hergestellt; selbst in der DDR wurde mit Eislers *Johann Faustus* der Versuch unternommen, mythenpolitisch eine Umdeutung vorzunehmen, um das anfangs unverzichtbare Bürgertum für den sozialistischen Staat zu gewinnen.[238]

All dies zeigt die politische Kraft, die in solchen Nationalmythen steckt. Dabei kommt dem Faust deshalb eine besondere Stellung zu, weil er nicht – wie beispielsweise Kaiser Barbarossa – im Streit konkurrierender Geschichtsdeutungen stand, die sich verschiedenen dynastischen Strängen (Staufer und Zollern) zuordnen ließen.[239] Die Kraft der Klassik hat in den frühen Jahren der deutschen Teilung immer wieder ein gemeinsames Band um die Kulturnation winden können; dies belegen die Goethe- und Schillergedächtnisfeiern 1949 und 1955 beiderseits der innerdeutschen Grenze, aber auch die von der Teilung unberührte Fortexistenz der 1885 in Weimar gegründeten und fortan dort beheimateten Goethe-Gesellschaft.[240]

Auf die Spitze getrieben wurde die besondere deutsche Sicht der Kulturnation nach der staatlichen Einigung im Jahr 1871. Denn anders als in den vorlaufenden Nationen – den Prototypen Frankreich und England mit ihrer Fundierung in rechtlichen Prinzipien (Rechtsgleichheit) – wirkte diese idealistische Nationalprägung in Deutschland fort. So traf im Jahr 1914 die deutsche Idee der »›Volksgemeinschaft‹, des organisch gewachsenen und sich selbst genügenden Volkskörpers«, auf die Ideen der Französischen Revolution, im Kern die allgemeinen Menschenrechte und damit Ideen von »übernational-kosmopolitischer« Qualität.[241] Die deutsche Volkstumsideologie als akzeptierte Deutung des Nationalismus fußt in der Erfahrung der napoleonischen Fremdherrschaft, was eindeutiger und schärfer als noch bei Johann Gottlieb Fichte in seinen *Reden an die deutsche Nation* und Ernst Moritz Arndt in *Das Urteil über die Franzosen* zu einer grundlegenden Ablehnung universeller, quasi weltbürgerlicher Vorstellungen geführt hatte. »Es ist das Dilemma der deutschen Geschichte, dass ›die Menschenrechte in den Proviantwagen einer Invasionsarmee‹ nach Deutschland kamen.« »Die eigentliche Entdeckung einer völkischen – das ganze Volk umfassenden und ihm eigentümlichen – Kulturtradition beginnt erst mit den Brüdern Grimm.«[242]

Man muss Nationalismus freilich nicht zwangsläufig negativ konnotiert sehen: Der Nationalismus enthält Chancen und Gefahren, wie es die Internationalität des Hambacher Festes dokumentiert. Nicht widersprechen wird man auch dem Befund Friedrich Meineckes[243], dass der Nationalismus neben dem Sozialismus eine der beiden »Ideenströme des 19. Jahrhunderts« war. So lässt sich der Nationalismus auch als »Geistesverfassung« verstehen, die nationalen Themen in der gesellschaftlichen Kommunikation und bei politischen Entscheidungen – im öffentlichen Raum – einen bevorzugten Platz einräumt.[244] Das Potenzial für eine gefährliche Übersteigerung des Nationalismus ist abhängig von der spezifischen Form der Nationsbildung, und es war angesichts der stark kulturell-ideologischen Prägung in Deutschland besonders ausgebildet.[245]

Der Bedarf an ideologischen Ankern und an einer daraus folgenden Überheblichkeit ist verlässlicher dort zu finden, wo nicht die Erfahrung einer langen Nationsbildung prägt, sondern die fast ewige Sehnsucht nach der Erlösung der ethnisch-kulturellen Sprachgemeinschaft in einem Nationalstaat. Der tief und breit empfundene Mangel einer selbstbestimmten staatlichen Organisation der Kulturnation führt leicht zu Übersteigerungen, weil die Erwartungen auf eine nationale Erlösung die unbefriedigende Erfahrung kompensieren müssen. Nationalismus fungiert dann als spezifische Integrationsideologie[246], die quasi dem nationalen Nichts in der Realität die Idee der eigenen Nation entgegensetzt. Diese Integrationsfunktion wird dann noch radikalisiert, und zwar hin zu einer aggressiv-militanten Form, wenn eine Krise des nationalen Selbstbewusstseins zu verkraften ist. Dies kann die Folge einer schweren politischen oder militärischen Niederlage sein, die für die betroffene Nation Ansehensverluste und die Gefahr der Desintegration birgt.[247] Dann werden Patriotismus und Vaterlandsliebe zum Instrument der Gefahrenabwehr und entsprechend zugespitzt. Maß und Mitte gehen verloren, sowohl in der Bewertung der eigenen nationalen Möglichkeiten als auch im Miteinander der Nationalstaaten.

Die unterschiedlichen Erzählungen, die mit dem Begriff der Nation verbunden wurden und die unterschiedlichen Ausformungen des Nationalismus ermöglichten, werden am deutlichsten in der Gegenüberstellung des auf den Grundsatz der Rechtsgleichheit zielenden politischen Nationsbegriffs von Abbé Sieyès und dem des Weimarer Konsistorialrats Johann Gottfried Herder aus Jahre 1776, der auf Sprache, Volksliteratur und Dichtung, Märchen und Lieder als wahre Grundlage der Nation verweist. Damit wurde die Nationalidee einerseits zum objektiven Prinzip – quasi zur höheren Gewalt –, das die Zugehörigkeit qua kultureller Identität begründete (deutsche Romantik), und andererseits zum subjektiv-politischen Grundsatz, der auf einen bewussten Willensakt mit staatlich-konstitutiver Folge rekurriert (Französische Revolution).[248]

Ging es jenseits des Rheins um einen politischen Akt mit dem Anspruch höchster Rationalität, der die Nation (als Staatsnation) begründete, so war es diesseits des Rheins – aber auch in Südeuropa (Italien) und Osteuropa (Polen) – die Hoffnung und der Glaube an eine nationale Wiedergeburt, Erweckung, *Risorgimento* der Nation als Kulturnation. Die Kraft und Breitenwirkung der scheinbar objektiven Idee *Nation* manifestierte sich in Mittel-, Süd- und Osteuropa in der Tatsache, dass »keine Regierung, auch in nicht demokratischen Staaten, … sich auf Dauer halten [konnte], wenn sie nicht die Stimmungen und Wünsche des Massen-Nationalismus berücksichtigte«.[249] Deren Interessenlenkung folgte freilich den kulturellen und bildungspolitischen Ambitionen der Eliten und der dadurch gegebenen emotionalen Fundierung vermittels der Literatur. »Die Trägerschicht des Patriotismus ist das Bildungsbürgertum. Es konstituiert sich mit Hilfe des Pressewesens und über Vereinsbildungen und sucht sich über eine patriotische Tugendlehre zu vergemeinschaften.«[250]

Die Reichsgründung 1871 verschaffte den im 19. Jahrhundert seit den Befreiungskriegen immer deutlicher formulierten und bildungsbürgerlich verankerten volkstümlichen Ideen und Mythen einen selbstbewussten Rahmen, der die objektive, quasi naturhafte Begründung der deutschen Nation in den Mittelpunkt rückte. Dies wurde dadurch begünstigt, dass die zunehmende Industrialisierung und Verstädterung des Lebens nahezu kompensatorisch nach übergeordneten Ideen suchte. Die im deutschen Nationalismus angelegte Idee der Volksgemeinschaft entsprach dieser Bedarfslage. Zudem galt: »Weil Deutschland im Unterschied zu den angelsächsischen Ländern das gesellschaftliche Interesse an theologischen Fragen nicht entwickelt hat, bildete sich in seiner geistigen Atmosphäre weltanschaulicher Ernst als Äquivalent.«[251] Dabei hatte die besonders enge Verbindung zwischen Staat und evangelischer Kirche infolge der Konfessionskonflikte dem gesellschaftlichen Diskurs ein Thema der Reflexion genommen, was indirekt Wissenschaft und Philosophie beförderte und Raum ließ für eine seltsam übersteigerte Sicht auf Kultur und Nation, die sich spiegelte »in einer eigentümlich weltfrommen Haltung, die nach weltanschaulichem Ausdruck ringt«. »Deshalb standen Wissenschaft, Dichtung, bildende Kunst, Musik, ja das gesamte öffentliche Leben im Zeichen personengebundener Weltanschauung, als die Entwicklung des deutschen Volkes bürgerliches Gepräge erhielt.«

Der Kriegsausbruch im August 1914 wurde von deutschen Kulturschaffenden und Wissenschaftlern euphorisch begrüßt, weil er nicht zuerst als militärisch-politische Auseinandersetzung gesehen wurde, sondern als Chance zur Verteidigung der deutschen Kultur. Wir spüren das Besondere dieser Haltung schon in den Begriffsdeutungen: »Kultur, der Deutschen Inbegriff für geistige Tätigkeit und ihren Ertrag im weltlichen Felde, ist ein schwer zu übersetzendes Wort.«[252] Die Orientierungslosigkeit der Jahrhundertwende (*Fin de siècle*), das verbreitete Gefühl, in einer kulturellen Krise gefangen zu sein, und der Eindruck, im Konzert der europäischen Nationen durch ein gesellschaftlich-ökonomisches Ungleichgewicht ins Hintertreffen geraten zu können, wurden quasi in Windeseile zerstreut. Der militärische Konflikt eröffnete aus Sicht der Zeitgenossen den Eintritt in ein »neues geistiges Deutschland«, das sich über das »philosophisch-ästhetische Ersatzdeutschland des 18. Jahrhunderts« ebenso erhob wie über »die realistische Macht- und Wirtschaftsbegeisterung« des 19. Jahrhunderts.[253] Mit der Zustimmung der Sozialdemokraten zur Bewilligung der Kriegskredite im August 1914 und dem darauf folgenden großen völkischen Schulterschluss findet dies sein abschließendes, sein krönendes Testat, das mit den *Ideen von 1914* (Weltfrömmigkeit und höhere Bestimmung) den Kontrapunkt zu den *Ideen von 1789* (Lösung des Staates aus der Vorherrschaft der Kirche und Befreiung des Einzelnen aus religiöser Bestimmung) setzte und gleichermaßen das lange 19. Jahrhundert als Epoche der Nationsbildung in Europa zum Abschluss brachte.

4. Fehlgeleiteter Nationalismus im Ersten Weltkrieg

Hundert Jahre nach dem Ausbruch des Ersten Weltkriegs werden nicht nur in Qualität und Umfang bislang unerreicht neue, relativierte alte und bekannte Erklärungsmuster für die Ursachen dieser *Urkatastrophe des 20. Jahrhunderts* angeboten. Es drängt sich auch die Frage auf, wie jenseits aller machtpolitischen Erwägungen und Interessen, wie jenseits aller Ressentiments und Gegensätze die Fortschritte in Wirtschaft und Gesellschaft, in Wissenschaft und Kultur während des langen 19. Jahrhunderts schlagartig verdrängt wurden und der politisch betriebene Konflikt auf so widerwärtige Weise Leidenschaft, Emotion, Zorn und Hass mobilisieren konnte. Das, was an der Front geschah, hatte – so zeigt sich – eine tiefe Verankerung in den kulturellen Kategorien der Eliten, und zwar auf allen Seiten. Nur dieser Aspekt soll betrachtet werden, um die gewaltige negative Kraft zu erfassen, die im Nationalismus ebenso verankert ist. Dafür wird exemplarisch ein Blick zurückgeworfen.

Ein eindrucksvolles Beispiel der Nutzung lange vernachlässigter kultureller Bezüge für das Nationalbewusstsein bieten die Stifterfiguren im Naumburger Dom. Diese waren im 13. Jahrhundert vom Naumburger Meister geschaffen worden, dessen Namen und Identität wir nicht kennen. Einigermaßen gesichert wissen wir, dass er in Nordfrankreich zur Blüte der Hochgotik ausgebildet worden war und von dort ausgehend in Noyon, Amiens und Reims, vielleicht sogar in Metz, jedenfalls ab 1230 im Dom zu Mainz gewirkt hatte, um Mitte des 13. Jahrhunderts nach Naumburg zu kommen und die zwölf Stifterfiguren zu erschaffen. Europa begegnet uns hier als ein Kulturraum, der wie selbstverständlich seine Ressourcen gemeinsam entwickelte und zur Verfügung stellte. Innovationen waren offenkundig auch andernorts in Europa zu vermitteln und anschlussfähig. Diese Rezeptionsfähigkeit ist ohne gemeinsames kulturelles Fundament kaum erklärbar (vgl. Kapitel V.1).

Die Stifterfiguren wurden jedoch lange ignoriert. Es ist erstaunlich, wie frühere Zeiten und Generationen diese Figuren kaum als etwas Besonderes, als etwas – im wahrsten Wortsinne – Bemerkenswertes sahen. Noch 1831 schrieb Goethe seiner Gattin abfällig von einem Besuch des Doms, den er als vermoderndes Gebäude beschrieb und sich verwundert über die Passionsreliefs des Lettners äußerte, über den Westchor und seine Stifterfiguren aber schwieg.[254] Erst vor dem Hintergrund von Humanismus und Antikenbegeisterung des späteren 19. Jahrhunderts entstand langsam ein Freiraum, Leistungen deutscher Steinmetze aus dem Mittelalter als bedeutende Kunst von eigenständiger Qualität zu bewerten. An der Wende zum 20. Jahrhundert schließlich wurden die Naumburger Stifterfiguren von den zeitgenössischen Kunsthistorikern im Ton einer Neuentdeckung beschrieben und gewürdigt. Die dann beginnende nationale Begeisterung ließ hier wie in Frankreich die gemeinsamen Ursprünge vergessen. Aus dem langen Desinteresse wurde eine gewaltige Zuwendung, wenn nicht Zuneigung. Der Nationalismus nicht nur des wilhelminischen Kaiserreichs, sondern ebenso bürgerlicher Kreise in der Weimarer Republik bereitete den Boden für eine Instrumentalisierung der

Stifterfiguren durch die Nationalsozialisten. »Die Zeit ihrer Rezeption fiel dann mit der unheilvollen Periode deutscher (Geistes-) Geschichte zusammen.«[255]

Dazu eigneten sich die Stifterfiguren wohl deshalb besonders gut, weil sie neben dem Bezug zum deutschen Mittelalter keinen verlässlich überlieferten historischen Kontext besitzen. Denn je weniger ein solcher Kontext vorhanden ist, »desto eher ist es aber auch möglich, zuerst die jeweils eigenen Utopien in die Vergangenheit zu projizieren, um sie dann, gleichsam mit den Weihen eines Ehedem versehen, umso entschiedener als realistische und gerade nicht utopische Zukunftsziele auszugeben«.[256] Mit anderen Worten: Die Naumburger Stifterfiguren waren einigermaßen hilflos den Eskapaden ihrer Rezeptionsgeschichte ausgesetzt, zumal sie, frei von grimassenhaften und unruhigen Zügen, sich für eine Idealisierung eigneten. Sie waren ein leichtes Opfer für Sinnbedürfnisse, wie sie den Deutschen mit ihrer schwierigen Identitätsprägung eigen waren – erst recht nach der Erschütterung durch die Niederlage im Ersten Weltkrieg.

Diese heimische Überhöhung zu Beginn des 20. Jahrhunderts traf auf ebenso deutliche Ablehnung durch die französischen Kunstgelehrten. Die kulturelle Gemeinsamkeit zwischen Frankreich und Deutschland, die durch den Naumburger Meister und seinen Werdegang eigentlich begründet war, wurde von beiden Seiten vollends negiert, nachdem deutsche Truppen am 19. September 1914 die Kathedrale von Reims beschädigt hatten. Im Zuge der Belagerung der zur Festung ausgebauten Stadt war durch Schrapnellfeuer der aus dem 15. Jahrhundert stammende Dachstuhl der Kathedrale in Brand geraten. Die Bedeutung dieses zerstörerischen Aktes für Frankreich erklärt sich aus der Tatsache, dass die ab 1211 neu erbaute Kathedrale ein besonderer Erinnerungsort für das westfränkische sowie später französische Königtum war und den vornehmsten Erzbischofssitz Frankreichs repräsentierte

Die Zerstörung zum Anlass nehmend, hatte der französische Kunsthistoriker Émile Mâle[257] der deutschen Kunst jede Originalität abgesprochen und sie zur bloßen, mitunter missratenen Nachahmung französischer Leistungen herabgewürdigt. Während der Bamberger Reiter immerhin noch in die Nachfolge der Skulpturen in Reims gestellt wurde, erhielten die Naumburger Stifterfiguren das Etikett »schlechter, barbarischer Geschmack«. Zur Begründung verwies Mâle darauf, dass hier – im Gegensatz zu Frankreich – keine Heiligen dargestellt seien, sondern weltliche Stifter. Nicht anders aber wurde in Deutschland seinerzeit der Unterschied beschrieben, der die Naumburger Stifter wegen ihrer Individualität als Ausdruck besonderen Realismus auszeichnete. In diesem Konflikt der Kunsthistoriker beider Länder »wird das Selbstverständliche Frankreichs und Deutschlands durch das jeweils andere Land noch bestätigt und lediglich anders konnotiert«[258]: Eleganz, Anmut und Feinheit dort, Schwerfälligkeit als Ausdruck geistiger Tiefe hier. Manche Entwicklungen, manche Gegensätze und Konflikte späterer Dekaden sind mit diesen Kategorien zu ordnen.

Die nationalistische Mobilisierung der Naumburger Stifterfiguren zeigt das Potenzial der Überhöhung und Radikalisierung eines kulturell-ethnisch verankerten Nationalbewusstseins. In aller Deutlichkeit wurde dies im Verlauf des Ersten Weltkriegs sichtbar, als die furchtbaren Verwüstungen durch das deutsche Militär in Belgien, insbesondere die Zerstörungen in der alten Universitätsstadt Leuwen (Louvain) sowie die Verluste an unersetzlichen mittelalterlichen Schriften und Büchern durch den Brand der dortigen Universitätsbibliothek, aber auch die erwähnte Zerstörung der Kathedrale von Reims bei den Alliierten zu massiver Empörung führte. Aus den kulturellen und wissenschaftlichen Eliten vor allem in Frankreich und Großbritannien wurde an das Deutsche Reich der Vorwurf eines kulturzerstörenden Barbarentums gerichtet. Eine Reaktion darauf ließ nicht lange auf sich warten. Denn damit war das zentrale Verständnis der deutschen Nation im Reich von 1871 und zugleich des deutschen Nationalismus als *Kulturnation* im tiefsten Inneren getroffen.[259] Die nahezu »religiöse Funktion der deutschen Kultur«[260] verlangte es, dass dem Vorwurf in besonderer Weise entgegengetreten wurde.

Wissenschaftler, Schriftsteller, aber auch Beamte aus der Reichsregierung regten als Antwort auf die Vorwürfe einen *Aufruf an die Kulturwelt* an.[261] Der Schriftsteller und Bühnenautor Ludwig Fulda – als Jude von den Nazis im Jahr 1939 in den Selbstmord getrieben – verfasste den Text, der auch als *Manifest der 93* bekannt ist. Man verwahrte sich gegen die Vorwürfe mangelnden Friedenswillens, des Barbarismus, der völkerrechtswidrigen Kriegsführung und der bewussten Zerstörung europäischen Kulturguts. Das Manifest endet mit dem Ausruf: »Glaubt, dass wir diesen Kampf zu Ende kämpfen werden als ein Kulturvolk, dem das Vermächtnis eines Goethe, eines Beethoven, eines Kant ebenso heilig ist wie sein Herd und seine Scholle.« Das Reich als Kulturnation findet in der Legitimation des Krieges als Kulturkampf seinen Niederschlag. Der Krieg war für die Professoren ein »Krieg der Kulturen«[262], der sich aus dem Gegensatz von Idee und Idealismus als Handlungsorientierung für ein Volk einerseits und der reinen Zweckmäßigkeit, dem Utilitarismus und der verfehlten materialistischen Sinnsuche andererseits ergab.

Es ist für die Einordnung des Aufrufs wichtig zu wissen, dass die treibenden Akteure alles andere als engstirnige Nationalisten waren.[263] Es waren Kulturschaffende, die dem engen Verständnis der offiziellen deutschen Kulturpolitik vordem, insbesondere nach Interventionen des Kaisers, äußerst kritisch gegenüberstanden und durch die Organisation des Berliner Goethebundes (1. März 1902) ihrem Kunst- und Kulturliberalismus eine organisatorische Basis gegeben hatten. Ludwig Fulda, der Verfasser der Urschrift des Textes, hatte für sein Übersetzungswerk aus dem Französischen im Jahr 1907 das *Ritterkreuz der Ehrenlegion* erhalten, das ihm – wie allen deutschen Geehrten – zu Beginn des Weltkriegs entzogen worden war. Der Goethebund hatte den Zweck, Angriffe auf die freie Entwicklung des künstlerischen und wissenschaftlichen Lebens abzuwehren. Nach Kriegsbeginn und der massiven Kritik insbesondere aus dem neutralen Ausland, aber auch England und Frankreich wurde »das Existenzrecht der deutschen Kultur insgesamt bedroht«, so dass nun »die Verteidigung des deutschen Kaiserreichs als Kulturstaat nach außen«[264] zu leisten war. Übersehen darf man auch nicht, dass »der ›Geist von 1914‹, die Freude über die Zustimmung der Sozialdemokraten zu den Kriegskrediten, das Bild einer neugewonnenen sozialen Einheit der Nation, welche die regionale Einheit, die in den Einigungskriegen erworben wurde, vollenden sollte, … auch und gerade die deutschen Philosophen [ergriff]«.[265]

Deshalb kann es nicht verwundern, dass der Aufruf für dic Verfasser und Unterzeichner ein Manifest des Kulturliberalismus war. Den Beteiligten jedenfalls war jeder Chauvinismus fremd. Allerdings war die Reaktion aus dem Ausland katastrophal, der Aufruf wurde zu einem Beleg für die deutsche Überheblichkeit. Angesichts der durch das deutsche Militär zu verantwortenden Zerstörungen und Verwüstungen, vor allem im neutralen Belgien, ist die fast selbstverständliche Reaktion und Abwehr durch die deutschen Kulturschaffenden verwunderlich, zumal der Ansehensverlust nach den vorangegangenen Schmähungen der deutschen Kunst und Wissenschaft eigentlich zu erwarten gewesen war. Möglicherweise war es auf deutscher Seite »mit dem Selbstwertgefühl doch nicht so weit her«.[266] Und vielleicht finden wir hier den Hinweis versteckt, dass die Orientierung an der Kultur den *Eliten der verspäteten deutschen Nation* letztlich im Wettbewerb der Nationen keinen stabilen Halt zu geben vermochte und sie deshalb der grenzenlosen Übersteigerung bedurfte, deren Implosion mit der Niederlage 1918 verheerende Folgen für die neue Republik von Weimar zeitigen sollte. Die Eliten der verspäteten Nation standen der ersten Republik überwiegend ablehnend gegenüber.

Am 16. Oktober 1914 wurde eine Erklärung von über 3000 deutschen Hochschullehrern – fast die gesamte Professorenschaft der Universitäten und Hochschulen des Reichs – veröffentlicht, die der Berliner klassische Philologe Ulrich von Wilamowitz-Moellendorff (1848–1931) verfasst hatte. Man verwahrte sich dagegen, dass im Ausland ein Gegensatz zwischen der Wissenschaft und dem Militarismus gemacht wurde. Die allgemeine Wehrpflicht sei ein legitimierendes Prinzip, zumal für einen Staat, der aufgrund seiner exponierten Mittellage in Europa verteidigungsfähig sein müsse; der nationale Habitus lässt grüßen.[267] Darauf veröffentlichten am 21. Oktober 1914 vor allem britische und amerikanische Wissenschaftler in der *New York Times* ihr »Reply to the German Professors«, in dem sie die barbarischen Aktionen gegen die Bibliothek in Leuwen sowie die Kathedralen in Reims und Mechelen beklagten. Eine in Hass verwandelte enttäuschte Liebe richtete sich so in Frankreich gegen Deutschland, dort wiederum gegen England, das angesichts des verbindenden Germanentums auch wegen der liberalen Verfasstheit bewundert wurde.[268]

Der mit der Beschädigung der Kathedrale von Reims angelegte spezifisch deutsch-französische Zwist auf dem Gebiet der Kunstgeschichte wurde in den Jahren nach dem Weltkrieg mit der Behauptung fortgesetzt, die Franzosen hätten im Versailler Vertrag die Deportation der Stifterfiguren verlangt, um die Kriegszerstörungen zu kompensieren. Dies lag auf einer ähnlichen Argumentationsebene wie die deutsche Rechtfertigung der Beschädigung der Reimser Kathedrale mit dem Hinweis, dass dies eine Vergeltung für die Zerstörung des Speyerer Doms durch französische Truppen im Jahr 1689 sei. Außer einer Meldung im *Naumburger*

Tageblatt vom 2. April 1919 über eine entsprechende Resolution des Magistrats finden sich allerdings weder im Versailler Vertrag noch in ergänzenden Schriftstücken Hinweise auf solche Absichten.[269] Doch schon die Vermutung erschien den Zeitgenossen plausibel, zumal sie eine attraktive, verlockende Arbeitshypothese als Grundlage hatte. Denn wenn Frankreich auf die Stifterfiguren aus war, so konnte das nur bedeuten, dass sie und damit die deutsche Gotik als ebenbürtig angesehen wurden. Diese zweifelhaften Geschichten und Gerüchte stellten die Naumburger Stifterfiguren als »Fast-Deportierte« in eine Solidarität mit den wirklichen Leidensgenossen der Kriegsniederlage und konstruierten eine thematische Nähe zu den viel beklagten Verlusten von 10 Prozent der Bevölkerung und 13 Prozent des Reichsgebiets.

Dieser Seitenblick auf den Zerfall eines transeuropäischen kulturellen Bandes mit hochmittelalterlichen Wurzeln durch die unterschiedliche Ausprägung der Nationsbildung in Deutschland und Frankreich lässt erahnen, wie tiefgreifend unterschiedlich die geistesgeschichtliche Disposition beider Länder war. Dafür ist noch an zwei Tatbestände zu erinnern, die bereits eingeführt wurden: einerseits der *Griechenmythos der deutschen Eliten* mit Umsetzung im Bildungssystem und die damit einhergegangene Abgrenzung von Frankreich über seine Verbindung mit einem republikanisch ausgerichteten Römermythos.[270] Andererseits die während des langen 19. Jahrhunderts aufgebaute Spannung zwischen den *Ideen von 1789 und den Ideen von 1914*[271], in der die französische Verheißung der Gleichheit, der Menschenrechte, der Demokratie mit dem deutschen Glauben an die Volksgemeinschaft und deren Überlegenheit kontrastiert wurde.

Der tief empfundene politische, ideelle und kulturelle Gegensatz zwischen Frankreich und Deutschland, wie er mit dem Ausbruch des Ersten Weltkriegs seinen für die Zeitgenossen unvermeidlichen und hinnehmbaren Ausdruck fand, greift weit vor die Reichseinigung 1871 zurück und ist wesentlich durch das differente Erleben und die entsprechend disparate Würdigung der Französischen Revolution zu erklären.[272] Während die Revolution aufbricht und umstürzt, was nicht mehr zu halten ist, begründet sie zugleich ein rationales Gestaltprinzip für die politische Organisation und Ordnung: Nation und Selbstbestimmung, staatliche Einheit und Volkssouveränität. Im Deutschen Bund versammeln sich dagegen die Geschlagenen, die zu einer Nationsbildung weder fähig noch willens waren und erst durch die Erschütterung der napoleonischen Kriege sowie durch die im Vergleich zu Frankreich offenbar gewordene nationale Aporie auf den Weg nationaler Orientierung gelangten. Der erste Höhepunkt und »symbolische Geburtsort« eines maßgeblichen Identifikationspunktes, nämlich der Lutherbegeisterung, war das Wartburgfest 1817, wo 300 Jahre Reformation und der vierte Jahrestag der Völkerschlacht von Leipzig begangen wurden.[273]

Die vor 1789 nicht zu erkennende Kluft im Diskurs über Nation in beiden Ländern gewann danach und insbesondere durch die Revolutionskriege ihre scharfe und lange fast unüberbrückbare Ausprägung. Besonders der für die Deutschen scheinbar unausweichliche Weg über die Kulturnation, der nicht auf das Rationalprinzip setzen konnte, sondern der emotionalen Bindung bedurfte, hat einen völlig überzogenen Erwartungshorizont für die deutsche Nation geschaffen und diesen in den intellektuellen Eliten, aber literarisch auch volkstümlich verankert. So entstand »ein Erwartungsüberschuss, der sich auf historisch ferne, idealisierte Modelle und in die Zukunft projizierte vorpolitische Wurzeln politischer Gemeinschaft bezieht«.[274] Diesem ideellen Horizont, der zudem bildungspolitisch gerade nach der Reichsgründung noch weiter begünstigt wurde, konnten sich auch weite Kreise der Gelehrten und Intellektuellen nicht entziehen. Das Befremden, das sich aus zeitlicher Distanz einstellt, hat vor allem damit zu tun dass man solches Reden und Schreiben »nur schwer mit dem klassischen Verständnis von Philosophie in Einklang bringen [kann], deren Kerngeschäft doch eigentlich die Reflexion ist. … Doch war die Philosophie in ihren Zeitverhältnissen gefangen. Hier wird eine Wechselwirkung von Deutungsangebot und politischer Kultur sichtbar.«[275] Dabei überrascht nicht der Befund, dass mit dem Beginn des Weltkrieges die internationale Gelehrtenrepublik zusammenbricht[276], wohl aber die auf deutscher Seite unkritische Ausdehnung des Kulturbegriffs auf alles Militärische und die Hinnahme der barbarischen Aktionen im neutralen Belgien.

IV. REICHSGRÜNDUNG OHNE REICHSIDEE: DIE VERSPÄTETE DEUTSCHE NATION

»Zum ersten Mal bilden wir Deutschen keinen Streitpunkt auf der europäischen Tagesordnung. Unsere Einheit wurde niemandem aufgezwungen, sondern friedlich vereinbart. Sie ist Teil eines gesamteuropäischen geschichtlichen Prozesses, der die Freiheit der Völker und eine neue Friedensordnung unseres Kontinents zum Ziel hat. Diesem Ziel wollen wir Deutschen dienen. Ihm ist unsere Einheit gewidmet. Wir haben jetzt einen Staat, den wir selbst nicht mehr als provisorisch ansehen und dessen Identität und Integrität von unseren Nachbarn nicht mehr bestritten wird. Am heutigen Tag findet die vereinte deutsche Nation ihren anerkannten Platz in Europa.«

Richard von Weizsäcker[277]

Der Blick auf die historischen Konstrukte Nation und Nationalstaat sowie auf das Denken und Empfinden der Nation hat deutlich gemacht, wie vielgestaltig und widersprüchlich dieser Prozess der Modernisierung des Staates in Europa war. Immer wieder wurden auch Zweifel laut, ob dieses Organisations- und Ordnungsprinzip wirklich zukunftsfähig ist. Da musste es gar nicht erst zur

Eskalation der deutschen Volksgemeinschaftsideologie im Dritten Reich kommen. Bereits im Jahr 1916 schrieb der spätere österreichische Bundeskanzler Ignaz Seipel: »Der Nationalstaat scheint nur dazu gut zu sein, dass er angestrebt werde; selten lässt er sich für kurze Zeit verwirklichen, niemals auf die Dauer festhalten. Versucht er sich zu behaupten, so kann er es nur, indem er zu einem Imperialismus, der die Rechte der anderen Nationen leugnet, übergeht.«[278]

Mehr als alles andere steht für diese Skepsis die Erfahrung des Ersten Weltkriegs. Die Erinnerung an dessen Beginn vor 100 Jahren hat nicht nur das Interesse an der Urkatastrophe des 20. Jahrhunderts neu geweckt. Zugleich erlangt damit die These des deutschen Sonderwegs Aufmerksamkeit, die aus Kontinuitätslinien vom Kaiserreich zum Dritten Reich eine Kausalität ableitet. Aus der Annahme, das Reich von 1871 sei ursächlich für den Nationalsozialismus gewesen, folgt das Urteil, dieses Reich als historischen Irrtum und sein Scheitern als unvermeidbar zu bewerten. Von diesem Verdikt ist es nur ein kurzer Weg zu der Einschätzung, dass – zumindest für Deutschland – der Nationalstaat in seiner Prägung des 19. Jahrhunderts ein überholtes Relikt ist und deshalb alles darauf auszurichten ist, ihn durch multinationale Strukturen in Europa zu überwinden. Der im europäischen Vergleich offenkundige Mangel an einer überzeugenden national-staatlichen Lösung ist ein Signum der deutschen Geschichte seit dem Aufbruch zur Moderne, der sich in der »revolutionären Epoche« von 1750 bis 1850 in vielfältiger Weise vollzog. Doch ist deshalb die Einschätzung zutreffend, dass es für Deutschland überhaupt keine zuträgliche nationalstaatliche Fassung geben kann, oder hat Bundespräsident von Weizsäcker recht mit seiner gegenteiligen Behauptung? Die Klärung dieser Frage verlangt eine ernsthafte Befassung mit der These des deutschen Sonderwegs, die Helmuth Plessner mit der *Verspäteten Nation* angeboten hat.

1. Unpünktlichkeit einer Nation: Zum deutschen Weg

Unbestritten stellt der Prozess der deutschen Nationsbildung den Bezugspunkt der Kritik am Nationalstaat und erst recht am Nationalismus dar. Der Zusammenbruch 1945 war in den Augen der kritisch reflektierenden Zeitgenossen insbesondere mit der deutschen Sonder- und Fehlentwicklung verbunden. Die rettende Alternative zum Nationalstaat schien in trans- und multinationalen Strukturen zu liegen, der europäische Einigungsgedanke drängte sich förmlich auf. Diese Schlussfolgerungen, das wurde eingangs bereits moniert, sind aber unter den Bedingungen nach der Implosion des Systemkonflikts im Jahre 1989 in jedem Fall fragwürdig und vielleicht sogar zweifelhaft geworden. Um diese Fährte weiterverfolgen zu können, wird die wohl einflussreichste und interessanteste *Theorie des deutschen Sonderwegs* – die *These der verspäteten Nation von Helmuth Plessner* – näher betrachtet. Dabei ist grundsätzlich umstritten, ob das Bild vom deutschen Sonderweg (noch) angemessen ist, weil es unweigerlich einen Normalweg als Standard voraussetzt,[279] und welche Deutung des Sonderwegs angemessen ist.

Mit der von Helmuth Plessner geprägten Formulierung »die verspätete Nation« verbindet sich eine normative Sicht auf die geschichtliche Entwicklung in Mitteleuropa seit dem 16. Jahrhundert. Es wird nicht lediglich auf eine bestimmte zeitliche Struktur Bezug genommen, sondern diese bewertet: Wer zu spät kommt, der hätte nicht nur pünktlich kommen können, sondern auch pünktlich kommen sollen. Nun ist das bei Völkern und Nationen so eine Sache mit der Pünktlichkeit, denn das erfordert eine akzeptierte Norm, die für einen bestimmten Kulturkreis mit weitgehend einheitlicher historischer Bedingung als bedeutsam und damit orientierend gesehen wird. Während im privaten Geschäftsverkehr und alltäglichen menschlichen Miteinander die Pünktlichkeit als Standard und Üblichkeit keiner expliziten Betrachtung und Einforderung bedarf, ist das für Nationen anders.

Plessner rekurriert auf die dominante Entwicklung im europäischen Kulturkreis. In der Pünktlichkeit der westlichen Welt mit ihren Wurzeln in der Frühaufklärung und der Ausbildung eines politischen Humanismus liegt die dafür relevante Norm begründet. Die nationalstaatliche Ausprägung Englands und Frankreichs erscheint in der historischen Rückschau zeitlich passend und selbst aus heutiger Sicht mit ihrer Betonung der Rechtsgleichheit und der freien Willensentscheidung der Individuen zeitlos modern; sie stellt damit ex post weniger grundsätzliche Fragen als die zeitgleich anders orientierte Entwicklung in Deutschland. Die politische Unmöglichkeit und die faktische Unfähigkeit, nach den napoleonischen Kriegen und dem Wiener Kongress 1815 in Mitteleuropa eine nationalstaatliche Lösung zu finden, ist auch von den Zeitgenossen als Versäumnis betrachtet worden. Die Erfahrung der Niederlage und Besatzung durch die französischen Truppen ließ die durchaus vorhandene Revolutionsbegeisterung deutscher Literaten in ihr Gegenteil umschlagen. »Die im romantischen Nationen-Code angelegte Spannung zwischen der beklagenswerten Gegenwart und einer als Kulturnation idealisierten Gemeinschaft bot jetzt die Orientierung für breite Massen.«[280] Das Scheitern der 1848er Revolution und des Paulskirchenparlaments war das unmissverständliche Testat einer beklagenswerten Gegenwart. Nun spaltete sich allerdings im deutschen politischen Raum der Freiheitsbegriff: Während die Fürsten damit die staatliche Unabhängigkeit nach außen meinten, reflektierten Bürger und Abgeordnete weiterhin auf die staatsbürgerlichen Freiheiten.[281] Die Nation als politisches Ziel wurde zum *säkularisierten Erlösungsmotiv*.[282]

In diesem Sinne ist die Diagnose der Verspätung verständlich, sie nimmt die Einschätzung der *deutschen* Zeitgenossen zur Basis. Gleichwohl kann man dies Argument auch drehen und die Entwicklung in England und Frankreich als verfrüht bewerten.[283] Jedenfalls kann man die günstigen Umstände, die dort aufgrund politischer Zentralisierung, geografischer Lage, Aufklärung und Rationalisierung von Herrschaft den Prozess der Nationsbildung antrieben, als so besonders bewerten, dass daran gemessen die meisten europäischen Nationen verspätet waren. So stellt sich die Frage, ob Verspätungen nicht besser – weil schlichter – als Verzögerung zu erfassen sind. Das weitet den Blick auf die Asynchronität und Synchronität historischer Entwicklungen in unterschiedlichen thematischen Bezügen, wie sie im Fortgang unserer Argumentation an Bedeutung gewinnen werden.

Doch für eine geistesgeschichtliche Analyse, wie Helmuth Plessner sie mit Blick auf die Wurzeln des Nationalsozialismus entfaltet, ist die Verankerung vor allem im intellektuellen und kulturellen Diskurs des 19. Jahrhunderts einleuchtend. Plessner greift allerdings mit seiner Analyse über den engen zeitlichen Rahmen des alternativen Sonderwegdiskurses weit hinaus, der auf das Kaiserreich verweist und damit nur bis zur Reichsgründung 1871 zurückgeht. Er verortet den relevanten Zeitbezug für die Frage, wie der Resonanzboden für die nationalsozialistische Politik und Ideologie entstehen konnte, im 16. und 17. Jahrhundert, im Zeitalter der Konfessionskonflikte, der Säkularisierung, der Aufklärung, der Zivilisierung und der Staatenbildung: »Aus Gründen seiner politischen und religiösen Geschichte hat Deutschland kein Verhältnis zu den Jahrhunderten, welche für die Bildung und Festigung der modernen Welt entscheidend waren. Im Vergleich zu den anderen großen maßgebenden Staatsvölkern der neueren Zeit steht es traditionslos da. … Frankreich und England ruhen in den Epochen des Barock und der Aufklärung. … Deutschland steht diesen Epochen als Zeiten seiner Verfremdung, als einer Vergangenheit, die nur geschichtlich und indirekt, nur schicksalhaft und aus der Gebrochenheit seines Wesen zu ihm gehört, fast möchte man sagen: wie einer zweiten Existenz seines Daseins gegenüber. Dadurch gerade ist es offen, aufgebrochen zu Möglichkeiten, die für den Westen keine Möglichkeiten mehr sind, jung geworden, das Land ohne Tradition, das unter ihrem Mangel leidet, aber aus ihm titanische Kräfte zieht. Diese kraftspendende Traditionslosigkeit wurzelt in dem Mangel eines nicht eindeutigen Verhältnisses zu den Werten des politischen Humanismus und der Aufklärung, welcher Mangel selber wieder auf das Luthertum und die territoriale Zerrissenheit zurückgeht.«[284]

Drei Thesen leiten die Untersuchung Plessners.[285] *Erstens* wird erläutert, wie die fehlende Fundierung der eigenen Nation und Nationsbildung in den geistigen Strömungen des 16. und 17. Jahrhunderts – in der Epoche des ständigen Abstiegs deutscher Macht und des Aufstiegs der westlichen Staaten – dazu führte, dass die Ablehnung des westlichen Humanismus einem konstruktiven Verhältnis zur Rechtstradition und Staatsidee jener Jahrhunderte entgegenstand. Die in England wie Frankreich prägende doppelte Befreiung – die des Staates und die des Individuums als vertragsfähigem Subjekt – in der Selbstbestimmung des Volkes und dem freien Bekenntnis des Einzelnen war für die Deutschen lange nicht vergleichbar bedeutsam. Den Staat seinen Bürgern gegenüber als freiheitsverpflichtet zu sehen und deshalb den Rechtsstaat für den Schutz der Freiheit zu etablieren, das war in Deutschland nur begrenzt vermittelbar. Die romantische deutsche Reichsidee im 19. Jahrhundert war »gegenüber staatsbürgerlichen Rechten und Freiheiten indifferent«.[286] Im Gegenzug öffnete sie einer emotional bindenden vormodernen Gemeinschaftsideologie die Tür, die mit dem Volk als Resultat einer sich in den Tiefen geschichtlicher Entwicklung verlierenden unbewussten kollektiven Substanz einen Bezugspunkt fand, der alles Politische und Individuelle existenziell umschloss.

Zweitens wird die Bedeutung des religiösen Dualismus und seiner Verankerung im Wesen der Zwangsstaatskirche ausgeleuchtet. Dies befördere über den Ausdruck »innerweltlicher Geistigkeit« eine Weltanschauungshaltung gerade auch in der Wissenschaft; »die abgewiesenen religiösen Energien stauen sich nach innen in die Subjekte zurück und laden ihren neu gewonnenen innerweltlichen Bezug spirituell auf«.[287] Deshalb richten sich die Energien »echten Bekennertums in Deutschland seit dem späteren 18. Jahrhundert eher [auf] die freien Berufe der Wissenschaft und Kunst als die Kirche. ... Weil Deutschland im Unterschied zu den angelsächsischen Ländern das gesellschaftliche Interesse an theologischen Fragen nicht entwickelt hat, bildete sich in seiner geistigen Atmosphäre weltanschaulicher Ernst als Äquivalent.«[288] Einen wichtigen Beitrag dafür hat auch der *Kulturkampf* geleistet, den Bismarck aus der Furcht vor katholisch geformten Nationalbewegungen in Posen und Westpreußen betrieb. 1871 bis 1875 wurden dafür verschiedene Gesetze (Kanzelparagraph, Maigesetze, (Zivilehe), Expatriierungsgesetz) erlassen, die der Festigung der Staatsautorität und Reichseinheit dienten.[289] Die damit angelegte Traditionslinie lässt sich bis heute ausziehen, wenn man die geradezu mit messianischem Eifer und ernstem Bekennertum angeführten gesellschaftlichen Bestrebungen in der Umwelt- und Klimapolitik betrachtet. Auch die auffällige Neigung evangelischer Geistlicher, ihren theologischen Auftrag beliebig und gerne in vollem Eifer auf alle gesellschaftlich relevanten Fragen zu erweitern, ist selbst in der Kirche heute als Problem erkannt, weil es den auf die Heilige Schrift bezogenen missionarischen Auftrag undeutlich und beliebig werden lässt.[290]

Das führt *drittens* zu der Einschätzung, dass das Reich von 1871 durch den Mangel einer Staatsidee und damit aufgrund einer Nationswerdung ohne wirklichen Bezug zur klassischen Idee des Nationalstaats »den Umwälzungen der Wissenschaft und Philosophie innerlich preisgegeben war. ... Die Wirklichkeit des Volkes sollte genügen.«[291] Dieser Satz bringt auf den Punkt, was sich im Ersten Weltkrieg aus heutiger Sicht als so erschreckendes Versagen der intellektuellen Eliten darstellt, nämlich die vorbehaltlose Verteidigung der deutschen Zerstörungen 1914/1915 aus der völkischen Sicht der Kulturnation, die mit dem preußischen Militarismus als Einheit gesehen wurde und die der Legitimationsgrund der verspäteten Nation war. Die besondere Bedeutung der Wissenschaft für die Eliten des Deutschen Reichs hat gerade nicht dazu geführt, der wägenden Vernunft mehr Raum zu geben, was ja immer auch ein Plädoyer für Maß und Mitte, für Mäßigung im Konflikt ist, sondern eine Heilsgläubigkeit begründet, wie sie andernorts fremd war. »Ohne Rückhalt an einer Staatsidee, ohne Möglichkeit, aus den Quellen christlichen Bekenntnisses sich auf ein zugleich weltbedeutendes Ziel von politischer Zugkraft zu einigen, banden die Deutschen sich umso fester an eine damals noch kaum bestrittene geistige Auseinandersetzung, die Wissenschaft. ... Ein aus allen Wurzeln menschlicher Existenz genährter Enthusiasmus trieb das wissenschaftliche Denken an und verband sich im Gesamtentwurf mit dem zur Größe und Totalität.«[292]

Die Verspätung der deutschen Nation wirkt als Problem über die eigentliche zeitliche Dimension des Vorgangs hinaus: »Deutschland ist das einzige Land in Europa, das noch auf dem Wege ist, ein Nationalstaat zu werden, weil die Grenzen deutschen Volkstums mit den Grenzen des neuen Reiches nicht zusammenfallen, das einzige Land, das mit zwei großen Traditionen zu leben und zu kämpfen hat, wenn es sich nicht aufgeben will.«[293] Damit wird deutlich, worauf wohl alles hinausläuft: Erst nach den großen Bevölkerungsverschiebungen infolge des Zweiten Weltkriegs und mit der endgültigen Bezugnahme auf die mit Berlin verbundene Reichsidee – jedenfalls mit der endgültigen Absage an die großräumige Lösung unter Einschluss Österreichs – kann die deutsche

Nation sich glaubwürdig in Frieden in Europa einrichten. Doch dazu später.

Im zwischenmenschlichen Bereich ist das Zuspätkommen zwar keine lässliche Sünde, doch in der Regel mit einer Entschuldigung oder einer Wiedergutmachung kompensierbar. Die Verspätung der Nation ist hingegen – folgt man Plessner – nicht zu kompensieren, sie entwickelt eine eigene Dynamik und erklärt dadurch den Sonderweg Deutschlands. Bereits Theodor Mommsen hat in anderen Worten die innere Spannung des Bismarck'schen Reichs thematisiert: »Die Gewinne an Macht waren Werte, die beim nächsten Sturm der Weltgeschichte wieder verloren gehen; aber die Knechtung der deutschen Persönlichkeit, des deutschen Geistes, war ein Verhängnis, das nicht mehr gutgemacht werden kann.«[294] So hafteten dem Reich von 1871 von Anfang an Zweifel an, und Argwohn war bei den Nachbarn wegen der fragwürdigen Größe in der Mittellage Europas begründet. Denn der politische Akt der Reichsgründung war die Folge eines dafür unverzichtbaren militärischen Aktes. Der Feldzug gegen Frankreich einte zunächst die Truppen und ermöglichte dann husarenartig die politische Einigung, repräsentativ vollzogen im Schloss von Versailles. Erstmals waren die Deutschen nicht das Opfer kriegerischer Vorgänge in Europa.

Vor allem die Normativität der Plessner'schen These ist nicht unwidersprochen geblieben. Grundsätzlich steht dagegen eine Position, welche die Debatte über den deutschen Sonderweg in Europa als Irrweg bewertet, da sie eindeutig zu wissen vorgibt, was der normale und – normativ noch anspruchsvoller – was der richtige Weg ist.[295] Das ist zweifellos eine ernst zu nehmende Kritik. Man kann dagegen jedoch anführen, dass die europäische Geschichte seit der Französischen Revolution bei aller Differenzierung die Ausbildung von Nationen in Nationalstaaten erbracht hat und dass sich in der langen Frist die *Ideen von 1789* im Sinne der rechtsstaatlichen Garantie nationaler Selbstbestimmung und individueller Freiheit (Menschenrechte) durchgesetzt haben, während die *Ideen von 1914* als zwar folgenreich anzusehen sind, doch eine positive Bewertung auch mit Abstand nicht zulassen. Die dann verbleibende spannende Frage lautet: Wie lassen sich die zeitlichen Unterschiede in der Ausreifung erklären? Was erklärt die deutsche Verzögerung, und was folgte aus ihr?

Fatal wäre es indes, würde aus dem Befund des Sonderwegs die politische Frage nach der Korrektur oder gar der nachträglichen Kompensation abgeleitet. Natürlich gewinnt der Aspekt des Sonderwegs im Lichte des nationalsozialistischen Unheils seine besondere Bedeutung, um nicht zu sagen seine eigentliche Legitimation, und natürlich war die entsprechende Debatte für die deutsche Geschichtswissenschaft, aber auch die deutsche Öffentlichkeit insofern unvermeidlich, als sie half, schneller nach 1945 einen Neuanfang zu finden. Die These des Sonderwegs spiegelt das lange gepflegte Sonderbewusstsein der Deutschen,[296] das nun an sein Ende gekommen war; zur Normalisierung nach 1945 gehörte auch dies. Keineswegs kann und sollte das Bild vom Sonderweg eine isolierte Zwangsläufigkeit der deutschen Geschichte insinuieren, im Gegenteil: Der Befund lebt vom Vergleich zu einer als natürlicher, unproblematischer, gradliniger wahrgenommenen Entwicklung, wie sie für England und Frankreich diagnostiziert wird. Unzweifelhaft lässt erst der Schrecken der Nazizeit die Differenz von Sonderweg und Normalweg zum fundamentalen Unterschied wachsen. Insofern begründet nicht der Rückblick auf den Anfang eines historischen Prozesses den Sonderweg, sondern sein Ergebnis mit der Katastrophe von 1945.

Reinhart Koselleck, aber auch Heinrich August Winkler haben der präskriptiven Sicht Plessners eine deskriptive entgegengestellt: »Verspäten kann sich nur, wer seinen Fahrplan nicht einhält. Aber wer befindet über den Fahrplan, der gar von einer ›Nation‹ eingehalten werden soll? … Gibt es überhaupt einen weltgeschichtlichen Fahrplan, nach dem sich die einzelnen Nationen zu richten hätten?«[297] Und: »Deutschland ist später als England und Frankreich ein Nationalstaat geworden und noch später eine Demokratie: Diese Feststellung dürfte weniger anfechtbar sein als Plessners Formel von der ›verspäteten Nation‹.«[298] Das ist wohl zutreffend, doch irgendwie unbefriedigend. Denn der Befund des Spätseins, die schlichte chronologische Feststellung, führt unweigerlich zu der Frage, wie das denn zu bewerten ist. Jede kritische Nuance bringt einen dann wieder zu dem Bewertungsansatz von Plessner. Die im Vergleich zu anderen späte Bildung der deutschen Nation in staatlicher Einheit verweist im Lichte des Systemwechsels 1933 und dem darin erkennbaren Versagen des Bürgertums auf eine spezifische Problemlage, auf einen Sonderweg. Das späte Ankommen ist im Lichte seiner Folgen insoweit unweigerlich eine Verspätung. Die kritische Frage »Wann sich die deutsche Nation früher als Staatsnation hätte bilden können?«[299] ist zwar naheliegend, aber dennoch irrelevant. Denn die These der Verspätung adressiert nicht die rückwärtsgewandte Frage, ob es Alternativen gegeben hätte, sondern versucht aus der zeitlichen Struktur eine Erklärung für das Spätere anzubieten.

Die kritischen Positionen zu Plessners geistesgeschichtlicher Herleitung sind eng mit der Beantwortung der Frage verbunden, wann die neuere deutsche Geschichte beginnt und welche Kontinuitätslinien identifiziert werden. Jedenfalls mangelt »es uns an einer klaren Verbindung zwischen der vormodernen Geschichte und unserer Geschichte im 19. und 20. Jahrhundert«.[300] Ohne Plessner überbewerten zu wollen, so liefert er doch genau dafür ein Angebot, freilich begrenzt auf die geistesgeschichtliche Entwicklung. Deren Erklärungskraft wird auch nicht dadurch grundsätzlich aufgehoben, dass im 16. und 17. Jahrhundert sich im Heiligen Römischen Reich ein Wandlungsprozess begrenzter Modernisierung vollzieht, der nicht fundamental von den Entwicklungen im Westen Europas unterschieden war. Und natürlich sind die Französische Revolution und die – gerade infolge des Besatzungserlebens in der napoleonischen Zeit – schroffe Ablehnung in Mitteleuropa sowie die hier entstehende Würdigung einer »Revolution von oben« (im Sinne der preußischen Reformen) höchst bedeutsam für die Differenzierung im 19. Jahrhundert.

Die damit angelegte Abgrenzung von Frankreich und insbesondere dem Revolutionsereignis wirkte auf vielen Ebenen, auch im Bereich der Bildungs- und Geistesgeschichte. Während die Franzosen ihre politische Entwicklung in Einklang mit einem »republikanisch ausgerichteten Römermythos« sahen und entsprechend den Kampf um die Sicherung der neu gewonnenen Republik inszenierten, entwickelte sich in Deutschland – breit getragen durch die Intellektuellen – aus der bereits angesprochenen Bezugnahme zur griechischen Antike eine Wahlverwandtschaft und damit eine Selbststilisierung als überlegener europäischer Kulturnation.[301] Hier traf sich die Einschätzung der griechischen Kultur als *vielseitig* mit der tatsächlichen politischen Realität des 19. Jahrhunderts in Deutschland: »Die staatliche Vielfalt in Deutschland galt in solchen Denkhorizonten nicht als Mangel, sondern als unabdingbare Voraussetzung für die nationale Überlegenheit«[302] gegenüber der Einseitigkeit der Franzosen. Die Wirkung des deutschen Griechenmythos als bewusste Differenzierung im ganzen 19. Jahrhundert ergab sich durch die dominante Einbindung in den Bildungskanon von Gymnasium und Universität: Er war der Leitmythos des höheren Bildungssystems, wobei sich die Verschränkung mit der Weimarer Klassik – mit *den deutschen Griechen Goethe und Schiller* – als bedeutsam erwies. Insofern hat die tatsächliche politische Entwicklung mit der Französischen Revolution ergänzend zum Mittelaltermythos *Faust* eine weitere Schneise geistesgeschichtlicher Differenzierung eingeleitet.

Doch dabei muss man nicht stehen bleiben, wenn man die Kulisse Alteuropas aufzieht und den Verbund von spätem Mittelalter und früher Neuzeit betont.[303] Mit dem 16. Jahrhundert beginnt ein Prozess, der Deutschland auf einen ganz eigenen Pfad frühmoderner Staatsbildung bringt. Anders als bei nahezu allen europäischen Partnern vollzieht sich diese in Deutschland nicht auf nationaler, sondern nur auf territorialer Ebene. Im ganzen 16. Jahrhundert entwickelt sich der Territorialstaat zunächst aus dem Konflikt der großen Adelsgeschlechter um die Landesherrschaft, sodann durch die Einschränkung der adligen Grundherrschaften und eine Einbindung sowie Einhegung der Landstände aus Adel, kirchlichen Würdenträgern und Städten.[304] Hilfreich wirkten dabei der Finanzierungsbedarf des Reiches und die dafür notwendige Steuererhebung im Fürstentum, was eine Einschränkung der grundherrschaftlichen Privilegien verlangte und durchzusetzen half. Das und die damit einhergehende steigende Komplexität der Regierungsaufgaben wiederum erforderten eine Abkehr vom autokratischen Regenten und eine Spezialisierung der Landesverwaltung, was in vielerlei Hinsicht modernes Verwaltungshandeln ausprägte (eigene Gebäude, Archive, Behördenordnungen, feste Dienstzeiten). So »bildeten die ebenfalls historisch gewachsenen territorialen und partikularen Landesherrschaften immer mehr an frühmoderner Staatlichkeit aus, ohne nun aber ihrerseits in der Lage zu sein, den letzten Rest vormodernstaatlicher Bindung an das Reich abzuschütteln und zur vollen Staatssouveränität voranzuschreiten.«[305]

Diese Entwicklung, deren Konsequenzen wir bis heute im föderativen Aufbau unseres Staates erleben, war stark mit der zunehmenden Konfessionalität der Fürstentümer verbunden. Nach dem Augsburger Religionsfrieden 1555, der den lutherischen Reichsständen dauerhaft ihre Besitzstände und eine freie Religionsausübung zugestand, und dem Tod Papst Pauls IV. im Jahr 1559 kam es

1562 zur Wiedereröffnung des Konzils von Trient, womit auf die Reformation und die innerkatholischen Reformbemühungen reagiert wurde. Diese »katholische Reform« trug dazu bei, in den folgenden Jahrzehnten konfessionell geprägte Kulturen herauszubilden.[306] Die konfessionelle Einheit des Territoriums sollte gesichert oder gar wiederhergestellt werden; dabei wiesen beide Konfessionen erstaunliche Parallelen auf. »Die Vereinheitlichung der Religion wurde auf diese Weise zum Beginn der modernen ›Staatsräson‹.«[307] Zugleich deutete sich infolge des Augsburger Religionsfriedens eine Sicht an, die in der Lage war, das religiöse Bekenntnis und den bürgerlichen Gehorsam gegenüber dem Fürsten zu separieren. Dabei war vorerst die gegenseitige Duldung durchzusetzen, während Toleranz erst nach dem Dreißigjährigen Krieg realistisch wurde, als der Verzicht auf die Einheit des Glaubens hinzunehmen war.

»Was die territoriale Staatsbildung anbelangt, so war vor allem ihre Kleinräumigkeit folgenreich für die weitere Gesellschaftsgeschichte und die historisch-politische Kultur der Deutschen. Denn dadurch war der Fürstenstaat seinen Untertanen besonders nah.« Das äußerte sich in der »Tatsache, dass die große Mehrzahl der Deutschen den frühmodernen Staat in den Mittel- und Kleinterritorien in erster Linie als Fürsorge- und Beamtenstaat erlebt. Das hatte Konsequenzen für die politische Mentalität: Die Deutschen gewöhnten sich daran, dass der Fürst und seine Beamtenschaft in einer bald alles umfassenden ›Policey‹-Gesetzgebung für das ›Gemeine Beste‹ und die geistige und materielle Glückseligkeit der Untertanen Sorge trugen.«[308] Während in England und Holland die Menschen das Öffentliche selbst regelten und frühliberale Gesellschaftstheorien Auftrieb und Zuspruch erhielten, entwickelte sich *à la longue durée* in den deutschen Territorien der Vorläufer des modernen Sozialstaats. Dies verdeutlicht die übergreifenden Bezüge, die sich aus den Traditionen des mittelalterlichen Reiches im Lichte der Multiterritorialität und Multikonfessionalität des 16. und 17. Jahrhunderts ausprägten.

»Auch und gerade vor dem Hintergrund der hier nur skizzierten Neubewertung des Alten Reiches durch die deutsche Spätmittelalter- und Frühneuzeitforschung nach dem Zweiten Weltkrieg bleibt Helmuth Plessners erhellendes, auf das 19. und frühe 20. Jahrhundert bezogene Wort von der ›verspäteten Nation‹ gültig. … Ganz entscheidend war, dass diese deutsche Nationalstaatsbildung anders als die vorlaufende englische oder französische eben nicht mehr im alteuropäischen Rahmen von Ständegesellschaften und höfischen Allianzkriegen ablief, sondern unter den Bedingungen eines internationalen Systems, das wesentlich mitgeprägt wurde durch mondiale Wirtschaftsinteressen sowie durch Strukturen und Mechanismen der ›nationalen‹ Massengesellschaften.«[309] Diese Asynchronität der deutschen Entwicklung lässt die *These vom langen Sonderweg* begründen. Der Hinweis auf die föderalen Strukturen der deutschen Geschichte als das Besondere im Vergleich mit Ländern früher Nationsbildung steht damit ebenso wenig im Widerspruch zur These der verspäteten Nation wie der Hinweis auf die politische Unmöglichkeit synchroner Staatsbildung in Mitteleuropa wegen der schieren Größe des Heiligen Römischen Reiches.[310]

Die Erklärungskraft der Plessner'schen Analyse lässt sich beispielhaft für eine bestimmte Fragestellung erläutern. Die mangels einer überzeugenden Reichsidee – im Sinne einer »kraftspendenden Traditionslosigkeit«[311] – vorbehaltlose, ja enthusiastische Hinwendung der Deutschen im neuen Reich von 1871 zur Wissenschaft und Technik führt zu einer Spezialisierung der Arbeitswelt, die wiederum anderen Nationen fremd ist. »Für jedes Interesse gibt es ein Fach und für jedes Fach ein Gebiet. Unter den Anstößen der technisch-industriellen Entwicklung und entsprechend der Ausbildung einer kapitalistischen Arbeitsgesellschaft, welche darauf angelegt ist, den Arbeitsprozess immer weiter zu teilen und ständig zu verfeinern beziehungsweise umzubilden, ist der Mensch in erster Linie Berufs- und Fachmensch.«[312] Diese Hinweise bebildern den Hintergrund für die Entstehung der dualen Berufsausbildung, die bis heute – abgesehen von Österreich und der Schweiz – für den deutschen (Wirtschafts-)Standort ein wichtiges Alleinstellungsmerkmal ist. Gerade im Zuge der europäischen Staatsschuldenkrise unserer Zeit wird dieser Erfolgsfaktor zum Exportartikel erkoren. Mit der Berufsausbildung griff die Politik zum Ende des 19. Jahrhunderts auf das antiquiert ständische Ausbildungsmodell des Handwerks zurück, um »auf soziale und ökonomische Auflösungserscheinungen der bürgerlichen Gesellschaft« zu reagieren.[313]

Das politische Ziel, den ökonomisch ansonsten zerfallenden Mittelstand aus Handwerk, Kleinhandel und Kleinbauerntum zu stabilisieren und eine Proletarisierung durch Lohnabhängigkeit in der Großindustrie zu verhindern, führte 1897 zur Gewerberechtsnovelle mit dem Handwerkerschutzgesetz. Das Lehrlingswesen wurde neu geregelt, und ab 1900 wurden aus den überkommenen Fortbildungsschulen die neuen obligatorischen Berufsschulen, so dass das duale System nach der Jahrhundertwende Realität wurde.[314] Der ökonomische Druck, aber auch die politische Möglichkeit dieser fundamentalen und wegweisenden Reform knüpften an die positive Haltung der Bevölkerung und der Eliten zur technisch-industriellen Fortentwicklung »mit titanischer Weltfreudigkeit« als Arbeitsnation an, wie sie Plessner geistesgeschichtlich verortet.[315]

Die »Formel von der verspäteten Nation« – wie Winkler es nennt – verknüpft sehr dicht Erfahrung und Erwartung: Die Erfahrung der Verspätung begründet über die These fehlender Kompensationsmöglichkeit die Erwartung einer besonderen Entwicklung. Dies gilt ebenso, wenn die Erfahrung der Verspätung schlicht durch die Erfahrung des Spätseins ersetzt wird. Öffnet sich damit ein Erwartungsraum (Koselleck), der auf verlässliche Weise künftige Entwicklungen skizziert? Die von Plessner mit angelegte These vom Sonderweg Deutschlands in Europa führt jedenfalls zu der Frage, wie weit dieser gegangen wird und wie weit er gegangen werden muss. Kompensierbar erschien ihm die Verspätung jedenfalls nicht: »Wir sind« – so Plessner im Vorwort von 1959 – »die Zuspätgekommenen, und wir holen als Nation die geschichtliche Verzögerung nicht ein.«[316]

Diese These wird hier schon vorsorglich relativiert, denn die zweite Chance der deutschen Nation von 1989 ermöglicht es, anstatt einer dem altbundesrepublikanischen Konsens folgenden selbstverständlichen Entäußerung der Nation nach Europa eine nun zeitgemäß passende Deutung des Nationenkonzepts zu entwickeln. Das verlangt freilich, die Sprache der alten Bundesrepublik endgültig aufzugeben, weil diese dafür den Zugang verstellt. Gemeint ist die Rede von der »postnationalen Demokratie.«[317] Dies wurde von der politischen Linken in den 1980er Jahren als Chiffre für den endgültigen Abschied vom Nationalstaat gewertet[318], die sich damit gegen jede Form der Wiederbelebung nationalstaatlicher Ideen für Deutschland als Ganzes wandten und unbewusst oder bewusst mit dem Begriff der bundesdeutschen Nationalidentität den Versuch der DDR stützten, sich als *sozialistische Nation* zu verorten.

Es war Willy Brandt, der auf dem Parteitag der SPD in Berlin im Dezember 1989 der Distanz zur staatlichen Vereinigung beider deutscher Staaten, die aus dieser westdeutsch kultivierten Haltung resultierte, entschieden entgegentrat: »Es kann nun auch als sicher gelten, dass wir – unter welcher Form von Dach auch immer – der deutschen Einheit näher sind, als dies noch bis vor kurzem erwartet werden durfte. Die Einheit von unten wächst, und sie wird weiter wachsen. … Die jungen Deutschen – ich, der ich die Geschichte dieses Volkes über lange Zeit verfolgt habe, darf dies wohl sagen –, die jungen Deutschen von heute wollen Frieden und Freiheit wie die Jungen – jedenfalls die meisten – in anderen Ländern auch. Und wer will ernsthaft widersprechen, wenn ich hinzufüge: *Noch so große Schuld einer Nation kann nicht durch eine zeitlos verordnete Spaltung getilgt werden.*«[319] Zudem war die Spaltung Resultat alliierter Differenzen und systembedingter Unvereinbarkeiten, nicht aber zwangsläufig die Folge des Dritten Reichs. Dieser vermeintlich innere Zusammenhang der Katastrophe von 1945 mit der Zweistaatlichkeit entsprang dem Bemühen, der Teilung einen tieferen, einen moralischen Sinn zu geben. Doch durch die Teilung allein war nichts geheilt, keine Schuld gesühnt, keine Verantwortung übernommen.

Politisch wurde der deutsche Sonderweg durch Bundespräsident von Weizsäcker in seiner Ansprache zum 3. Oktober 1990 mit der These einer doppelten Konvergenz für beendet erklärt, und zwar einerseits bezogen auf die Konvergenz von Staat und Nation sowie andererseits auf die (nachholende) Konvergenz der deutschen Nationenbildung mit der westeuropäischen. Bundespräsident von Weizsäcker ließ damit anklingen, was hier zur These ausgearbeitet werden soll. Doch dazwischen liegt ein Vierteljahrhundert. Damals ist die Einbettung in Europa und die Einhegung durch die europäische Integration als uneingeschränkte Bedingung der deutschen Einheit gesehen und akzeptiert worden. Die Betonung der *vereinten deutschen Nation* mit einem erstmals *anerkannten Platz in Europa* hatte keine Ausstrahlwirkung. Bereits auf dem europäischen Gipfel in Straßburg am 9. Dezember 1989 sind die zentralen Entscheidungen für die weitere europäische Integration gefallen. Helmut Kohl stimmte als deutscher Kanzler, wie mit dem französischen Präsidenten Mitterrand zuvor in schwierigen Gesprächen vereinbart, »für den Beschluss, im Dezember 1990 die Regierungskonferenz zur Herstellung der Währungsunion einzusetzen. Das Ende der Mark war besiegelt. Im

Gegenzug billigte der Gipfel eine Entschließung, die es der deutschen Nation erlaubte, ihre Einheit ›in freier Selbstbestimmung‹ anzustreben.«[320] Raum und Zeit für angemessene Diskurse über die Frage von Nation, Staat und Volkssouveränität gab es – auch aus Gründen angeratener deutscher Zurückhaltung – nicht. Denn die deutsche Einheit war für die Partner in Europa und die früheren Alliierten keineswegs ein Anlass zur einhelligen und ungetrübten Freude.

Die Feststellung Bundespräsident von Weizsäckers in seiner Rede zur Feier der Vereinigung am 3. Oktober 1990 blieb jedenfalls zunächst weitgehend folgenlos und hatte mit ihrer These der zweifachen Konvergenz im politischen Diskurs Seltenheitswert. Alles Spätere war überdeckt durch den Vertrag von Maastricht und den damit eingeschlagenen Weg zur gemeinsamen Währung, aber ebenso durch den schwierigen Weg zur Herstellung der inneren Einheit Deutschlands. Der massive Produktionseinbruch in den neuen Ländern nach 1990 und die damit einhergehende Massenarbeitslosigkeit konnte zwar im Laufe der 1990er Jahre aufgefangen und korrigiert werden, doch der Weg zu blühenden Landschaften war lang. Heute, 25 Jahre nach dem Fall der Mauer, erkennen wir, dass die Vereinigung wirtschaftlich tatsächlich gelingt. Die Arbeitslosigkeit in den neuen Bundesländern hat sich fast halbiert, und das trotz verringerter Arbeitsmarktpolitik, die Industrie ist auch dort wieder die Stütze des Strukturwandels, erste Nettozuwanderungen sind in einzelnen Regionen zu verzeichnen. Von einem deutschen Mezzogiorno spricht heute, anders als zur Jahrtausendwende, niemand mehr. Die Vereinigung ist sozial und ökonomisch auf dem Weg.

Mit diesen Hinweisen wird angedeutet, dass nicht nur die westdeutsche Wachstumsschwäche, sondern ebenso die ostdeutschen Transformationsprobleme über lange Zeit zur unbefriedigenden gesamtwirtschaftlichen Entwicklung in der Bundesrepublik beitrugen, die schließlich zum Testat des »kranken Mannes von Europa« führte. Solche Zeiten sind keine guten Zeiten für die Frage nach der nationalen Selbstvergewisserung. Das Projekt der Vereinigung beider deutscher Staaten war in seiner lebenspraktischen Umsetzung kein Selbstläufer: Die Erwartungen waren indes andere gewesen, Euphorie hatte – wenn auch nur kurze Zeit – geherrscht. Die daraufhin unvermeidbare Enttäuschung in beiden Teilen Deutschlands blockierte eine konstruktive oder gar positive Sicht auf die deutsche Nation. Klagten die Ostdeutschen über mangelnde Unterstützung, unfaire Behandlung und Überforderung, so sparten die Westdeutschen nicht mit dem Vorwurf der Undankbarkeit und sahen sich ebenfalls überfordert. Diese Diskussionen haben sich entspannt. Der 2019 auslaufende Solidarpakt II mit Sonderleistungen für die neuen Bundesländer beendet unbestritten die Phase der Transformationspolitik. Nun geht es um gesamtdeutsche Entwicklungsfragen, losgelöst von den Gebieten der früheren beiden Teilstaaten. Dieser Fortschritt verschafft die Möglichkeit, nicht nur mit einer grundsätzlich neuen, sondern ganzheitlichen Perspektive auf die Situation und die Entwicklung Deutschlands im 21. Jahrhundert zu schauen und damit auch die Positionierung in Europa neu sowie grundsätzlich zu beleuchten. Vorab ist dazu der nationalen Orientierung im Deutschland der Teilung etwas mehr Aufmerksamkeit zu schenken.

2. Die geteilte Nation: Zwei Staaten ohne eigene Idee

Die doppelte Staatsgründung des Jahres 1949 hatte keine deutsche Logik; die Verspätung der deutschen Nationsbildung mit der Reichsgründung 1871 ohne überzeugende Idee fand jedenfalls darin weder eine zwingende noch eine überzeugende Antwort. Die Organisation des privaten, des wirtschaftlichen und des politischen Lebens wurde maßlos erschwert. Die doppelte Staatsgründung war aber aus Sicht der zerstrittenen Alliierten schließlich nahezu unvermeidlich, um Mitteleuropa überhaupt die Perspektive einer staatlichen Ordnung geben zu können, wenn schon der Systemkonflikt und seine machtpolitischen Folgen auf lange Sicht unüberwindbare Hürden für eine kooperative Lösung konstituierten. Es war deshalb hüben wie drüben eine *verordnete Gründung*.[321] Verordnete Gründungen haben es schwer, Identität zu unterlegen und jene Kategorien ausprägen zu helfen, die in der Moderne den öffentlichen Raum kennzeichnen: Nationalbewusstsein und Nationalcharakter. Entsprechend eng und künstlich waren die Gründungsmythen beider deutscher Staaten. Man musste sich irgendwie einrichten, weil die machtpolitischen Verhältnisse in Zeiten massiver Aufrüstung mit atomaren Potenzialen anderes nicht zuließen und eine positive Vorstellung von einem vereinigten Deutschland mangels eines allgemein akzeptierten historischen Bezugspunktes kaum verheißungsvoll war.

Die Bundesrepublik konnte im Grunde nur auf die *Währungsreform* und den schnellen wirtschaftlichen Wiederaufstieg (*Wirtschaftswunder*) verweisen – alles andere entsprang direkt oder indirekt alliierter Entscheidung.[322] Die wirtschaftliche Erholung wurde zwar erst mit dem Korea-Krieg sichtbar, aber die Währungsumstellung – später ergänzt durch den Lastenausgleich – wurde in der engen Verbindung mit dem Wirtschaftswunder zum überragenden Mythos der westlichen Republik. Alles Weitere und alles Spätere war in der einen oder anderen Weise mit der neuen Währung verbunden gewesen oder wurde als Folge dieser zugeordnet. Die Selbsteinschätzung als Provisorium und als Vorlauf eines dereinst die deutsche Nation wieder vereinigenden Staates minderte den Bedarf einer mythischen Verklärung der Staatsgründung, die nur notgedrungen und ersatzweise vorgenommen wurde. Der Rückblick auf die tatsächlich oder vermeintlich vertanen Chancen gesamtstaatlicher Einheit wurde überrollt durch den wirtschaftlichen Erfolg einerseits und den zur Staatsräson ausreifenden Erwartungsüberschuss auf die Wiedervereinigung andererseits. Die Deklamation des Alleinvertretungsanspruchs der deutschen Nation rekurrierte in guter Überzeugung auf die zunächst erlernten, dann gelebten Tugenden der Freiheit, Verantwortung, Toleranz und Demokratie. Eine dauerhafte Rechtfertigung war für die Bundesrepublik nicht gegeben, ihre Existenzberechtigung – fixiert im Grundgesetz von 1949 – ergab sich aus dem Systemkonflikt und der damit »vorübergehend« verursachten Unmöglichkeit eines deutschen Nationalstaats. Insofern war der westliche Staat ein Platzhalter für etwas viel Größeres und viel Bedeutenderes. Eine »Selbstanerkennung« hat es vier Jahrzehnte nicht wirklich gegeben,[323] allenfalls im Nachhinein wurde ein Verfassungspatriotismus ergründet.

Die DDR musste und konnte hingegen – zumindest für die Kadereliten und die gläubigen Marxisten – eine eigene Gründungsgeschichte erzählen, die sich aus dem *antifaschistischen Widerstand* speiste.[324] Man war erklärtermaßen auf der richtigen Seite der Geschichte: bei den Guten, mit Unterstützung durch den großen sozialistischen Bruder Sowjetunion. Die Wiedervereinigung war zwar anfangs ein erklärtes politisches Ziel und bis 1968 sogar in der Verfassung verankert, doch war es zu suspendieren, solange eine Aussicht auf eine sozialistische Lösung nicht bestand, und später im Zeichen der sozialistischen Nation aufzugeben. Der Faschismus wurde – in Anlehnung an die marxistische Deutung – als Ausdruck der bürgerlichen Welt und des damit verbundenen kapitalistischen Wirtschaftssystems gesehen. Die Bundesrepublik stand aus Sicht der DDR in der Nachfolge dieser bürgerlichen Traditionen. Auch deshalb galt: Man war bei den Guten. Eine dauerhafte Existenzberechtigung reklamierte die DDR mit Verweis auf die Überwindung des Faschismus und die Befreiung der Arbeiterklasse aus der Ausbeutung des kapitalistischen Systems.

So wurde der jeweils andere Teil Deutschlands über die fundamental negative Bewertung bewusst oder unbewusst, hingenommen oder forciert zu einem Anker des eigenen Staatsverständnisses. Bei aller Unterschiedlichkeit der neu formulierten Gründungsmythen beider Staaten wurde mit der Zeit erkennbar, wie defizitär diese waren und wie wenig sie die Prägung eines Nationalbewusstseins ermöglichten. Das galt sowohl für die Geschichte vom ökonomischen Erfolg der Bundesrepublik, der zwar überragend und eindrucksvoll war, aber auf Dauer keine inhaltliche Begründung für Staat und Gesellschaft schaffen konnte und der gefährdet war, sobald dieser Erfolg ausblieb. Das galt ebenso für den antifaschistischen Gründungsmythos der DDR, der allzu gekünstelt daherkam und vielfach auf Lügen beruhte; so durften die Rolle der KDP in der Weimarer Republik, der Hitler-Stalin-Pakt von 1939, die Gewalttaten der sowjetischen Soldaten und die Weiterführung der Konzentrationslager nach 1945 nicht erwähnt werden. Doch jedem konnte klar sein, dass es so einfach mit der Ortsbestimmung des Guten nicht ist, wie die Partei nahelegte und wie es bildungspolitisch auf allen Ebenen vermittelt wurde. »Einig blieb sich die Politik hier wie dort in dem Bestreben, die Deutschen freizuhalten von Schuld. In der West-Version wurden die Verbrechen nur ›im deutschen Namen‹ begangen, in der Ost-Version nur von Faschisten.«[325]

Für beide deutsche Staaten stellte sich die Frage nach den historischen Bezugspunkten für die deutsche Nation, die identitätsstiftend in den eigenen Gründungsmythos integriert werden konnten. Das Kaiserreich schied nicht nur wegen der negativen Seite des preußischen Militarismus aus, sondern auch, weil bei näherer Betrachtung die Schwachstellen der Reichsidee von 1871 ersichtlich wurden. Die Weimarer Republik bot sich als gescheiterte erste deutsche Demokratie auch nicht an: In der Bundesrepublik wurde der Anteil am Aufkommen des Nationalsozialismus und der Entstehung des Dritten Reiches gesehen, in der DDR konnte eine bürgerliche Demokratie nur Verachtung auslösen. Später begann die DDR-Führung jene ideologisch als unverdächtig geltenden Episoden deutscher Freiheitsbestrebung – Reformation, Bauernkrieg, antinapoleonische Befreiungskriege und die Revolution von 1848 – als »Ergänzungsmythen« zu mobilisieren.[326] Ein solcher Ergänzungsmythos wurde für die Bundesrepublik der Gewinn der Fußballweltmeisterschaft 1954, das Wunder von Bern. Auffällig ist hier – wie bei der wirtschaftlichen Erholung – die schon bei den Zeitgenossen übliche Bezeichnung als Wunder; ein Wunder aus eigener Anstrengung und eigenem Talent wiegt offenkundig besonders viel.

Aus heutiger Sicht kann man die Legitimation der Teilung und damit der beiden deutschen Staaten noch ganz anders verorten, als es gewöhnlich mit Verweis auf Systemkonflikt und Aufrüstung im atomaren Zeitalter geschieht, indem beide Staaten als Sicherungseinrichtungen der europäischen und globalen Nachkriegsordnung gedeutet werden.[327] Die Teilung und damit die Existenz zweier deutscher Staaten halfen zunächst den Deutschen wegen der damit gebotenen Ablenkung, die Gräueltaten der Nazizeit und die Schrecken des Krieges zu verdrängen. Da kam die Vorstellung schon recht, dass die Teilung ein Preis für die Verbrechen war, weil sie eine wirksame Entlastung bot. Diese Entlastung erst eröffnete die

Möglichkeit, neu anzufangen und sich wieder mit dem Leben zu arrangieren. Zugleich war für die Deutschen erkennbar, dass durch die Teilung es nicht nur ihnen leichter wurde, mit der Last zu leben, sondern auch den Feinden von gestern, die nun wieder zögerlich Nachbarn werden konnten und wollten, weil auch sie nach Normalisierung suchten. Ein geteiltes Deutschland war dafür hilfreich, weil es weniger Furcht einflößte, weil es die alte Erzählung verstummen ließ, die für viele Generationen kulturell und habituell prägend war, denn – so der schon zitierte Norbert Elias: »Immer wieder fühlten sich die latinisierten und die slawischen Gruppen von dem menschenreichen deutschen Staat bedroht. Immer wieder fühlten sich die Vertreter des werdenden deutschen Staates gleichzeitig von verschiedenen Seiten bedroht.«[328]

Das Vergessen in den ersten Jahren und Jahrzehnten nach 1945 war – neben dem reflexartigen Verdrängen – auch ein Versuch der Linderung unsäglicher Schmerzen angesichts der Ungeheuerlichkeit der von Deutschen begangenen Verbrechen, und zwar auf allen Seiten, bei den Opfern wie bei den Tätern. Immer schon gehörte der Wunsch, Vergessen zu stiften, wie selbstverständlich zur Beendigung von Konflikt und Gräuel.[329] Denn schließlich galt trotz der historischen Ungeheuerlichkeit der Nazi-Verbrechen und des damit verbundenen Zivilisationsbruchs ganz lebenspraktisch für das Überleben nach dem moralischen Totalbankrott: »Ein schwerwiegender Irrtum, zu glauben, die Wahrheit mache frei, gleichgültig wann, gleichgültig wo, gleichgültig von wem geäußert. Alles kam auf den Zeitpunkt an, wann eine Wahrheit überhaupt vertragen werden konnte und wann nicht; wurde sie zum falschen Zeitpunkt, am falschen Ort an die Öffentlichkeit gebracht, sorgte sie nur für Verwirrung und trotzige Abwehr. Die Wahrheit erfüllte sich in der Zeit; auf langen Um- und Abwegen kam sie allmählich zum Vorschein. Die Bundesrepublik war ein Paradebeispiel dafür. … Das Vergessen war notwendig. Ohne die heilsame

Wirkung des Vergessens hätte sich der neue Staat gar nicht zivilisieren können.«[330]

»Überblickt man die Geschichte des öffentlichen Umgangs mit schlimmer Vergangenheit, so ergibt sich …, dass sich Deutschland seit 1945 in einer welthistorisch völlig neuen Situation befand. Es war etwas geschehen, was in einem völlig neuen Sinn ungeheuerlich war; über alles hinaus, was die Weltgeschichte bis dahin an Kriegs-Untaten und Gräueln gekannt hat. Das Land war nicht nur militärisch und politisch, sondern auch moralisch zusammengebrochen.«[331] Durch die Verstrickung vieler Menschen in die militärischen Aktionen und in die Vernichtungsmaschinerie gab es nicht die historisch geübte Möglichkeit, Hauptverbrecher schnell und blutig zu bestrafen, den Rest aber einfach in Ruhe zu lassen. Die deutsche Bevölkerung stand unter Generalverdacht (Entnazifizierung). Der Wunsch nach Normalität im öffentlichen wie im privaten Leben und die Notwendigkeit, elementare Existenzfragen des Lebens zu klären, standen bis weit in die 1950er Jahre im Vordergrund. Der Preis war freilich hoch, indem die Funktionseliten des Dritten Reichs durch die raschen Amnestiegesetze des ersten Bundestags wiedereingestellt werden konnten und weitgehend auch wurden. Und bereits Ende 1949 verabschiedete der Bundestag ein Straffreiheitsgesetz für alle vor dem 15. September 1949 begangenen Taten, die mit bis zu sechs Monaten Gefängnis geahndet werden konnten. Davon waren 800 000 Personen betroffen, überwiegend für nichtpolitische Delikte der ersten Nachkriegszeit (Schwarzmarkt), amnestiert wurden aber auch nicht verjährte Straftaten der Nazizeit.[332]

Erst die Zivilisierung des Lebens machte es möglich, sich dem abgrundtiefen Erschrecken durch die Vergangenheit breit verankert und mit Aussicht auf Resonanz und Wirkung zu stellen. Um dies leisten zu können, bedurfte es eines Mindestmaßes an Stabilität, wie es sich in geordneten Verfahren und Umgangsformen, in einem grundsätzlichen Respekt vor den eigenen Aufgaben – einem Selbstbewusstsein – ausdrückt. Dabei half die bereits in den späten 50er Jahren einsetzende Anerkennung der Bundesrepublik durch die ehemaligen Siegermächte. 1958 begann der Ulmer Einsatzgruppen-Prozess, bei dem die Ermordung von 5500 Juden in Litauen zur Anklage kam. Danach öffneten sich Politik und Gesellschaft für das Erinnern an die unvorstellbaren Leiden der europäischen Juden: Noch 1958 wurde – angeregt durch den Ulmer Prozess – die Zentralstelle für die Aufklärung nationalsozialistischer Gewaltverbrechen in Ludwigsburg eingerichtet, und 1965 fand die erste Bundestagsdebatte über die Verjährung von Mord und Völkermord statt (1969 verlängert und 1979 endgültig aufgehoben). Angestoßen und vorangetrieben durch den hessischen Generalstaatsanwalt Fritz Bauer, begannen zeitgleich die Auschwitzprozesse (1963 bis 1965; 1965/66; 1967/68 mit drei Nachfolgeprozessen in den 1970er Jahren); 1964/65 kam es zum zweiten Treblinka-Prozess, 1975 zum Majdanek-Prozess.

Damit – und nach weiteren Ereignissen wie der Ausstrahlung des Films *Holocaust – Die Geschichte der Familie Weiss*, 1979 im deutschen Fernsehen – wurde klar, dass sich die Bundesrepublik dem Erinnern nicht wird entziehen können und dass sie dies auch nicht mehr versucht. Auch wenn der Kniefall Willy Brandts im Warschauer Ghetto 1970 in Deutschland durchaus gemischte Reaktionen hervorrief, so war doch damit eine Öffentlichkeit für unsere schlimme Vergangenheit hergestellt, die man nicht mehr ignorieren konnte: »Wenn dieser nicht religiöse, für das Verbrechen nicht mitverantwortliche, damals nicht dabei gewesene Mann … dort niederkniet – dann kniet er da also nicht um seinetwillen. … Dann kniet er … da für alle, die es nötig haben ... Dann kniet er da für Deutschland.«[333]

Politik und Gesellschaft nutzten die in den ersten anderthalb Jahrzehnten seit dem Kriegsende gewonnene Stabilisierung tatsächlich, obgleich mit dem Erinnern immer deutlicher wurde, wie viele Deutsche in das schlimme Geschehen auf die eine oder andere Weise, direkt oder indirekt involviert gewesen waren. Die ganze Breite des Ungeheuerlichen mit all seinen Voraussetzungen, Bedingungen und Wirkungen wurde sichtbar. Das Erinnern wurde durch ein vielfältiges gesellschaftliches Gedenken begleitet, das sich in unterschiedlichen, auch kulturellen Formen zeigte. Anders als in allen früheren geschichtlichen Phasen war die Bereitschaft und die Fähigkeit zur Erinnerung verlangt, denn »in der Geschichte von Erinnern – Verdrängen – Vergessen stellt Auschwitz etwas völlig Neues dar.«[334] Dies wird auch nicht dadurch relativiert, dass in den letzten Jahren das Erinnern an die Opfer des Luftkriegs, von Flucht und Vertreibung öffentlich mehr Raum gefunden hat, denn die durch dauerhafte Leugnung entstehende Ungerechtigkeit dieser Gruppe gegenüber stärkt weder Gerechtigkeit noch Respekt gegenüber den Opfern der deutschen Kriegsverbrechen sowie Verbrechen gegen die Menschlichkeit. Eine entsprechende Kritik – artikuliert als Sorge um eine Diskursverlagerung[335] – überzeugt deshalb nicht.

Die Deutschen waren nicht vereinzelt gefordert, sondern als Ganzes. So wurde letztlich über das bewusste Erinnern, Verstehenwollen, Reflektieren und Gedenken diese Erinnerung zum Bestandteil (bundes)deutscher Identität. Zeitgeschichte, in der Bundesrepublik erfunden, und kritische Publizistik wirkten dabei tatsächlich ohne Planung effektiv zusammen.[336] Es war der letzte Respekt, der den Opfern und ihren Hinterbliebenen gezollt werden konnte und tatsächlich gezollt wurde. Die ideologiegetriebene Selbstbefreiung der DDR aus dieser Last und der damit verbundene Vorwurf exklusiver Verantwortung an die Bundesrepublik haben den Westen Deutschlands davon nicht abgehalten. Herausragend ist schließlich die Schaffung eines Denkmals für die ermordeten Juden Europas in Berlin: »Symbolpolitisch hat es das noch nicht gegeben: dass eine Nation im Zentrum ihrer Hauptstadt ihr größtes geschichtliches Verbrechen bekennt.«[337]

Die Teilung Deutschlands war nicht der Preis für die Verbrechen der Nazizeit, politisch wäre anderes möglich gewesen, wohl aber der Preis für die Wiedereingliederung und Wiederanerkennung der Deutschen in eine Nachkriegsordnung und damit auch der Preis für die spätere Vereinigung in einem Staat. Die Bereitschaft der Franzosen, schon wenige Jahre nach dem Weltkrieg und nach der Gründung der Bundesrepublik diese kooperativ in europapolitische Überlegungen einzubinden und bei der Gründung der Montanunion 1951 einzubeziehen, erscheint unvorstellbar, hätte man es mit dem ganzen Deutschland zu tun gehabt, das mit seiner Größe und seinen Potenzialen an die alte Konfliktstruktur hätte anknüpfen können. Auch die Staatsbesuche des französischen Präsidenten de Gaulle im Jahr 1962, des amerikanischen Präsidenten Kennedy im Jahr 1963 und der britischen Königin Elizabeth II. im Jahr 1965 sind in ihrer entsprechenden Symbolkraft kaum zu überschätzen: Kaum zwei Jahrzehnte nach dem Zweiten Weltkrieg war die westliche Hälfte Deutschland wieder im Kreis der Nationen als achtbarer Partner angekommen – so wie nach der Niederlage von 1918 und der selbst bewirkten Demokratisierung zu keinem Zeitpunkt in den 14 Jahren der Weimarer Republik.

So gewährte die Teilung den Deutschen nicht nur einen Dispens vom Nationaldiskurs, sondern ebenso den Nachbarn eine Karenz von der strukturellen Schieflage, die Deutschland als Ganzes bis dahin immer für Europa bedeutet und begründet hatte. Mittels der Teilung konnte Deutschland in seinen zwei Staaten leichter, wenn auch nicht widerstandsfrei in den jeweiligen politischen Raum reintegriert werden. Dabei vermochte die Bundesrepublik eher als die DDR Sympathien zu mobilisieren, weil sich diese Integration wirtschaftlich und politisch mit den Interessen der Nachbarn verband. Die europäische Integration, die 1951 als französische Idee begann, bereits 1957 zu einem in Westeuropa breit verankerten Anliegen wurde und nach 1985 – und kurz vor dem

Mauerfall – mit dem Delors-Bericht große Dynamik gewann, schuf schließlich die Möglichkeit, die Teilung tatsächlich als Karenz, als vorübergehend zu bewerten. Diese Einschätzung passt durchaus zu den Reaktionen, die François Mitterrand, aber vor allem Margaret Thatcher nach dem Mauerfall zeigten, als sie die Herstellung der staatlichen Einheit zunächst beharrlich und weit von sich wiesen. Mitterrand konnte schneller und ehrlicher als Thatcher diese Ablehnung korrigieren, weil Helmut Kohl auf dem Europäischen Rat in Madrid im Juni 1989 mit der Zustimmung zur ersten Stufe der Währungsunion den Weg zur gemeinsamen Währung grundsätzlich frei gemacht hatte. Dies wurde auch dadurch möglich, weil die Bundesrepublik nach einer begrenzten Phase des Verdrängens letztlich ernsthaft und konsequent die Nazi-Vergangenheit aufzuarbeiten versuchte, wie es wohl kaum eine andere Nation geleistet hat und leisten musste.[338] Die internationale Anerkennung, die Bundespräsident von Weizsäcker für seine Rede zum 40. Jahrestag des Kriegsendes am 8. Mai 1985 bekam, wies auf die vielfältigen Bemühungen bundesdeutscher Vergangenheitsarbeit hin. Die Vergangenheit wird dadurch nicht besser, aber sie verliert als Bedrohung der Gegenwart ihre Kraft.

Die beiden deutschen Staaten einte die Hinwendung zum ökonomisch-technischen Erfolg. Wenn dieser auch in der DDR im internationalen Vergleich sehr bescheiden ausfiel, so war er doch im Ostblock herausragend. Jedenfalls fällt auf, dass diesseits und jenseits des Eisernen Vorhangs zielstrebig am Wiederaufbau unter Einsatz aller verfügbaren Mittel und Talente gearbeitet wurde. Technische und wirtschaftliche Leistungen wurden hoch gewürdigt. Die Deutschen »hatten ihre Kräfte für das Vaterland bis zum Äußersten erschöpft, davon wollten sie nun nichts mehr wissen. Sie hatten Hitler mühsam überlebt, danach wollten sie nur noch leben.«[339] Hinzu kam in der Bundesrepublik, dass mit der sozialen Marktwirtschaft eine Art *Dritter Weg* im Angebot war, der »das

Selbstverständnis … als prosperierende Exportarbeitsgemeinschaft ohne politische Ambitionen prägte.«[340] Im wirtschaftlichen Erfolg wurde aufgefangen, was ansonsten nach einer schweren nationalen Identitätskrise zu erwarten gewesen wäre: Die Gesellschaft löste sich nicht auf in Chaos und Konflikt, nicht der Kampf politischer Gruppierungen bestimmte den Alltag, sondern der Drang aller nach wirtschaftlichem Erfolg. Dieser Drang zu Technik und Wirtschaft war keineswegs neu, wie die Entwicklung im 19. Jahrhundert in Deutschland gezeigt und wie er sich in der Umsteuerung des Bildungssystems bis 1900 hin zu den Realien und mit der Erfindung der dualen Berufsausbildung manifestiert hatte.

Das Engagement für Technik und Wirtschaft spiegelte die große Not nach dem Krieg, aber auch, dass andere Wege der Identitätsfindung verständlicherweise verstellt waren. Den Nationalsozialismus endgültig zu überwinden verlangte von beiden Staaten, alles Nationale zu meiden, die Friedfertigkeit zu dokumentieren, sich auf die Normen und Vorgaben der jeweiligen Vormächte einzustellen. Militärische Niederlage, moralischer Totalbankrott und staatliche Teilung ließen es nicht zu, nach dem *Scheitern der Ideen von 1914* auf die evidente historische Aporie einer Reichsidee für das vereinigte Deutschland nun den Versuch zu starten, eine neue zu entwickeln. Eine »überzeugende Absage an Nationalismus und Gewaltpolitik war die Voraussetzung, unter der die deutschen Staaten eine Chance hatten, aus der Tiefe ihrer politischen und moralischen Katastrophe herauszukommen.«[341] Dies gelang, weil die historischen Bezugspunkte der Nationalgeschichte – 1871 und 1918 – weder in der Breite überzeugten noch emotional banden. So waren die Deutschen gerade nicht, was die bundesrepublikanische Politik tatsächlich fortlaufend behauptete: »eine Nation, der die Zusammengehörigkeit über alles ging.«[342]

Damit war aber auch klar, dass die Wiedervereinigung im Alltag der Deutschen mehr eine folkloristische Bedeutung hatte, keineswegs die Antwort auf eine als offen empfundene nationale Frage war und allenfalls die politische Lösung lebenspraktischer Fragen (Reise- und Besuchsregelungen, Postverkehr etc.) bedeutete. Und erwartbar war deshalb ebenso, dass nach der erfolgten Vereinigung die Skepsis gerade bei deutschen Intellektuellen groß sein und alles versucht werden würde, dieses grundständige Ereignis in eine Reihe weiterer Neugründungskontexte zu stellen und schnell als »verfehlte oder verpasste Neugründung«[343] zu qualifizieren. Statt eine selbstbewusste Nation zu befördern und zu begrüßen, schien es diesen Stimmen wichtig, das neu vereinigte Deutschland als Motor eines Prozesses mit dem Ziel der Europäischen Konföderation zu sehen. Alternativ wurde der Fortbestand beider Staaten propagiert; nur interessierte das vor allem die Menschen in der DDR nicht. Sie erkannten intuitiv, dass dieser zweite Staat nie eine überzeugende Staatsidee ausgeprägt hat und wird ausprägen können. Es gab für die DDR weder Sinn noch Zweck, und es fehlte jede Form der Bürgerlichkeit, die das Gemeinsame hätte dokumentieren und leben können.

Angesichts dieser Kulisse begrenzten Nationalbewusstseins ist es umso erstaunlicher, dass die Chance der staatlichen Vereinigung und der Beendigung der Teilung so konsequent und unbeirrt ergriffen wurde. Da traf sich der Idealismus der handelnden Personen mit einer tiefer liegenden Gefühlsschicht der Bevölkerung, die das Gemeinsame der Nation und ihres Schicksals empfand und die habituelle Nähe spürte. Doch die Gunst der geschichtlichen Stunde eröffnete *nicht* die Chance der *Wieder*vereinigung, das machte weder historisch noch gesellschaftlich Sinn, sondern die Chance, erstmals eine Staatsnation im geläufigen Sinne zu bilden. Insofern war es keine verfehlte oder verpasste Neugründung, sondern die Konsequenz einer Konstellation, die historisch einmalig die langen Pfade in der Mitte Europas neu verknüpfte. Jedenfalls war es ganz und gar unangemessen, diesen Vorgang in eine Reihe mit den Vorgängen von 1968 zu stellen.[344] Es war eine Erstgründung: *Deutschland als junge Nation.* »Streng genommen gibt es eine deutsche Staatsnation, wie sie Plessner angepeilt hat, erst seit 1990: nach der Wiedervereinigung des ehedem durch die Siegermächte geteilten Deutschland; nach der Herausbildung einer eigenständigen österreichischen Staatsnation seit 1955; nach der Umsiedlung aller außerhalb der heutigen Bundesrepublik wohnenden Deutschen nach ›Deutschland‹ – ein Vorgang, der 1919 begann, dann 1939 von der SS gewaltsam vorangetrieben und terroristisch durchgesetzt wurde, der nach 1945 im bitteren Rückschlag als Aussiedlung weitergeführt und erst in diesen Jahren seinen relativen Abschluss gefunden hat mit der Rückkehr der Siebenbürger und der Wolgadeutschen in ein Deutschland, das sie vor 800 beziehungsweise 250 Jahren verlassen hatten. In Anbetracht dieser zeitlichen Dimensionen beginnt selbst die Bezeichnung einer ›Verspätung‹ eine surreale Dimension zu gewinnen.«[345]

3. Eine Unpünktlichkeit der anderen Art: Als junge Nation in Europa

Je genauer der Blick auf die Staatsgründung des Jahres 1990 gerichtet wird, desto deutlicher wird, dass damit erstmals eine deutsche Staatsnation gebildet worden ist, die in ihrer Verfasstheit für Europa objektiv gesehen kein Problem darstellte und die mit ihren definierten Traditionen rundum anschlussfähig war. *Das Thema der verspäteten Nation gelangte damit als junge Nation in einem gänzlich neuen Gewande auf die Tagesordnung des politisch-intellektuellen Diskurses in Deutschland und Europa.* Doch der notwendige Nationaldiskurs wurde nicht geführt. Zu eingängig war die Formulierung der Wiedervereinigung, die scheinbar jeden Erklärungsbedarf negierte und die großen Kontinuitätslinien beschwor. Schließlich wurde politisch alle Kraft auf das europäische Projekt einer gemeinsamen Währung verlagert, dessen Grundlagen bereits vor dem Mauerfall geschaffen worden waren.

Erst die Staatsschuldenkrise ab dem Jahr 2010 und die durch das Krisenmanagement aufgerufenen Verfassungsfragen haben die Lage verändert. Nun kommen wir nicht mehr daran vorbei, das Zusammenspiel von Nation und politischer Union grundsätzlich zu erörtern. Die bisher nicht geführte Debatte drängt sich jetzt auf. Dies wird durch die politischen und ökonomischen Konsolidierungen im neuen Deutschland begünstigt. Damit eröffnet sich ein ungewöhnlicher Erwartungsraum über die Zukunft des Nationalstaats in Deutschland nach seiner verspäteten Ankunft. Helmuth Plessner selbst gibt keine Auskunft darüber, welche Erwartungen er aus seinem Befund der Verspätung für die deutsche Nation ableitet.

Plessner zitiert unter dem Prädikat »Wahrheit« Golo Mann aus dessen Werk *Deutsche Geschichte des 19. und 20. Jahrhunderts* von 1958: »In Zukunft wird die Frage nicht mehr sein, was der Deutsche sei und was er mit sich anfangen solle. Sie wird auch, vor allem oder ausschließlich, sein, was der Europäer sei und was der Europäer mit sich anfangen solle. Die europäische Nation kann die deutsche nicht ersetzen …«[346] Er wendet die Worte Golo Manns – die wie vielen wohl auch ihm »aus der Seele gesprochen« sind – auf die Frage der Erneuerung der Nation nach dem Zweiten Weltkrieg an. Dabei vertritt er die These, dass eine andere Struktur, ein anderes Gehäuse politischer Macht nicht funktionieren werde, wenn die deutsche Nation »mit sich selbst zuvor nicht ins Reine gekommen und über sich selber nicht klar geworden ist«.[347]

Der Einspruch Plessners rührt aus der Frage, ob und wie eine sich selbst nicht bewusste Nation dabei wirklich erfolgreich mittun könne. In einem Aufsatz über »Deutschlands Zukunft« aus dem

Jahr 1948 plädierte er für eine Nutzung der föderalen Struktur als Basis der Eingliederung Deutschlands in Europa. Durchaus mutig im Licht der damaligen Debattenlage spricht sich Plessner dafür aus, die Gebietsfolgen des Krieges hinzunehmen, auch wenn es schmerzhaft ist, und vielmehr über einen föderativen Aufbau auch die Russen einzubeziehen und eine Annäherung an Polen zu versuchen.[348] Statt enger staatlicher Einheit präferiert Plessner eine Föderation deutscher Staaten. Damit griff er jene durchgängige Besonderheit Mitteleuropas auf, die Koselleck in seiner Kritik an der These der verspäteten Nation besonders betont: »Es sind die föderalen Strukturen der deutschen Geschichte, die uns von den Nachbarländern unterscheiden, die früher als wir zu einer Nationenbildung fanden.«[349]

Tatsächlich lässt sich aus den Argumenten Plessners eine besondere Disposition Deutschlands für ein geeintes Europa ableiten. Die bezogen auf die beiden Reichstraditionen – die großdeutsche unter Einbeziehung Österreich-Ungarns, die kleindeutsche unter Führung Preußens – unvermeidbar unangemessene politische Einigung des 19. Jahrhunderts hatte zur Folge, dass Deutschland – so Plessner – »nie mit allen seinen geschichtlichen Reserven bei einer nationalstaatlichen Lösung sein« kann. »Deutschland bleibt im Horizont eines nationalstaatlich gegliederten Europas eine Frage.«[350] So traf die europäische Idee nach den beiden Fundamentalkonflikten des 20. Jahrhunderts hierzulande nicht nur deshalb auf so fruchtbaren Boden, weil damit wieder eine gleichberechtigte Einbindung in eine neue Ordnung möglich wurde, sondern weil diese auch einen Abschied von der nationalstaatlichen Prägung Westeuropas – Frankreichs und Großbritanniens – verhieß und damit jenes deutsche Desiderat zu neutralisieren versprach, das sich aus der Nichtbeteiligung an der Entstehung des politischen Humanismus im 16. und 17. Jahrhundert ergeben hatte.

Die beiden Weltkriege erhalten aus der Sicht Plessners eine zusätzliche Einordnung dadurch, dass sie auf prinzipielle Weise die deutsche Sonderrolle als zu spät gekommene Nation zu korrigieren versprachen. Erstmals trat 1914 das Deutsche Reich militärisch gegen Frankreich und England an, jene Staaten mit pünktlicher Nationenbildung; den Ideen von 1789 wurden die Ideen von 1914 entgegengesetzt. Die Kriegsbegeisterung im Sommer 1914 spiegelte zum einen die schwebende Frage, wie die Machtkonstellation in Europa einer Klärung zugeführt könne. Das Gefühl, dass die bestehenden Verhältnisse des Miteinanders in Europa einer Revision bedurften, war weit verbreitet. Die in den vier Jahrzehnten seit der Reichsgründung veränderten wirtschaftlichen Potenziale in Europa schienen dahin zu drängen. Zum anderen erschien der Krieg wie eine Erlösung für eine Epoche, die unter der Bezeichnung *Fin de siècle* von dem Bewusstsein geprägt war, an ihr Ende geraten zu sein.

Obwohl der Begriff *Fin de siècle* in Frankreich geprägt wurde und sich auf ein spezifisch französisches Lebensgefühl jener Zeit bezog, wurde er eng verbunden mit den Begriffen *Décadence* und *Degeneration* gesamteuropäisch zur Kennzeichnung der allgemeinen Befindlichkeit vor dem Ersten Weltkrieg. Die Fortschrittsvorstellungen in der zweiten Hälfte des 19. Jahrhunderts wurden abgelöst durch Abstiegs- und Verfallsfantasien. Die Zeit war geprägt von einem Schwanken zwischen Aufbruchsstimmung, Zukunftseuphorie, diffuser Zukunftsangst und Regression, Endzeitstimmung, Lebensüberdruss, Weltschmerz, Faszination von Tod und Vergänglichkeit, Leichtlebigkeit, Frivolität und Dekadenz. Eine allgemeine Krise hatte die maßgebenden Gesellschaftsschichten ergriffen, weil Grundwerte des sozialen Lebens gefährdet schienen.

Der Kriegsausbruch schien diese Sinnsuche positiv zu beantworten. Gerade bei den deutschen Eliten traf der Krieg als Kulturkampf auf eine ungeheure Zustimmung und Begeisterung, die alles Militärische im Einklang mit dem Kulturellen sah. Als der Krieg am Ende nicht nur militärisch, sondern ebenso bezogen auf die kulturelle Selbstverortung und Überhöhung der Deutschen auf katastrophale Weise verloren ging, wurden keine politischen Strukturen gefunden, die dieser neuen Haltlosigkeit eine kräftige Verankerung entgegensetzen konnten. Das Versagen der Eliten in der Weimarer Republik war im Grunde geprägt von dem verzweifelten Versuch, den Kulturkampf doch noch zu gewinnen. Nach dem Zusammenbruch von 1945 war es für Plessner deshalb geboten, die Lösung in einer lockeren Föderation zu suchen, anstatt – wie nach 1918 – erneut am Bismarck'schen Reichsgedanken festhalten zu wollen. So sollte »der Aufbau aller seiner politischen, sozialen und wirtschaftlichen Grundlagen auf ein Zusammenarbeiten mit den Nachbarländern und nicht auf die Wiedererrichtung eines nationalen Staates oder Staatenbundes gerichtet sein … Je loser also der innere Zusammenhang zwischen den Bundesgliedstaaten wird und je mehr er für regionale Abmachungen mit den Nachbarländern Deutschland Raum lässt, desto besser ist es für die europäische Zusammenarbeit in westlicher und östlicher Richtung sowie auch für die deutschen Länder selbst.«[351]

»Jetzt ist die Gelegenheit gekommen für eine wirklich gründliche Reform des deutschen Geschichtsbildes und der Bismarcklegende.«[352] Jedes heutige Nachdenken über die deutsche Nation und ihre staatliche Verfassung muss diesen Hinweis ernst nehmen. Tatsächlich ermöglichte das Jahr 1990 keine Wiedervereinigung, wie Willy Brandt auf dem SPD-Parteitag im Dezember 1989 formulierte: »Eine Wiedervereinigung von Teilen, die so noch nie zusammen waren, wird es nicht geben; eine Rückkehr zum ›Reich‹ erst recht nicht.«[353] Die Rückbindung an die Reichsidee von 1871 lieferte und liefert kein überzeugendes Programm für das Deutschland von 1990. In dieser Differenz – bewusst gemacht und gelebt –

liegt zugleich aber die Chance, in einem offenen, kooperativen Konzept der jungen Nation ein passendes Organisations- und Ordnungsprinzip für Europa zu sehen.

Bedeutsam ist schließlich der Hinweis Plessners, dass »diese Verspätung nicht nur eine Ungunst des Geschicks« sei, sondern »auch eine schöpferische Möglichkeit und ein Appell an die inneren Kräfte«.[354] Die These, dass die Verspätung als Ausdruck tieferer historischer Kräfte zugleich Potenzial begründet, führt zu der Frage nach dem Wo und Wie. Die von Plessner diagnostizierte Verzögerung der deutschen Nationalstaatsbildung ist *einerseits* mit Blick auf die Staatswerdung ein nachholender Akt mit brüchigem historischen Fundament und fragwürdigem Potenzial, denn dieses Reich konnte als kleindeutsche Lösung nicht an das »Goldene Zeitalter« deutscher Nation, die Blütezeit des Heiligen Römischen Reiches anschließen – jener »Reichsidee aus seiner vornationalen Geschichte«. Mit Blick auf die wirtschaftlich-technische Expansion war die Reichsgründung *andererseits* der Beginn einer erstaunlichen Beschleunigung. Denn die Reichsgründung, »die unseligerweise in die Epoche der beschleunigten Industrialisierung fiel, stellte sich als endgültige Abwendung von den Idealen des Volkes der Dichter und Denker dar«. Tatsächlich hatte sich bereits seit Mitte des 19. Jahrhunderts vor allem im wirtschaftlichen Bereich ein Entwicklungsvorsprung Preußens und seiner kleindeutschen Partner im Zollverein eingestellt, die zollpolitische Ausgrenzung des Habsburgerreiches hatte eine geringe ökonomische Verflechtung mit diesem zur Folge; auch im Ausbau des Eisenbahnnetzes wirkte sich dies gravierend aus.

Bismarcks Reich war ein »Machtstaat ohne humanistisches Rechtfertigungsbedürfnis«, eine »Großmacht ohne Staatsidee«. Diese Traditionslosigkeit sei kraftspendend gewesen, denn »der Fortschrittsglaube des wissenschaftlichen und industriellen Spezialismus ersetzte den Mangel eines politischen Fortschrittsglaubens«. So galt: »Die bürgerliche Gesellschaft bejahte den Staat als Sicherung des ökonomischen Fortschritts und der Volkseinheit in seinen bürokratisch-militärischen Funktionen, das heißt als reine Macht, weil ihm eine spezifisch politische Idee fehlte. … Im Bürgertum hielten sich die Erinnerungen an die großen Dichter und Philosophen wach, denen es nicht vergönnt war, Deutschlands Gesetzgeber zu werden, und verbanden die humanistisch-romantische Tradition mit dem expansiven Wirtschaftsliberalismus.«

Dieser Kontrast zwischen dem wirtschaftlichen Erfolg des Bürgertums und seiner politischen Kraftlosigkeit thematisierte Max Weber in seiner Freiburger Antrittsvorlesung 1895: »Nicht ökonomische Gründe … sind schuld an der politischen Unreife breiter Schichten des deutschen Bürgertums, der Grund liegt in seiner unpolitischen Vergangenheit.« Daraus leitet er ab, dass die eigentliche Nationswerdung erst noch ansteht, dafür aber die bürgerliche Basis zu schwach, die proletarische noch mangelhaft sei: »Wir müssen begreifen, daß die Einigung Deutschlands ein Jugendstreich war, den die Nation auf ihre alten Tage beging und seiner Kostspieligkeit halber besser unterlassen hätte, wenn sie der Abschluß und nicht der Ausgangspunkt einer deutschen Weltmachtpolitik sein sollte. Das *Drohende* unserer Situation aber ist: daß die bürgerlichen Klassen als Träger der Machtinteressen der Nation zu verwelken scheinen und noch keine Anzeichen dafür vorhanden sind, daß die Arbeiterschaft reif zu werden beginnt, an ihre Stelle zu treten.«[355]

Die Konsequenzen der breiten Hinwendung zum ökonomisch-technischen Fortschritt – seitens der Eliten, aber unterstützt durch die Politik – hatte eindrucksvolle Folgen.[356] Von der Reichsproklamation bis zum Beginn des Weltkrieges 1914 wandelte sich Deutschland vom wirtschaftlich, gesellschaftlich und politisch rückständigen Agrarstaat zum wirtschaftlich modernen, gesellschaftlich mobilen und politisch dem europäischen Normalfall entsprechenden Staat.[357] Die erlebte Dynamik der Industrialisierung und des Strukturwandels war eindrucksvoll und wurde öffentlich gewürdigt. So legte Vizekanzler Clemens Delbrück im Januar 1914 voller Stolz im Reichstag dar, wie das Deutsche Reich im Export seit 1891 Frankreich und die USA überrunden und zu Großbritannien aufschließen konnte.[358] Neben vielen Ursachen, die zeitlich zurückgreifen, wie die Bauernbefreiung und die Erfindung der künstlichen Düngung, oder qualitativ umschlugen, wie die Kleinstaaterei und die daraus resultierenden kleinräumigen Wirtschaftskreisläufe, ist vor allem das Bildungssystem zu nennen.

Neben der dualen Berufsausbildung, die nicht nur eine breite Facharbeiterschaft schuf, sondern die Bereitschaft und die Fähigkeit zu qualitätsorientierter Leistung in der industriellen Mittelschicht verankerte sowie gesellschaftliche Aufstiegsmöglichkeiten begründete, ist die konsequente Öffnung der höheren Bildung zur Welt der Technik und der Innovation auf allen Bildungsstufen zu nennen – und zwar gegen den Willen derjenigen, die an den klassischen Universitäten und Gymnasien ihre Bastion zu verteidigen suchten. Die Einführung der Realgymnasien (ohne Griechisch-Kenntnisse zum Abitur), der lateinlosen Oberrealschulen, die Förderung und Gleichberechtigung der technischen Hochschulen (Promotionsrecht 1899/1900) sowie schließlich (hierbei zunächst im Vergleich zu anderen Staaten durchaus nachholend) die gezielte Entwicklung außeruniversitärer Forschung durch die Gründung der Kaiser-Wilhelm-Gesellschaft 1910 und die Einrichtung industrieller Verbundforschung sind hier zu nennen.[359] Zugleich führte die damit eröffnete Möglichkeit, ohne das Schulfach Griechisch umfassend die Zugangsberechtigung zu allen Studiengängen der Universitäten zu erhalten, dazu, dass der bildungsgeschichtlich bis dahin prägende Griechenmythos seine Bedeutung weitgehend verlor,[360] ohne dass eine vergleichbare andere geistesgeschichtliche Traditionslinie als Ausgleich dienen konnte. All dies mobilisierte ein Potenzial, das mit der Aporie einer überzeugenden sowie bindenden Reichsidee angelegt und durch die Hinwendung zu Industrie und Technik begründet war; ein Potenzial mit langem Atem, wie die Entwicklung im geteilten Deutschland nach 1945 belegt.

Im internationalen Wettbewerb jener Zeit wurde die deutsche Entwicklung als herausragend angesehen, wenngleich sich dies in den Wachstumsfakten (Arbeitsproduktivität, Pro-Kopf-Einkommen) auch am Vorabend des Ersten Weltkriegs nur in einem Aufschließen zum Mutterland der Industrialisierung, Großbritannien, niederschlug.[361] Angesichts der empirisch belegten Langwierigkeit von ökonomischen Konvergenzprozessen kann dieser Befund aber nicht wirklich verwundern. Die Frage, warum der deutsche Weg nur begrenzt Nachahmung fand, erhält eine überzeugende Antwort aus den Hinweisen auf die spezifische Haltung der deutschen Eliten nach 1871, denen die erwähnte Traditionslosigkeit des neuen Staates es ermöglichte, sich Wissenschaft und Wirtschaft – den Triebkräften der Moderne – mit einer Energie zu widmen wie in keinem anderen europäischen Staat. Christian Graf von Krockow spricht in seinem Buch über *Kaiser Wilhelm II. und seine Zeit* von einer Epoche, »die wie kaum eine andere von großen, in der Welt bewunderten Leistungen bestimmt war. Ob in Ausbildung, Wissenschaft und Forschung oder in der technischen, wirtschaftlichen und sozialstaatlichen Entwicklung: Das Neue, die Modernisierung und der Fortschritt, brach sich auf beinahe allen Gebieten Bahn.«[362] Ummantelt wurde das durch einen wurmstichigen »Verlegenheitshistorismus«[363] als Teil einer Kompensationsstrategie für den offenkundigen Mangel an Tradition; der öffentliche Raum wurde historisierend ausgekleidet.

Die Industrialisierung Deutschlands wurde dabei durch die Kleinstaaterei des 19. Jahrhunderts in einem Maße forciert, wie sie dem zentralisierten Frankreich fremd war und bis heute fremd ist. Die napoleonisch strukturierte politische Landkarte Deutschlands war just dann prägend, als sich nach 1820 die (Früh-)Industrialisierung ausbreitete, Kapitalbildung und Produktivitätssteigerungen ermöglichte, so dass der Ausbruch aus der malthusianischen Falle im weiteren Verlauf des 19. Jahrhunderts gelang. Die politische Struktur Deutschlands war dabei getragen von dem Befund einer »deutschen Völkerschaft« anstatt eines deutschen Volkes. Bis in das 19. Jahrhundert war der geografische Raum Deutschland geprägt von der »Geschichte vieler Völker, die sich staats- und völkerrechtlich, lehens-, stadt- und landrechtlich so sehr wie sozialgeschichtlich und mentalitätsgeschichtlich voneinander unterscheiden« ließen.[364] Dazu haben nicht zuletzt die Kleinheit der deutschen Territorien und die damit zwangsläufige Nähe der Fürsten zu ihren Untertanen beigetragen.

Die politische, soziale und mentalitätsmäßige Kleinräumigkeit hatte zur Folge, dass die Vorteile der Arbeits- und Wissensteilung in Deutschland zunächst ebenfalls vor allem kleinräumig wirksam werden konnten und mussten. Die Wirtschaftspolitik der einzelnen 35 Staaten des Deutschen Bundes war vor allem Standortpolitik. Die Folge waren regionale Wirtschaftskreisläufe und vielfältige Industrialisierungszentren, dort, wo Grundstoffproduktion kostengünstig möglich war. Zollunion und Eisenbahnbau ermöglichten es, dass bis Ende des 19. Jahrhunderts das Bismarck'sche Reich als Ganzes davon profitieren konnte.[365] Für die Entwicklung der im Deutschen Reich besonders prägenden Schwerindustrie war der Ausbau des Eisenbahnnetzes von großer Bedeutung, das deshalb viel schneller als in Großbritannien und Frankreich expandierte. Ein besonderer Schwung war nach dem Deutsch-Französischen Krieg zu beobachten, als die französischen Reparationszahlungen sich über Infrastrukturinvestitionen und Entschuldung auswirkten. Bis zur Reichsgründung war der private Eisenbahnbau vorherrschend, so dass Eisenbahnaktien die Berliner Börse dominierten. Nach der Reichsgründung wurden die

Bahngesellschaften weitgehend in das Eigentum der Länder übernommen, die zur Finanzierung sich über Anleihen verschuldeten. Der Kapitalmarkt wurde stärker staatlich geprägt, und es entstand ein ansehnlicher Rentenmarkt.

Bereits 1834 konnte Preußen mit der Mehrheit der deutschen Bundesstaaten einen Zollverein bilden, was die handelspolitischen Verhältnisse stabilisierte und durch feste Wechselkurse half, die wirtschaftliche Integration hin zu einem nationalen Markt maßgeblich voranzutreiben. Trotz der im Vergleich zu England späten Industrialisierung wird Deutschland schon für die Zeit um 1800 ein beachtliches wirtschaftliches Entwicklungspotenzial zugesprochen, wobei das recht fortschrittliche Schul- und Universitätswesen, die gut funktionierende öffentliche Verwaltung und ein hohes Maß an Rechtssicherheit dafür günstige Voraussetzungen schufen.[366] Auch hat die Phase politisch-militärischer Unruhe zwischen 1790 und 1815 den deutschen Territorien wirtschaftlich keine bleibenden Schäden zugefügt.

Die deutsche Kleinstaaterei des 19. Jahrhunderts hat durch den Ausbau der Infrastruktur die regionale Wirtschaftsentwicklung gestärkt, die durch die spezifischen Ressourcen und die unterschiedliche Verfügbarkeit von Arbeit und Kapital angelegt war, und eine kulturelle Differenzierung begünstigt. In Frankreich dagegen verlief die *verspätete Industrialisierung* fast im ganzen 19. Jahrhundert deutlich langsamer, was mit den Nachwehen der napoleonischen Unruhezeit für das Investitionsgeschehen, der mit der Kontinentalblockade begonnenen und länger anhaltenden Abschirmung des Binnenmarktes und der zentralistischen Politik verknüpft war. Noch etwas kam hinzu: Es blieb in Deutschland nicht bei der Ausprägung regionaler Wirtschaftskreisläufe und Cluster infolge der kleinräumigen politischen Struktur. Dazu kam – quasi kompensatorisch – die frühzeitige Ausbildung eines Systems der Absicherung gegen die großen Lebensrisiken der industriellen Welt unter Bismarck. Dabei war die Entwicklung der Sozialisten nach 1871 sicher motivierend, doch die Disposition dazu war in den frühneuzeitlich entstandenen Fürsorgestaaten angelegt, die sich aus der großen Nähe der Fürsten zu ihren Untertanen erklärt und politisch mentalitätsprägend war.[367] In dieser Nähe finden wir übrigens ein bedeutsames Differenzierungsmerkmal Deutschlands, das die Forschung zu interkulturellen Differenzen ermittelt hat.[368]

Das, was französische Politiker heute gerne als deutsches Geheimnis sehen, findet seinen Ausdruck in einem Industrieanteil von rund einem Viertel und in einer mittelständischen Unternehmensstruktur mit einer nicht selten über 100, 150 oder gar 200 Jahre gehenden Firmengeschichte. In der Wissenschaft werden Netzwerke und Cluster als wichtige Voraussetzung divergenter Entwicklungen bewertet. Cluster zeichnen sich durch eine kritische Anzahl von Unternehmen in räumlicher Nähe aus, die entweder entlang einer oder mehrerer Wertschöpfungsketten kooperieren oder mit vergleichbarem Profil zu einer relevanten Orientierungsgröße für den Ausbau, die Qualität und die Differenzierung der Infrastruktur sowie der Bildungseinrichtungen werden. In Clustern lassen sich Überschwappeffekte technologischer Neuerungen (Spill-over) leichter ermöglichen, zugleich können Verbundvorteile und Lernkurveneffekte durch Wissens-, Vorleistungs- und Produktionsnetzwerke befördert werden. All dies beobachten wir in Deutschland, und zwar aufgrund langer geistesgeschichtlicher und realer Pfade; wir beobachten es nicht oder kaum in Frankreich und Großbritannien. Die wirtschaftliche Struktur Deutschlands markierte nach 1900 eine Sonderstellung in Europa, und sie begründet heute wieder einen solchen Befund. Brisant wird diese Entwicklung aktuell dadurch, dass die Unterschiede in Europa immer profilierter werden. Faktisch beobachten wir seit dem Jahr 2008 – bezogen auf das Bruttoinlandsprodukt pro Kopf – keinen Konvergenzfortschritt mehr.[369]

So lässt sich die These formulieren: *Die Verspätung der deutschen Nation erweist sich mit Verzögerung als ökonomischer Vorteil, der eine Sonderrolle der jungen deutschen Nation im heutigen Europa begründet.* Diese Sonderrolle lebt von den langen Pfaden wirtschaftsstruktureller Grundlagen, deren Kraft sich in Deutschland nachhaltiger entwickeln konnte, weil sie politisch bislang nicht grundsätzlich in Frage gestellt wurde. Sichtbar wurde der deutsche industrielle und volkswirtschaftliche Vorteil erst, als sich die Wege des Strukturwandels ab Mitte der 1990er Jahre in den etablierten Volkswirtschaften auseinanderentwickelten. Wenn heute davon gesprochen wird, dass Deutschland die »unentbehrliche Nation« – so der polnische Außenminister Radosław Sikorski 2011 – in und für Europa sei, so klingt dies dort ebenso an wie in der Tatsache, dass Deutschland im Zuge der Schuldenkrise ökonomisch und politisch eine Sonderrolle einnimmt und allein in der Führung gesehen wird, was den früheren Kanzlern der Bundesrepublik ein Gräuel war.[370]

In einem Interview erläuterte Sikorski die Rollenerwartung so: »Die Bundesrepublik ist der größte Anteilseigner der EU und kassiert in guten Zeiten die größte Dividende. Wenn das Unternehmen Probleme hat, trägt sie die Verantwortung, den Laden wieder auf die Spur zu setzen. Außerdem habt ihr Deutschen die größte Fähigkeit dazu. Nichts kann ohne euch entschieden werden – das meinte ich mit ›unentbehrlich‹. Andererseits ist die Bundesrepublik zu klein, um zu dominieren. Auch Berlin braucht Partner, und zwar mehr als nur einen. Diese, darunter Polen, verlangen auch viel von den Deutschen.«[371] Die *unentbehrliche Nation* des polnischen Außenministers ist also in gewisser Weise die am Beginn des 21. Jahrhunderts zur *jungen Nation* mutierte *verspätete Nation* Helmuth Plessners. Damit ergibt sich wiederum ein deutlicher Kontrast zwischen Deutschland und den benachbarten westeuropäischen Staaten. Gilt immer noch die Feststellung von Plessner:

»Deutschland bleibt im Horizont eines nationalstaatlich gegliederten Europas eine Frage«?[372] Ökonomisch jedenfalls erklärt die späte Nationsbildung die besondere Stärke und Wettbewerbsfähigkeit zu Beginn des 21. Jahrhunderts. Die junge deutsche Nation von 1990 trifft somit auf eine ökonomisch höchst erfolgreiche Struktur. Was bedeutet dies für Europa und für die Rolle der Nationalstaaten? Doch zuvor: Welche Logik unterliegt der europäischen Integration aus historischer Perspektive?

V. EUROPÄISCHE INTEGRATION UND DIE EINHEGUNG DES NATIONALSTAATS

»Welche Verkettung von Umständen hat dazu geführt, daß gerade auf dem Boden des Okzidents, und nur hier, Kulturerscheinungen auftraten, welche doch – wie wenigstens wir uns gern vorstellen – in einer Entwicklungsrichtung von universeller Bedeutung und Gültigkeit lagen? Nur im Okzident gibt es ›Wissenschaft‹ in dem Entwicklungsstadium, welches wir heute als ›gültig‹ anerkennen. … Aehnlich in der Kunst. … Und so steht es nun auch mit der schicksalsvollsten Macht unsres modernen Lebens: dem Kapitalismus. … Nun hat aber der Okzident ein Maß von Bedeutung und, was dafür den Grund abgibt: Arten, Formen und Richtungen von Kapitalismus hervorgebracht, die anderwärts niemals bestanden haben.«

Max Weber[373]

Der Blick wird auf Europa geweitet, um dem mehr oder weniger expliziten Plädoyer für den Nationalstaat als Prinzip der politischen Machtorganisation einer Gesellschaft und als basales Ordnungsmuster die gebotene Einbettung zu geben. Damit soll das spannungsreiche Miteinander von Nationalstaat und Europa gewürdigt werden, denn »moderne Nationalgeschichten (sind) nur noch in Rückbezug auf die Geschichte der Nachbarländer und des Kontinents insgesamt möglich«, wenngleich unverändert ebenso gilt, dass man den Wurzeln von Nation und Nationalstaat nachspüren muss, wenn es um Fragen der Lebenswirklichkeit und der politischen Verantwortung geht.[374] Europa wird als eine Haltung und als eine Perspektive verstanden, ein Land immer in Beziehung zu anderen zu sehen. Darin liegt das Besondere dieses Kontinents, dessen geografische Gestalt und dichte Besiedlung politisch konstitutiv ist und die gegenseitige Bezugnahme als Abhängigkeit begründet.

Die Selbstverständlichkeit, mit der heute die gerade einmal gut 60-jährige Geschichte der europäischen Integration in der korrekten politischen Debatte daherkommt, kontrastiert mit dem langen Weg dahin und der historischen Fragwürdigkeit des Ergebnisses. Denn »Europa betritt die Geschichte durch die Tür der Mythologie«.[375] Das bedeutet nichts anderes, als dass es keine Zwangsläufigkeit – wie der Rückblick nahelegt – gab, wohl aber zu einem bestimmten Zeitpunkt eine überzeugende Logik für etwas, das ohne Vorbild und ohne konkreten historisch-politischen Bezugspunkt ist. Zugleich wirft dieses Europa sehr grundsätzliche Fragen nach den Ursachen eines im globalen Kontext offensichtlichen Sonderwegs auf.

1. Der Aufbruch Alteuropas seit dem 13. Jahrhundert

Die exemplarisch im Abschnitt über Nationalbewusstsein und Nationalismus berichtete europäische Geschichte des Naumburger Meisters und seiner Stifterfiguren markiert zugleich Besonderheiten der europäischen Geschichte (Kapitel III.4). Die Rückschau vermittelt, dass im Nachlauf zur Antike und lange vor der Epoche der Konfessionskonflikte und Nationsbildung der Kontinent durch ein Netz gemeinsamer kultureller Errungenschaften sowie gegenseitiger Zitation verknüpft war. Jenseits aller Differenzierungen erscheint uns fast wie selbstverständlich im 13. Jahrhundert ein europäischer Kulturraum. Darin reflektiert sich die Phase vom 11. Jahrhundert bis zur Wende des 14. Jahrhunderts, in der »sich auf allen Gebieten die Substanz und das Potenzial dessen (verdichtete), was man europäische Kultur nennt. An neugegründeten Schulen und Universitäten wurden römisches Recht, Medizin, Philosophie und Theologie gelehrt. Die Romanik blühte auf, und die Gotik erstand. … Überall herrschte seit dem 11. Jahrhundert in Wirtschaft, Gesellschaft, Herrschaft, Staat, Politik und Kultur Bewegung und Fortschritt in bislang unbekanntem Ausmaß.«[376]

Das 13. Jahrhundert steht für den *Aufbruch Alteuropas*, es schuf die bis in das 18. Jahrhundert – also bis zum Aufbruch der Moderne – trotz aller Differenzierung und Veränderung die Gesellschaft prägenden Strukturen und den unverwechselbaren Charakter europäischer Kultur.[377] Dieser »europäische Sonderweg« hatte viele erklärende Faktoren, deren Verkettung und gegenseitige Beeinflussung zu jenem von Max Weber[378] beschriebenen Befund führten: Die Verlagerung des politischen Zentrums vom Mittelmeer in den fränkischen Zentralraum zwischen Rhein und Seine war mit der Nutzung neuer, klimaadäquater Kulturpflanzen

(Roggen und Hafer), neuen Systemen der Bodennutzung (Dreifelderwirtschaft), der intensiveren Verknüpfung von Ackerbau und Großviehzucht, agrartechnischen Innovationen wie dem schweren Pflug und neuen Formen der Energiegewinnung (Wassermühle) verbunden; dies wiederum beeinflusste die Agrarverfassung (Grundherrschaft), den Fernhandel und das Siedlungswesen.[379] Energiegewinnung und Montanwesen waren auf das Engste miteinander verbunden, so dass bereits im Spätmittelalter industrielle Großbetriebe in verschiedensten Regionen Europas entstanden, die durch »Elemente frühkapitalistischer Organisationsformen«[380] geprägt waren.

Manche dieser Pfade weisen bis in die Moderne. Jedenfalls wird erkennbar, dass es eine besondere *Verkettung von realen Umständen* in einem engen räumlichen Bezug war, die Europa auf den Sonderweg führten. Vorhandene Techniken werden verbessert und optimiert, neben Holz als dem hauptsächlichen Werkstoff treten zunehmend Stein und Eisen. Die Verbreitung der Wassermühlen prägt die Energiegewinnung und ermöglicht deren industrielle Verwendung. Der Handel profitiert von den verbesserten Wagen, dem Ausbau der Straßen sowie dem Bau größerer Schiffe. Dabei konnte Europa von der Sicherung antiken Wissens in Konstantinopel und durch den Islam, seiner Übersetzungsleistung griechischer Werke ins Arabische (im 9. Jahrhundert, eingebettet in die islamische Renaissance) und dem späteren Rücktransfer der Wissensbestände über das Lateinische profitieren.[381] Dadurch befand sich die europäische Wissenschaft seit Anfang des 13. Jahrhunderts verstärkt im Aufschwung, genannt seien Robert Grosseteste (um 1168–1253), Albertus Magnus (um 1200–1280), Roger Bacon (um 1219– 1292) und Thomas von Aquin (um 1225–1274). Nach der Gründung der ersten Universität in Bologna 1088 gefolgt von Paris (um 1150) und Oxford (1167) stieg deren Anzahl zügig bis zum Jahr 1500 auf 80 an.

Ohne die wachsende *Bedeutung der Schriftlichkeit* wären Humanismus und Reformation, die große Blütezeit europäischen Bildungswesens, nicht möglich gewesen. Voraussetzung dafür war, dass die mit dem Buchdruck gegebene Möglichkeit der Massenkommunikation und der breiten Vermittlung von Wissen auch genutzt wurde. Hierfür war es förderlich, dass das Christentum – anders als der Islam infolge der Sakralisierung der Schrift (Entfaltung der Kalligrafie) und die orthodoxe Kirche (Ostrom) durch die Sakralität der Ikone – weder dem Druck von Texten noch dem Druck von Bildern im Wege stand, sondern diese Innovation weidlich nutzte, was sich in einer starken Zunahme des innerkirchlichen Schriftverkehrs und damit einer Stärkung der Organisationsdichte der Papstkirche auswirkte.[382] Mit dem hochmittelalterlichen Verbot, die Bibel in die verschiedenen Volkssprachen zu übersetzen, wurde zugleich das Latein gestärkt. Seit dem 13. Jahrhundert existierte ein europäischer Markt für Bücher in lateinischer Sprache, der den Rücktransfer antiken Wissens aus dem islamischen Kulturkreis beförderte,[383] der Universitäten und Gelehrte verband[384] und der das klassische Latein trotz des Absterbens zur toten Sprache bewahrte.[385]

Darüber hinaus hatten sich infolge der Völkerwanderung die Sprachgrenzen relativiert, so dass es nun auch außerhalb der Kirchen und Klöster die Chance einer kommunikativen Verdichtung in regionalen Dialekten gab. Die Verbreitung des individuellen, leisen Lesens ist an die Erfindung der Brille gebunden, die es ab dem späten 13. Jahrhundert gab und die große Entdeckung des Buchdrucks in besonderer Weise wirksam werden ließ. Ebenso beförderte dies die Ausbreitung weltlicher (städtischer) Schulen, die weitere Entwicklung der Universitäten – im deutschen Sprachraum erstmals 1348 in Prag – und damit einen besseren Bildungsstand. Der Umfang der Bildung und die Anzahl der Gebildeten nahmen zu, ebenso die erkenntnisgeleitete Kommunikation zwischen den Menschen. Die Expansion des Wissens fand angemessene Institutionen. Je mehr dies infolge des Buchdrucks und des Pressewesens sich dynamisch vollzog, desto wirksamer entstand eine relevante, in ihrer räumlichen Ausdehnung durchaus europäisch zu nennende Öffentlichkeit.

Doch mit diesen Hinweisen ist nur ein Möglichkeitsraum historischer Entwicklung in und für Europa skizziert, dessen Nutzung weiter gehende Voraussetzungen hatte. Dazu bedurfte es einer von den Eliten akzeptierten Vorstellung darüber, was diesen Kontinent in historischer Perspektive auszeichnet und seit wann überhaupt von einer europäischen Geschichte oder zumindest europäischen Geschichten gesprochen werden kann, und sei es in Form von Mythen als Erinnerungsorten. Der Sage nach war Europa eine Königstochter, die der verliebte Zeus in Gestalt eines Stiers nach Kreta entführte. Dazu fügt sich widerspruchslos der Hinweis, dass der *Beginn der europäischen Geschichte* nicht eindeutig ist. Manfred Fuhrmann[386] beispielsweise spricht einerseits von 3000 Jahren, wenn man »die Zeit der Entstehung seiner Fundamente, das heißt der Errungenschaften, die es Jerusalem, Athen und Rom verdankt, in die Rechnung einbezieht«, andererseits von 1500 Jahren, wenn man den »Begriff enger fasst und die Antike als Einheit eigenen Wesens von allem absondert, was seit der Völkerwanderung im geographischen Raum Europa geschehen ist«. Mit diesen historischen Wanderungsprozessen verlagerte sich das politische und kulturelle Leben mit seinem Schwerpunkt aus dem Mittelmeerraum in die Gebiete zwischen Seine und Rhein sowie östlich des Rheins, der Kulturraum Europa begann sich mit dem Frühmittelalter auszubreiten. Kulturelle Vielfalt und politische Differenziertheit waren sowohl durch das Römische Reich als auch das Christentum Europa ideell in die Wiege gelegt.[387]

Es bleibt aber fragwürdig, Europa – mithin der europäischen Geschichte – ein Startdatum zuzuweisen. Wenn auch die Völkerwanderung einen politisch-kulturellen Verlagerungsprozess aus dem Mittelmeerraum nach Norden auslöste, so folgten die daran beteiligten Völker keineswegs einer europäischen Option. Vielmehr trafen zwei Entwicklungen aufeinander: die Auflösung des machtpolitisch überdehnten römischen Imperiums und die Artikulation machtpolitischer Ansprüche durch die bislang römisch beherrschten oder in Schach gehaltenen Völker. Insofern »fragt es sich, ob und inwiefern die Vorgänge des dritten bis achten Jahrhunderts Europa wirklich als besondere Einheit hervorgebracht haben«.[388] Das Mittelalter wird dann nicht so selbstverständlich als historische Epoche begriffen, in der die europäische Identität sich entwickelte. Entsprechende Ansätze der Geschichtswissenschaft halten die Rückprojektion von Einheiten für zweifelhaft, eine Geschichte Europas muss dann als unwissenschaftlich erscheinen.

Das ist sicherlich wenig hilfreich, allerdings sollte die Formulierung *europäische Geschichte* nicht verkennen, was mit der Heuristik an Ordnungsgedanken in die Betrachtung eingefügt wurde. »Freilich geht es in der Historie immer um eine gedachte Einheit, um einen hypothetischen Entwurf, und nicht um eine Einheit als objektive, als ›ontische‹ Größe.«[389] Daraus folgt für Europa, dass die Vielfalt, die zwar späterhin zu dessen Merkmal wurde, kein Ergebnis einer gesteuerten Entwicklung ist, sondern Reflex des Befundes, dass sich in diesem geografischen Raum zwangsläufiger Selbstbezüglichkeit auch in frühen Phasen der Geschichte Gemeinsames und Verbindendes ergab, das der kategorischen Ablehnung einer Einheit entgegensteht. Zugleich erweist die historische Analyse, dass viele der heute prägenden Merkmale dieses Kontinents (früh)mittelalterliche Grundlagen haben,[390] ohne deren Kenntnis das Heutige nicht zu verstehen und die von Max Weber gestellte Frage nicht zu beantworten ist.

In dem diskussionswürdigen Anfang Europas ist eine Unbestimmtheit begründet, die sich für das reale Europa stets in der

Frage manifestierte: Welche Grenzen hat Europa im Osten?[391] Denn die naturräumliche Gliederung dieses eurasischen Kontinents ist keineswegs eindeutig, bedarf jedenfalls der bewussten Festlegung. Eine Fragestellung, die uns bis heute begleitet und sich derzeit mit dem Streit um die Finalität der europäischen Integration wie Mehltau über alles Gemeinsame legt. So unbestimmt Europa räumlich war und ist, so unbestimmt waren auch die Deutungen des Konzepts Europa. Vorstellungen und Ideen mit letztlich großer Wirkungsmacht resultieren nie aus einzelnen Anlässen oder spezifischen Erfahrungen, sondern aus einer langen Reihe historischer Anpassungen und Verkettungen, in denen Menschen ihre Handlungsräume finden und zu beeinflussen suchen. Immer wieder haben historische Ereignisse aber neue Orientierungen für die nachfolgenden Jahrhunderte geliefert, die jeweils auf lange Sicht strukturelle Gestaltungskraft hatten.

Trotz der Brüche und dramatischen Veränderungen am Ausgang der Antike und dem Beginn des Mittelalters bildet der Bezug zur antiken Kultur – ob als Vorbild oder als Gegenbild – eine wichtige Konstante im Selbstverständnis der europäischen Völker. In den fünf Jahrhunderten zwischen Konstantin und Karl dem Großen findet sich eine Vielzahl von Umbrüchen, die aus dem Römischen Reich »eine neue Welt (entstehen ließ), die wir als Europa bezeichnen«.[392] Ohne das liberale Imperium Romanum hätte es kein Christentum geben können, da dieses nur im Umfeld freiheitlicher Rechtsgrundsätze gedeihen konnte. Dabei darf nicht übersehen werden, dass die Aufnahmefähigkeit Roms – aber auch der griechischen Antike – für den christlichen Glauben durch die Tatsache begünstigt war, dass die vorchristliche Antike polytheistisch war und Religion sich auf den Vollzug von Riten konzentrierte (»religio id est pius cultus deorum«[393]). Insofern konnte das politische Steuerungspotenzial, das sich für die römischen Kaiser in der christlichen Kirche anbot, seine Wirkung entfalten. »Europa, so aufgefasst, hat sich von Anfang an auf eine Kultur eingelassen, die nicht homogen, nicht in sich stimmig und aus einem Guss war.«[394] So wird bei aller retrospektiven Ordnung und Zuordnung aus der Sicht eines Europa doch erkennbar, wie dessen spätere Merkmale ihren Ursprung in der Übergangsphase von der Spätantike in das Frühmittelalter fanden.

Die *Pax Romana liefert das Vorbild für die Pax Christi*, zu der antiken Freude am Denken und Analysieren gesellte sich die christliche Erlösungsvorstellung mit ihrer Entlastungswirkung für den Einzelnen als reuigen Sünder. Das wurde aus der Spätantike mit der karolingischen Bildungsreform übernommen, indem ein christlicher Lehrkanon aus Bibel, Bibelkommentaren und liturgischen Schriften sowie ein weltlicher Lehrkanon klassisch römischer Autoren und Lehrbücher der »freien Künste« einigermaßen geordnet nebeneinander wirkten. Zudem sicherten die Kirchen vielerorts in der ausgehenden Antike die Aufgaben der schwindenden staatlichen Macht und ermöglichten Kontinuität und Übergang. So konnte das spätantike Papsttum (vor allem Leo I. [um 400–460] und Gregor I. [um 540–604]) für eine Ordnung sorgen, deren disziplinierende Kraft sich aus den Gemeinden und ihrer Spitze (im römischen Ämterverständnis) ergab.[395] Schließlich war es die Verbindung der Rom-Idee mit dem Frankenreich, wie sie unter Pippin (714–768) und seinem Sohn Karl der Große (747/748–814) wirksam wurde, die den Transfer des antiken Rom in das europäische Mittelalter organisierte. »Die Idee von Rom führte in ihrer transzendenten Qualität zu einem Konzept von Europa.«[396] Auch wenn diese Bewertung zu gradlinig erscheint, so macht sie doch deutlich, welch langer Pfad hier beharrlich wirksam war.

So erfuhr Europa wichtige Impulse durch das Christentum und die durch seine beiden Ausprägungen geschaffene kulturelle Grenze. Das morgenländische Schisma von 1054 trennte endgültig das westliche Christentum – die römisch-katholische Kirche – von der orthodoxen slawischen Welt und begründete damit eine kulturelle Grenze von Skandinavien bis Kroatien sowie von Russland bis Griechenland, die in der langen Frist bis heute wirkt und einerseits Fragen nach der möglichen und sinnvollen Osterweiterung der Europäischen Union aufwirft sowie andererseits sich in deutlichen Unterschieden der Nationsbildung und Staatswerdung niederschlägt. Zudem ist die Koexistenz von Juden und Christen in Europa ein Ausdruck dieser vielfältigen Ambivalenz zwischen Abgrenzung und Offenheit. Vor diesem Hintergrund liegt es nahe, die Antike eher als Frühgeschichte denn als Vorgeschichte Europas zu sehen. Die Kirche hat dazu beigetragen, dass vieles aus der Antike erhalten geblieben ist (Recht, Verwaltungspraxis, Philosophie etc.). Dieser »Syntheseprozess«[397] findet seinen Ausdruck im Politischen (Karl der Große folgt mit der Schutzherrschaft über die lateinische Kirche bewusst der Tradition der römischen Kaiser), in der Wissens- und Werteordnung (Rezeption der griechischen und arabischen Denker) sowie in der Sprache (Begriffe der christlichen Religion sind griechisch-hellenistisch).

Über die Jahrhunderte seit dem Aufbruch Alteuropas »wurde die kulturelle Einheit Europas immer umfassender«.[398] Romanik und Gotik, Renaissance und Humanismus, Barock und Aufklärung sind europäische Phänomene, ebenso die Bildung moderner Staaten und die Säkularisierung der Politik. Zugleich gelang es Europa immer wieder, *der Vernunft von Neuem Ausdruck zu verschaffen* – in der antiken Philosophie, in der mittelalterlichen Scholastik, im Humanismus der Renaissance, in der Aufklärung und in den modernen Wissenschaften. Trotz der kulturellen Einheit gab es bereits aus antiker Tradition zugleich eine unendliche Vielfalt in Europa, die immer wieder zerlegte, was an politischen Strukturen überkommen war, und es in neue Formen überführte. Jacob Burckhardt preist »Europa als neuen und alten Herd vielartigen Lebens, als Stätte der Entstehung der reichsten Gestaltungen, als

Heimat aller Gegensätze, die in der einzigen Einheit aufgehen, daß eben hier alles Geistige zum Wort und zum Ausdruck kommt«.[399] Zur *longue durée* Europas gehört beides, Einheit und Vielfalt, oder in der Sprache der Europäischen Union: »Einheit in der Vielfalt«. Die kulturelle und politische Vielfalt war zugleich »Garant dafür, dass (sich) im lateinischen Europa die geistige und politische Freiheit durchsetzte«[400] und damit immer wieder Konkurrenz, Feindschaft und Krieg.

Diese Skizze lässt erkennen, wie sehr die Vielfalt des Politischen und Ökonomischen durch kulturelle Gemeinsamkeiten verbunden wurde, die aus Bewegungen des Fortschritts, ebenso aus externen Einflüssen und Bedrohungen immer wieder in Schüben vorangetrieben wurden. Europa zeigt sich seit dem Frühmittelalter als Kulturraum auf christlich-abendländischem Fundament, der durch drei große Bildungsreformen geprägt worden war[401]: *Erstens* ist die erwähnte karolingische Reform mit den Kloster- und Domschulen als Antwort auf den drohenden Auflösungsprozess im öffentlichen Raum und den Verlust regelhaften (lateinischen) Sprachgebrauchs zu nennen; Karl der Große »sorgte dafür, dass wieder echtes Latein im Anschluss an die spätlateinischen grammatici Latini gelernt wurde«.[402] *Zweitens* sind Humanismus und Reformation als die Reaktivierung antiker Literaturgattung und der Neubau der Bildungseinrichtungen durch die Gründung von Universitäten, Fürstenschulen und neuartigen Klosterschulen zu erwähnen. *Drittens* ist auf den Neuhumanismus zu verweisen, der einer aufgeklärten Pädagogik in Westeuropa (Locke und Rousseau) entsprang und vor allem im deutschsprachigen Raum seine Umsetzung fand, sowie damit verknüpft die Begründung des modernen Gymnasiums.

Europa als Kulturraum geht aber darüber weit hinaus. Doch erst der gemeinsame Bildungskanon und die gemeinsame Bildungstradition eröffneten einen Resonanzboden für andere Lebensbereiche, der es ermöglichte, dass technische Neuerungen, Erfindungen, neue Formen der Darstellung und Präsentation schnell europäische Phänomene wurden. Der Naumburger Meister – als Akteur in einem bedeutsamen Modernisierungsschub Alteuropas – vermittelt dies in besonders eindrucksvoller Weise. Die gemeinsame kulturelle Prägung in einem großen, naturräumlich sehr vielfältigen Gebiet setzt voraus, dass Neues zumindest offen begrüßt wird. Die erlebte Vielfalt – gerade in den politischen Gebilden mit ihrer Nord-Süd-Ausdehnung und da insbesondere im Heiligen Römischen Reich Deutscher Nation – dürfte dafür begünstigend gewesen sein, so dass die Vielfalt Offenheit ermöglichte und dadurch jene Einheit des Kulturraums nicht nur ertrug, sondern beförderte.

Das alles kann nicht überdecken, dass Europa immer von einer *Ambivalenz* gekennzeichnet war, die sich in widersprüchlichen und gegensätzlichen Bewegungsrichtungen äußerte: einerseits in Expansion sowie gemeinsamer Nutzung von Kraftzentren und Potenzialen wie mit den Handelsbemühungen, den Kreuzzügen oder der Ostwanderung verbunden – zwischen 950 und 1350 konnte die lateinische Christenheit ihr Gebiet in etwa verdoppeln –, andererseits in Rückbindung, Abgrenzung, Spaltung und Unterdrückung, in Konflikten im Miteinander. Europa auf kulturelle Errungenschaften zu beschränken hieße, es reinzuwaschen von den großen Rückschlägen durch Gewalt und Brutalität und dem immer wieder zu gewärtigenden Verlust der Freiheit. Die Unterdrückung infolge von Expansionsbestrebungen, die Kreuzzüge als militärische Maßnahmen, die Verfolgung von Minderheiten – auch dies ist mit dem Werden Europas verbunden.[403] Doch nur Überwindung und Korrektur dieser Entwicklungen leisten einen Beitrag zur europäischen Integration. Europas heutige Rolle in der Welt gewinnt gerade aus dieser zivilisatorischen Leistung ihre eigenständige Kraft und Bedeutung.

Besonders in und seit der Neuzeit haben sich Kategorien des Politischen in Europa herausgebildet, die zunächst viel stärker Abgrenzung und Konflikt beförderten. Zu nennen sind die Entstehung moderner Nationalstaaten, Krisen der informellen Ordnung beispielsweise infolge der Religionskriege, die Öffnung zur demokratischen Entscheidungsfindung, die Säkularisierung der Politik und die Neufassung zwischenstaatlicher Konflikte mit der Konsequenz einer Zerstückelung politischer Einheiten. »Europa zeigt uns ein von Narben gezeichnetes Gesicht.«[404] Trotz all der schweren militärischen Konflikte hat sich Europa, das ja weder zeitlich noch räumlich eindeutig zu fassen ist, als Idee bewahrt und Strahlkraft bewiesen. Wiederum hat sich der europäische Kulturraum als offen für einen neuen Schub der Prägung erwiesen. »Zum Glück besitzt es (Europa) die Kraft seiner Kultur und seines gemeinsamen Erbes.«[405]

Die *Entstehung frühmoderner Staaten* markiert eine Zeitenwende für den Kontinent, sie reflektiert die Tatsache, dass Europa spätestens Mitte des 15. Jahrhunderts nicht mehr durch einen Herrscher oder in einer Gesamtmonarchie zu ordnen war (Rücktritt Karls V.). Die Christenheit differenzierte sich in Konfessionen, Königreiche und Nationen. Diese Partikularität verband sich mit der Autonomie und der Souveränität – oder zumindest mit dem Anspruch darauf durch die einzelnen Staaten. Der Personenverband des Mittelalters als dominierende Gestaltungskraft verschwand. Kriege – auch Konfessionskriege – hatten faktisch die Staatenbildung befördert. Nach dem Höhepunkt dieser Kriege im 17. Jahrhundert entwickelte sich ein europäischer Zivilisationstypus, der zwei Maximen folgte: *Friede durch Recht* und *Friede durch Säkularisation des Politischen* (Westfälischer Friede 1648, Pyrenäenfrieden 1654, Olivaer Friede 1660). Diese Friedensschlüsse und die damit verbundenen Ordnungen führten dazu, dass sich den in Europa lebenden Menschen das Bewusstsein vermittelte, einer gemeinsamen Rechtsordnung anzugehören. Zwar war dies nicht der Abschied vom Krieg als Option der Politik, doch wurde dieses

Instrument gezähmt und eingehegt durch eine politische Welt der Diplomatie und der Kongresse (Westfälischer Friede als Vorbild) im Zeichen eines kontinentalen Machtgleichgewichts.

Dies bewährte sich mehr oder weniger bis zum Ende des langen 19. Jahrhunderts, das gleichwohl mit der Bildung von Nationalstaaten, mit fortschreitender Industrialisierung, mit aufkeimendem Imperialismus sowie mit der ersten Globalisierung den Grund dafür legte, dass andere Wege gesucht werden mussten. Denn die zwei Fundamentalkonfrontationen im 20. Jahrhundert machten ohne Zweifel deutlich, dass die klassischen europäischen Instrumente der Friedensordnung nicht mehr griffen. Nun mussten andere und neue Wege beschritten werden, indem überstaatliche und übernationale Regelungen und Ordnungssysteme entwickelt wurden. Die europäische Integration begann, sie war die logische Antwort auf einen historischen Prozess, der mit seinen Formen der Konfliktsteuerung und Konfliktbewältigung an sein Wirkungsende geraten war. Doch konnte dies nur gelingen, weil eine kulturelle Bindung wirksam war. Die tiefen Wurzeln in Antike und Christentum, die gemeinsame geschichtliche Erfahrung von Konflikt und Konfliktlösung und die zeitgenössische Bedrohung des Totalitarismus konstituierten einen Erfahrungsraum, der auf Europas Einigung verwies. Das Ergebnis kann sich sehen lassen: »Fast ein ganzes Menschenalter ohne Krieg! Das ist eine Anomalie, auf die dieser Kontinent stolz sein kann. … Kurzum, der Prozess der europäischen Einigung hat unseren Alltag zum Bessern verändert.«[406]

2. Vom Europa des Christentums zum Europa der Aufklärung

Über all die Schübe der Veränderung und stärkeren Ausformung des europäischen Kulturraums darf eines nicht unterschätzt werden: die angesprochene Bedeutung des Christentums. Diese ergab sich auf Grundlage der die Menschen bindenden Inhalte und Glaubenssätze, ohne dass die Vielfalt der Sprachen und Völker in Europa dem entgegenstand. Denn – so ein rheinischer Benediktiner im Jahr 906: Die Kirche sei zwar überall verbreitet und in der *Einheit des Glaubens* überall dieselbe, in ihren Gebräuchen sei sie aber nicht einheitlich, »ebenso wie die verschiedenen Völker sich voneinander unterscheiden nach ihrer Art, ihren Sitten, ihrer Sprache und ihren Gesetzen«.[407] Damit war einerseits ein Potenzial gegeben, das der europäischen Vielfalt und den damit angelegten gegensätzlichen Kräften einhegend entgegenstand. Der Durchbruch des Monotheismus und damit die Abwendung vom Polytheismus der Antike war andererseits »der entscheidende Vorgang der europäischen Geschichte, er bedeutete geradezu die Geburt Europas im Mittelalter. … Die Universalität des Schöpfergottes [bedeutete], dass niemand mehr gleichgültig bleiben konnte, was der Nachbar über Gott dachte. … Jetzt wurden auch Theologie und Dogma unvermeidlich, die sich auf eine religiöse Überlieferung des Buches stützten und selbst schriftlich kodifiziert wurden.«[408] Auch wenn das Christentum dabei in Europa nie allein als monotheistische Religion wirkte, sondern seit den Anfängen vom Judentum und seit dem 7. Jahrhundert vom Islam begleitet wurde, so führte die Missionierung durch die Christen zu einer entsprechenden Dominanz. Der Konflikt der drei monotheistischen Religionen verlangte immer wieder die Duldung von Vielfalt.

Die Bedeutung des Christentums für die Nutzung des Buchdrucks und die Verbreitung von Druckerzeugnissen ist herausragend und markiert einen wichtigen Unterschied zum Islam und zu Ostrom; die Westkirche konnte über Predigttexte und Schriften den inneren Zusammenhalt stärken und ihre Aktivitäten koordinieren.[409] Die Westkirche war eine hoch organisierte Gemeinschaft, die zugleich den öffentlichen Raum prägte, wie keine andere Institution es konnte. »Europa als ein im Mittelalter geprägter Sozial- und Kulturraum ist nie unter gemeinsamer Herrschaft zusammengeschlossen gewesen. Seine relativ ausgeprägte gesellschaftliche und kulturelle Einheitlichkeit bedarf daher einer über herrschaftliche Faktoren hinausgehenden Erklärung. Die kirchliche Gemeinsamkeit bietet sich dafür an.«[410] Die Trennung zwischen weltlicher (römisch-kaiserlicher) Herrschaft und geistlicher Macht (Papst) eröffnete nach dem Untergang Westroms den Transfer der römischen (lateinischen) Kirche auf die nachfolgenden politischen Strukturen (Allianz der Päpste mit den karolingischen Königen). Papstkirche und Ordensgemeinschaften des Hochmittelalters ermöglichten ab dem 13. Jahrhundert eine Zentralisierung und eine großräumliche Struktur. »Trotz herrschaftlicher Zersplitterung und trotz konfessioneller Spaltung hat sich dieser Großraum viel an Gemeinsamkeiten bewahrt. Es ist das Europa von Renaissance und Humanismus, von Reformation und Gegenreformation, von Absolutismus und Aufklärung, von Ständewesen und kontrollierter Fürstenmacht, von Sozialdisziplinierung und Individualisierung, von Universitäten und säkularisierter Wissenschaft, von lateinischer Sprache und lateinischer Schrift.«[411]

Darauf reflektierend konnte in der Mitte des 20. Jahrhunderts Benedetto Croce formulieren: »Wir sind Christen und können nichts anderes sein, auch wenn wir nicht praktizierende Gläubige sind; unser aller Denken und Fühlen ist vom Christentum bestimmt; selbst der Atheist kann diesem gemeinsamen Schicksal nicht entfliehen.«[412] Mit diesen Worten Croces – ein Liberaler, geprägt durch die Philosophie des deutschen Idealismus und früher

Verfechter der europäischen Idee – sind gewaltige Probleme und Brüche verbunden, denn sie erwecken den Eindruck der Ausschließlichkeit und der Abgrenzung. Ähnlich gilt dies für die ins Positive gewendete Einschätzung, die der Schriftsteller Werner Bergengruen in seiner Rede zur Siebenhundertjahrfeier des Kölner Doms vortrug. Er sah in der »Verbundenheit zwischen dem Christentum und der Antike«[413] jenes Erbe begründet, dessen Strahlkraft so weit reicht, dass die immer wieder aufgerissene Kluft zwischen den Völkern zu schließen und sogar zu überwinden ist.

In ihrer Direktheit müssen diese Formulierungen für viele Bürger des heutigen Europas eine Provokation darstellen. Auf ihren Kern reduziert, sind sie gleichwohl auch in unserer Zeit begründet und geboten: Denn Europa kann sich vom Christentum als historischer Kraft im positiven wie im negativen Sinne ebenso wenig lossagen wie vom Erbe der Antike. Beides ist eben nur gemeinsam zu denken, wenn man das kulturelle Fundament Europas, aber auch seine politische Geschichte angemessen würdigen will. Die lateinische Kirche hatte erheblichen Anteil daran, dass die antik--römische Rechtstradition und ihre Schriften gesichert werden konnten. Doch erst die Hinwendung der römischen Kaiser zum Christentum ermöglichte diese Symbiose.[414] Bis zum 16. Jahrhundert vollzog sich die Geschichte des Christentums als Geschichte der lateinischen Kirche und des Papsttums mehr oder weniger in jenen Strukturen, wie sie sich nach dem Transfer der Kaiseridee des antiken Rom in das Frankenreich unter Pippin und Karl dem Großen gebildet hatten.

Der große Bruch war mit *Reformation und Konfessionsbildung* verbunden. Im Zuge dieser Entwicklung bis zum Dreißigjährigen Krieg verschränkten sich die verschiedenen politischen Gebilde und die Kirche als Institution auf vielfältige Weise: Zunächst wurden durch Luther und seine Thesen sowie die Antwort von Kaiser und Reichstag wichtige Impulse mit europäischer Reichweite aus

Deutschland gegeben. Mit dem Rücktritt Kaiser Karls V. änderte sich dies, vor allem nach dem Augsburger Religionsfrieden, der 1555 den lutherischen Reichsständen dauerhaft ihre Besitzstände und eine freie Religionsausübung zugestand. Damit wurden die grundlegenden Bedingungen für eine friedliche und dauerhafte Koexistenz von Luthertum und Katholizismus im Heiligen Römischen Reich Deutscher Nation, zugleich für die politische Struktur mit den Fürstentümern als zentraler Machtebene fixiert. Zwischen dem Augsburger Religionsfrieden und dem Westfälischen Frieden dominierten dann aber die Impulse aus dem Süden und dem Westen Europas, wo die Glaubenskämpfe ausgefochten wurden.

In dieser Epoche der Konfessionsbildung gelang es trotz aller Gewalt und Kriege, das Christentum weiterzuentwickeln und zukunftsfähig zu machen, auch wenn Luther mit seinem Vorstoß zunächst für Ratlosigkeit in Rom sowie für Verstörung und Verwirrung im Heiligen Römischen Reich Deutscher Nation sorgte. Der aus dem antiken Rom über die lateinische Kirche in das Mittelalter transferierte Grundsatz, dass der Inhaber politischer Gewalt auch für die Belange der Kirche Sorge trägt, hatte sich in den nachfolgenden Jahrhunderten immer weiter verfestigt. »Das verhältnismäßig fortgeschrittene Staats- oder Landeskirchentum bildete im 16. Jahrhundert eine fundamentale Voraussetzung für die Einführung der Reformation.«[415] Dabei ging es nicht nur um die Frage, wie man mit Luther verfahren sollte, prägend war ebenso die verbreitete Einsicht, dass es einer Reform der Kirche bedurfte, bei der die Regenten eine zentrale steuernde Funktion hatten.

»Als sich die hundertfältig mit dem weltlichen Gemeinwesen verbundene Kirche spaltete, riß sie nicht nur den Staat und die Staatsführung in den Konfessionsstreit hinein, sondern belastete durch den Religionshader auch die innerstaatlichen und zwischenstaatlichen Beziehungen.«[416] Religiös-dogmatische Differenzen führten dazu, dass Staaten sich deshalb verfeindeten und in militärische

Auseinandersetzungen gerieten. Diese Glaubenskämpfe waren gegenüber dem Mittelalter neu, sie brachten den Kontinent in einen schweren Krieg, dessen Beendigung es nicht erlaubte, zur Tagesordnung überzugehen, sondern nach neuen Formen der Konfliktgestaltung, Konfliktbewältigung und Konflikteinhegung zu suchen. Dafür war bedeutsam, dass Kaiser Karl V. (1500–1558, 1530 als letzter Kaiser durch den Papst gekrönt) am 23. August 1556 zugunsten seines Sohnes Philipp II. auf den spanischen Thron und zugunsten seines Bruders Ferdinand I. auf die Kaiserwürde verzichtete. Karl V. hatte versucht, die monarchische Idee zu stärken und den Einfluss der Reichsstände zurückzudrängen, was ihm bedingt durch die immer stärker konfessionelle Ausprägung der Landesherrschaft im Zuge der Reformation nicht mehr gelingen konnte. Mit seinem Thronverzicht aus Resignation verschwand zugleich der Anspruch einer gesamthaften politischen Ordnung des europäischen Kontinents durch eine politische Struktur: das Heilige Römische Reich Deutscher Nation.

Vortrefflich wurde dieses politische Gebilde des 16. Jahrhunderts in seiner christlichen Fundierung als großräumliche Struktur für Europa in der *Cosmographia* durch Sebastian Münster (1488–1552) erfasst. Vor dem Hintergrund der Entdeckungsfahrten der Portugiesen und Spanier sowie Magellans Weltumsegelung hatte sich die Kartografie enorm entwickelt. Die Befassung mit neu entdeckten Gebieten beförderte zugleich die Selbstfindung Europas, so dass bereits im späten 15. Jahrhundert regionale Karten zu Europa angefertigt wurden, dann auch Karten für den ganzen Kontinent.[417] Neben der Karte Europas enthält die *Cosmographia* eine allgemeine Beschreibung des Kontinents: Europa sei »ein treffelich fruchtbar landt ... ist kein mangel darin an wein, korn und fruchtbaren bäumen. dazu ist es ein schönes landt, wol geziert mit stetten, schlössern, dörffern, und hat ein mannhafftig volck, das es übertrifft Asiam und Africam«. In dieser Beschreibung findet sich der große Vorzug der naturräumlichen Struktur und der klimatischen Mittellage des europäischen Kontinents, der sich als Entwicklungsvorteil erweisen sollte.

Ab 1588 enthielt die *Cosmographia* eine allegorische Europa-Darstellung: »Europa in forma virginis«, Europa als gekrönte weibliche Figur. Diese Allegorie folgte natürlich einer politischen Zwecksetzung: Mit Böhmen als dem Herz der Frau Europa und Spanien als ihrem gekrönten Kopf sollte die Größe und der Machtanspruch Habsburgs dokumentiert werden. Zugleich repräsentiert diese kartografische Europaallegorie die Vorstellung einer »christlichen Republik Europa«, wie sie bis in das 18. Jahrhundert vorherrschte.[418] Dahinter verbargen sich die Erfahrung und der Anspruch, Europa in einer politischen Struktur zu erfassen. Das allerdings war nach dem Rücktritt Karls V. und erst recht nach dem Westfälischen Frieden nicht mehr realistisch. Was bleibt, ist die grundsätzliche Bindung Europas an den christlichen Glauben und seine abstrakt strukturierende Kraft für das Politische.

Der Zerfall der Einheit stand in Europa nicht nur am Beginn neuer Formen und Strukturen, sondern markiert auch das eine Ende des für diesen Kontinent so charakteristischen Spannungsbogens, an dessen anderem Ende die Vielfalt steht. Darin verbirgt sich die heute bedeutsame prinzipielle Offenheit Europas für andere kulturelle Erfahrungen und die Fähigkeit der konstruktiven Annahme und Aufnahme entsprechender Impulse. Es lässt aber ebenso keinen Zweifel daran, in welchen Traditionslinien dieses Europa steht. Neben Antike und Christentum tritt nun die Aufklärung. Diese ist vor dem Hintergrund der Konfessionskonflikte und -kriege des 16. und 17. Jahrhunderts zu verstehen.

Die Differenzen im Glauben, die weder im Disput noch im gewalttätigen Konflikt auflösbar waren, verlangten nach einer erlebbaren Form der Koexistenz und einer Haltung der Toleranz. Als nach Mitte des 17. Jahrhunderts die Einsicht in die Tatsache, dass die alte Einheit des Glaubens nicht mehr herzustellen und ein konfessioneller Dissens zu akzeptieren war, wurde diese Haltung der Toleranz auch denkmöglich.[419] Die Philosophie der Aufklärung bot dafür die notwendige Rationalisierung, die durch die »Entzauberung der Welt« (Max Weber) gefordert war und den Menschen zum handelnden sowie verantwortlichen Subjekt machte. Verbunden mit einer Verbreiterung der Lesefähigkeit sowie der gezielten Nutzung der Muttersprache gelang es, die neuen philosophischen Einsichten aus den Elitendiskursen hinaus in eine breitere Öffentlichkeit zu überführen. Die Aufklärung war jedoch nicht nur eine notwendige Antwort auf die Konfessionskonflikte, sondern eröffnete zugleich einen für die traditionellen christlichen Kirchen herausfordernden Diskurs, in dem die Welt mit ihren offensichtlichen Mängeln und der damit entstehenden Distanz zu den Versprechungen des Christentums nicht mehr durch Motive religiöser Sinnbildung – wie die Prädestination oder die Erbsünde – eingeordnet werden konnte. Offenkundig versagte der allmächtige Gott angesichts der Übel in der Welt, was den nunmehr aufgeklärten, mündigen Bürger in die Verantwortung nahm, um die »beste aller möglichen Welten« (Leibniz) lebenspraktisch akzeptabel zu entwickeln.

Dieser Bedarf an grundsätzlicher theologischer Reflexion im Zuge der Aufklärung wurde gestützt durch die Nationsbildung und die damit einhergehende Trennung von Staat und Gesellschaft, die ja auch die Gängelung durch den Klerus angriff. Der Aufbruch Europas zur Moderne, der sich in dem Jahrhundert zwischen 1750 und 1850 vollzog, hatte viele Antriebe (vgl. Kapitel III.2). Dieser umfassende Modernisierungsprozess war zugleich ein *Prozess der Säkularisierung*[420]: Die fortschreitende Differenzierung der Lebensmöglichkeiten sowie der Lebensentwürfe infolge der dem Einzelnen mit der Aufklärung zugesprochenen Mündigkeit begründete, dass sich die Wertsphären von Gesellschaft und Christentum voneinander separierten. Die Folge war eine Ausgrenzung des Christentums aus den meisten gesellschaftlichen Institutionen und Lebensbereichen, was wiederum dessen Rückzug aus dem politischen Raum moderner Gesellschaften beförderte. »Das war eine Voraussetzung dafür, dass das europäische Christentum sich semantisch schließlich in einem Kollektivsingular Religion verorten konnte.«[421] Die sattelzeitgerechte Begriffsbildung zeigte sich um 1800 daran, dass zunehmend Schriften darüber Klage führten, dass und wie das Christentum in eine Welt der Ungläubigkeit eingebettet sei.

Mit der Nationsbildung und der Errichtung des öffentlichen Raums als Ort moderner Bürgerlichkeit war die Säkularisation unumgänglich. Die Religion wurde vor allem ein Aspekt der Privatheit, die Kirchlichkeit verlor den Status des Herrschaftsverbandes, den sie im Grunde seit der Adaption der kirchlichen Strukturen durch die römischen Kaiser innehatte. Die Nation band im Prozess ihrer Entstehung zugleich die emotionalen Kräfte einer Gesellschaft, was den Gemeinschaftsaspekt von der Religion auf den Nationalstaat verlagerte. Das war kein Abschied vom Christentum – keineswegs, aber eine Neupositionierung in der Moderne, die sich durch die Abgabe umfangreicher politischer Macht vollzog, eine Präsenz auf der politischen Bühne – auf der Bühne des öffentlichen Raumes – aber dadurch sicherte, dass es durch religiöse Sinnbildung Orientierung im Miteinander gab und sich gesellschaftlicher Problemlagen annahm.[422] Neben die Differenzierung von Staat und Gesellschaft einerseits sowie Religion andererseits trat in der Modernisierung um 1800 eine zunehmend schwindende Reproduktionskraft der Religion für die lokale Sozialordnung. Frömmigkeit und ihre Rituale hatten vormodern in einem engen Wirkungsgeflecht mit dieser Reproduktion gestanden. »Konfessionelle Pluralität verlangte in einer partizipativ gedachten Nation rechtsgleicher Individuen die Pluralität der Konfessionen im Sinne einer negativen Gleichheit. Aus konfessioneller Zugehörigkeit durften keine besonderen Vorteile der Inklusion erwachsen, sie durfte aber auch keine Exklusionsfolgen haben – insbesondere auf dem politischen Feld nicht.«[423]

Die Aufklärung ging schließlich mit einer deutlichen Entspannung im Verhältnis des Christentums zu den anderen Weltreligionen einher. Sowohl der Islam und das Judentum als auch der Konfuzianismus wurden durch kulturelle Konfrontationen in einem Umfeld größerer Offenheit und Toleranz zu interessanten Erscheinungen, deren Besonderheiten in Europa als Moden in Literatur und Musik Eingang fanden. Die Integration der jüdischen Bürger in die europäische Gesellschaft wurde von beiden Seiten befördert und fand politisch ihren Ausdruck schließlich in der Judenemanzipation (zuerst 1791 in Frankreich, 1812 in Preußen). So führte die Aufklärung zu einer Weltsicht, die den Gläubigen aller Religionen Schutz versprach. Aus dem Europa des Christentums wird das *Europa der Aufklärung*, nicht aber das Europa der Christen. Das religiöse Bekenntnis wurde privat, die Gottesverehrung individualisiert und die Kirche zu einem jedenfalls wirkungsmächtigen Akteur im öffentlichen Raum. Aber klar ist auch: Religion und Kirche haben infolge des langen Prozesses der Säkularisierung an Bedeutung verloren.

Die zunehmende religiöse Differenzierung und Neutralisierung hat in unserer Zeit zusammen mit der Erweiterung der Europäischen Union und ihrer prinzipiellen Offenheit gen Osten dazu geführt, dass Europa »ein wichtiges Element seiner kulturellen und geistigen Einheit verloren«[424] hat: das Christentum. Es mag uns vieles fremd, überzeichnet und eigenartig pathetisch vorkommen, was die Gründergeneration für Europas Einheit empfand und wie sie es zum Ausdruck brachte. Doch es macht deutlich, wo welche historischen Bindekräfte wirksam waren und wo die Ressourcen der Zukunft verortet wurden. Im Jahr 1948 formulierte Werner

Bergengruen zur Siebenhundertjahrfeier des Kölner Doms: »Vieles von dem, das wir heute als abendländisch empfinden, wird veralten, vergreisen, verschwinden. Jenen Abendlandskräften jedoch, welche die großen Dome dieses Landes und seiner Nachbarländer gebaut haben …, möchten wir … wohl das Wort ewig zuerkennen und in ihnen die nämlichen Kräfte erblicken, die auch die Dome der Zukunft zu bauen haben werden«. Dieses Erbe manifestiere sich am bedeutsamsten in der Tugend der »Mäßigung, diesem Attribut der Reife, diese Tugend des Geformten und Vorform der Harmonie«.[425] Das klingt vermessen angesichts der Konflikte, die es immer wieder in Europa gegeben hatte, es klingt vermessen erst recht nach dem Zeitalter der europäischen Weltkriege, die die erste Hälfte des 20. Jahrhunderts tief gezeichnet hatten. Bergengruen verkennt dies und das daraus resultierende Leid seiner Zeit nicht. Aber er kann zugleich auf das lange historische Ringen verweisen, das die politische und staatliche Vielfalt Europas seit dem 15. Jahrhundert unweigerlich nach sich zog. Man kann die Geschichte Europas auch anders lesen, als es uns die Dokumentation der großen Kriege nahelegt. Denn die so gerühmte Vielfalt Europas hatte immer auch zur Folge, dass es einen Kampf um Freiheit gab.[426]

3. Europäische Integration im 20. Jahrhundert

Der Blick zurück auf das Definierende und das Bindende des europäischen Gedankens als einer Orientierungskraft für Politik und Gesellschaft hat die Bedeutung langer Pfade sichtbar gemacht. Daraus folgt nicht, dass alles vorbestimmt oder zwangsläufig war. Keinesfalls. Aber erstaunlich ist schon, wie bei allen Brüchen, bei allen Verwerfungen, bei allen Störungen, bei allen Kräfteverlagerungen die kulturell basierte, aber immer auch unbestimmte Idee Europa so etwas wie Überzeugungskraft begründen und Gestaltungswirkung erzielen konnte. Doch der Weg aus dem unbewussten, einfach gelebten und erfahrenen europäischen Kulturraum in ein politisch geeintes und wirtschaftlich integriertes Europa war lang, kurvenreich und ist immer noch ergebnisoffen. Bereits nach dem Ersten Weltkrieg und in dem Erleben der fortwährenden Konfrontationsstimmung infolge der Besatzungsakte im Deutschen Reich entstand 1923 auf Betreiben des Grafen Coudenhove-Kalergi (*Paneuropäisches Manifest*, 1923) die *Paneuropäische Bewegung*, die mit der Forderung nach einem europäischen Bundesstaat hervortrat – politisch weitgehend wirkungslos, doch öffentlich viel Zuspruch erfahrend. Immerhin warb die französische Regierung in den 1920er Jahren für die Idee einer europäischen Integration, zuerst 1925 Ministerpräsident Herriot, dann Aristide Briand in seiner Rede vor dem Völkerbund am 5. September 1929: »Ich bin der Auffassung, dass zwischen den Völkern, deren geografische Lage so ist wie die der Völker Europas, eine Art föderatives Band bestehen muss«; es ging ihm bei diesem Projekt um einen »moralischen Zusammenschluss Europas«. Doch der daraufhin von 27 europäischen Regierungen bei ihm beauftragte Plan für eine *Organisation einer europäischen Bundesordnung* hatte trotz aller Zurückhaltung in den Forderungen keine Chance.[427]

Erst die tiefe Zäsur des Zweiten Weltkriegs hat den seit der Neuzeit immer wieder formulierten Ideen einer Einheit Europas eine realistische Chance der Umsetzung verschafft. Die abgrundtiefe Erschütterung, die von dieser Zerstörung und dem Holocaust sowie der damit verbundenen moralischen Katastrophe ausging, verlangte nach neuen politischen Lösungen. Die Widerstandsbewegungen in den von Deutschland besetzten Gebieten – mit längerer Kriegsdauer ebenso der deutsche Widerstand – sahen in einer europäischen Lösung, welche die Nationalstaaten überformt, die überzeugende Reaktion auf dieses Elend. Die Einhegung des strukturell übermächtigen Deutschland war dabei ein starkes Motiv.

Doch nach dem Krieg wurde der Europagedanke zunächst durch ein Motiv anderer Art befördert: Die Sorge vor einer weiteren Machtausdehnung der Sowjetunion legte den Gedanken nahe, dass dem am besten durch[428] eine Bündelung der zersplitterten Kräfte in Europa entgegenzuwirken sei. Winston Churchills Rede am 19. September 1946 in Zürich war von dieser Einschätzung getragen, die allerdings auf die *Paneuropäische Bewegung* und die Vorarbeit von Briand Bezug nahm und für die Versöhnung mit Deutschland warb.[429] Ein zweiter Impuls kam aus den Vereinigten Staaten mit dem Marshallplan. Zu dessen Administrierung bedurfte es entsprechender Strukturen, die mit der Organisation für europäische wirtschaftliche Zusammenarbeit am 16. April 1948 gegründet wurde. Schon daran wird deutlich, dass die europäische Einigung des 20. Jahrhunderts konsequent zwei Motiven, nämlich Idealen und Interessen, folgte.[430] Die erste sowohl geografisch als auch thematisch umfassendere europäische Lösung für Europa war die Gründung des Europarats am 5. Mai 1949. Damit sollten gemeinsame Ideale und Grundsätze befördert und der wirtschaftliche sowie soziale Fortschritt gestärkt werden. Bemerkenswert ist die Europäische Konvention zum Schutz der Menschenrechte und Grundfreiheiten, die am 4. November 1950 unterzeichnet wurde und direkt große Bedeutung gewann, weil sie den Flüchtlingen und *displaced persons* Schutz vor Zwangsrepatriierung und Verfolgung bot.[431]

Ein wirklich großer Schritt zur (wirtschaftlichen) Integration wurde mit dem Vertrag zur Gründung der Europäischen Gemeinschaft für Kohle und Stahl (Montanunion) am 18. April 1951 gemacht. Robert Schumann, der als französischer Außenminister den Vorschlag unterbreitet hatte, wollte damit den alten Gegensatz zwischen Deutschland und Frankreich aufheben, zugleich aber eine Antwort auf die Frage geben, wie Westeuropa unter Einbindung der Bundesrepublik Deutschland ökonomisch eine Perspektive gewinnen konnte.[432] Mit der Montanunion wurde erstmals nach dem Krieg (West-)Deutschland wieder als gleichberechtigter Partner anerkannt. Frankreich reagierte damit auf die neue Realität, die durch die Gründung der Bundesrepublik entstanden war, die man lange zu verzögern versucht hatte. Doch der Druck der USA war stärker und führte letzten Endes zu einer konstruktiven Begleitung der westdeutschen Staatsgründung. Schließlich hatten alle sechs EGKS-Staaten durch Besatzungsregime – die einen durch Deutschland, dieses dann durch die Alliierten – die Erfahrung des Souveränitätsverlustes gemacht, so dass für sie die »Hohe Behörde« – anders als für das Vereinigte Königreich – mit zentralen Rechten kein wirklich neuartiges Problem war.

Das allein erklärt aber die Wendung nicht. Frankreich sah mit der Montanunion die Chance, die Schwerindustrie – Deutschlands ökonomisches Rückgrat – zumindest einer gemeinsamen Steuerung zu unterwerfen und einen ansonsten drohenden Handelskrieg wegen drohender Überproduktion zu vermeiden. Und: Allen Beteiligten war klar, dass eine Versöhnung der alten Feinde nur nachhaltig gelingen kann, wenn Gemeinsamkeiten bewusst adressiert und genutzt wurden. Sicherheit durch Integration hieß nach den Erfahrungen der Zwischenkriegszeit nun das Motto der französischen Politik, der offenkundig verfehlte Ansatz der fortgesetzten Schwächung und Isolation Deutschlands wurde nicht erneut zur Orientierung.[433] Ohnehin konnte man auf die Erfahrung der im September 1926 von Frankreich, Deutschland, Luxemburg, Belgien und dem Saargebiet gegründeten Internationalen Rohstahlgemeinschaft zurückgreifen, die Überkapazitäten einvernehmlich verhindern sollte.[434]

Bei den ersten Integrationsschritten war eines sehr hilfreich: »Die offensichtlichste Gemeinsamkeit war das Christentum.«[435] Es lebte auf, was über Jahrhunderte ausgeprägt wurde: das Christentum als der neben der Antike herausragenden Erklärung für den europäischen Kulturraum. Ohnehin erfuhr das Christentum nach dem Krieg und dem Untergang des antichristlichen Nationalsozialismus eine Renaissance, die durch die Drohung des ebenso antichristlichen Kommunismus gestärkt wurde. Europa besann sich in Form christlicher Parteien auf sein Erbe, wie es in den Kathedralen ewigen Ausdruck gefunden hatte. Interessant ist dabei auch der Befund, dass die Gründerväter Europas – Robert Schuman, Alcide de Gasperi, Paul-Henri Spaak, Joseph Luns und auf seine Weise auch Konrad Adenauer – in Grenzgebieten aufgewachsen waren und Grenzveränderungen infolge des Ersten Weltkriegs erlebt hatten.[436] Sie sahen in der Kooperation ihrer Länder eine Möglichkeit, die Zivilisationskrise Europas zu überwinden.

Die durch den Korea-Krieg angeregten Versuche, Europa nun auch im Politischen und bei der Verteidigung zusammenzuführen, scheiterten allerdings. Mit der Ablehnung der Europäischen Verteidigungsgemeinschaft (EVG) durch die Pariser Nationalversammlung war auch der Verfassungsentwurf (März 1953) für die Europäische Politische Gemeinschaft (EPG) vom Tisch. Es war bereits kurz nach Gründung der Montanunion (im Herbst 1952) von den Außenministern der sechs Mitgliedsstaaten beschlossen worden, innerhalb von zwei Jahren eine Verfassung für eine zu schaffende Europäische Politikgemeinschaft zu erarbeiten. Diese sollte die in der EGKS gebündelten Zuständigkeiten zusammen mit der Verteidigung übernehmen, ebenfalls sollte die EPG die Außenpolitik regeln; perspektivisch sollte ein gemeinsamer Binnenmarkt errichtet werden. Auch wenn die EPG weit weniger ambitioniert war als die heute diskutierten Ideen einer politischen Union, so war sie doch für die damalige Zeit illusionär. Mit dem Westeuropäischen Vertrag über die Zusammenarbeit in wirtschaftlichen, sozialen und kulturellen Angelegenheiten vom Oktober 1954 (Pariser Verträge) wurden die drängenden offenen völkerrechtlichen Fragen – von der Wiederbewaffnung der Bundesrepublik bis zum Saarstatut – geklärt.

Die Hauptstoßrichtung der europäischen Zusammenarbeit blieb aber die Wirtschaft und der Wunsch nach Prosperität sowie Wohlstand. Hier traf eine hohe Interessenidentität der Mitglieder der Montanunion mit dem Wunsch zusammen, kraftvoll gegen die wirtschaftliche Konkurrenz der USA und der UdSSR anzutreten. Die Römischen Verträge von 1957 schufen die Europäische Wirtschaftsgemeinschaft (EWG) und die Europäische Atomgemeinschaft (Euratom), damit wurde die Zollunion Programm und die Bedingungen eines gemeinsamen Marktes zum Gegenstand der Bemühungen. Schnell wurde der Erfolg greifbar, die EWG wurde zum größten Importeur und zweitgrößten Exporteur der Welt. Das Wirtschaftswachstum war hier von 1958 bis 1962 dynamischer als in den beiden Supermächten. Damit entstanden Erwartungen an die notwendigerweise folgende politische Einigung. Dazu setzten die Staats- und Regierungschefs der EWG im Februar 1961 die Fouchet-Kommission ein. Doch weder der erste Fouchet-Plan für die Gründung einer politischen Union noch der zweite modifizierte Plan konnte eine Mehrheit erreichen. Es blieb schließlich bei Absichtserklärungen für eine politische Union.

Europa war uneins, wie weit und wie tief die Integration gehen sollte. Dazu kam die besondere Ablehnung Frankreichs unter de Gaulle gegenüber einer Mitgliedschaft des Vereinigten Königreichs. Anderes hatte Vorrang. Frankreich und Deutschland entwickelten einen Freundschaftsvertrag, mit dessen Unterzeichnung am 22. Januar 1963 im Élysée-Palast die Versöhnung dokumentiert wurde. Bereits im Jahr 1962 war die Aussöhnung mit zwei Staatsvisiten begründet worden: Vom 2. bis 8. Juli 1962 hatte Bundeskanzler Adenauer Frankreich einen Staatsbesuch abgestattet, in dessen Rahmen er gemeinsam mit de Gaulle an einem Gottesdienst in der Kathedrale von Reims teilnahm, dem vornehmsten französischen Erzbischofssitz und einer der Ausbildungsstätten des Naumburger Meisters. Hätte der Gegenbesuch im September 1962 in ein vereintes Deutschland geführt, so muss man trotz der rheinischen Herkunft des Bundeskanzlers nicht allzu viel Fantasie aufbringen, um sich einen gemeinsamen Besuch von de Gaulle und Adenauer des Naumburger Doms statt des Doms zu Köln vorzustellen. Die Versöhnung dieser beiden Länder wäre symbolisiert worden durch die Rückkehr zu herausragenden kulturellen Gemeinsamkeiten.

Doch in Europa blieb es vorerst bei der wirtschaftlichen Integration. Im Jahr 1965 wurden die Exekutivorgane von EGKS, EWG und Euratom zusammengelegt und firmierten seit dem Jahr 1967 als Europäische Gemeinschaften (EG). Am 1. Juli 1968 wurde der Gemeinsame Markt für landwirtschaftliche Produkte eingeführt. Im Jahr 1970 wurde mit der Einsetzung der Werner-Kommission erstmals das Ziel einer Wirtschafts- und Währungsunion formuliert, und bereits für das Jahr 1980 wurden feste Wechselkurse in Aussicht genommen. Das aber wurde einer jener Europa-Termine, die geräuschlos und ohne Wirkung vorbeizogen. Stattdessen kam es zu Erweiterungen der Gemeinschaft: Die Norderweiterung der EG 1973 um das Vereinigte Königreich, Irland und Dänemark; die Süderweiterungen 1981 um Griechenland sowie 1986 um Spanien und Portugal. 1985 wurde die Europahymne offiziell beschlossen, am 29. Mai 1986 wurde erstmals die Europaflagge in Brüssel gehisst.

Parallel dazu wurde mit der Einheitlichen Europäischen Akte von 1986 der Weg in den Binnenmarkt ab 1992 geebnet. Das war die Reaktion auf den zuvor konstatierten Stillstand der europäischen Integration. »Wenn die EG so bleibe wie jetzt, werde sie das Jahrhundert nicht überdauern. Sie werde sich zurückbilden zu einer gehobenen Freihandelszone«[437], so die Wiedergabe Helmut Kohls aus einem Gespräch im Jahr 1984 mit seinem spanischen Amtskollegen Felipe González. Doch die Suche nach neuen Ansätzen war keineswegs einfach und gradlinig. Die unterschiedlichen Erwartungen und Perspektiven von Mitterrand, Thatcher und Kohl mussten erst abgeklärt und geschliffen werden. Kohl drängte früh auf eine Regierungskonferenz, um die Römischen Verträge zu überarbeiten und eine Europäische Union zu begründen, während Mitterrand schwankte und Margaret Thatcher die Chancen eines Binnenmarktes für Großbritannien erkannte. Schließlich waren ab Mitte der 1980er Jahre »drei große Baumeister auf der europäischen Baustelle tätig: Kohl, Mitterrand und Delors«.[438]

Eine weitgehende wirtschaftliche Integration durch einen Binnenmarkt und die Perspektive auf eine gemeinsame Währung wurden durch die Wahl von Jacques Delors zum Präsidenten der EG-Kommission (7. Januar 1985) forciert, nachdem er seit 1981 als Wirtschafts- und Finanzminister unter Mitterrand amtiert hatte. Damals trafen zwei Wünsche einander verstärkend zusammen:[439] der Wunsch Frankreichs, Deutschlands zentrale Machtressource – die D-Mark – kontrollieren zu können, und der Wunsch Deutschlands, seine Stärke in Europa einzubringen. François Mitterrand hatte früh in seiner Amtszeit die Erfahrung machen müssen, dass die von ihm verfolgte Wirtschaftspolitik zusammen mit den Problemen der Wettbewerbsfähigkeit der französischen Wirtschaft einen massiven Abwertungsdruck auslöste.[440] Bereits Anfang 1982 konnte der Franc nur mit koordinierter Aktion und massivem Einsatz von Devisenreserven der Banque de France und vor allem der Deutschen Bundesbank bei 38 Pfennig gehalten werden; zur Erinnerung: Ein Franc war bei de Gaulles Machtantritt im Jahr 1958 noch eine Mark wert gewesen und im Herbst 1976 immerhin noch 50 Pfennig. Für Mitterrand war die monetäre Macht Deutschlands »eine tief verankerte Ressource«, die das Land aber nicht teilen will.[441]

Vor diesem Hintergrund kann folgende Entwicklung nicht verwundern:[442] Als Jacques Attali, der außenpolitische Berater des fran zösischen Staatspräsidenten François Mitterrand, Ende der 1980er Jahre von seinem deutschen Verhandlungspartner forderte: »Um eine Balance zu halten, möchten wir über die deutsche Atombombe reden«, erwiderten die Deutschen erstaunt: »Sie wissen doch, wir besitzen gar keine Atombombe.« Daraufhin Attali: »Ich meine die D-Mark.« Und Mitterrand soll am 17. August 1988 vor dem Ministerrat formuliert haben: »Die Deutsche Mark ist gewissermaßen ihre Atomstreitmacht.«[443] Dahinter verbarg sich eine 100 Jahre alte, immer wieder als berechtigt bestätigte Sorge der Franzosen über ihren strukturell übermächtigen Nachbarn im Osten. Trotz später Nationalstaatsgründung, zweier verlorener Weltkriege, der Ermordung seiner jüdischen Eliten, eines moralischen Totalverlusts und der Teilung war Deutschland schon wieder übermächtig, diesmal wirtschaftlich. 1951 war die zentrale Machtressource Schwerindustrie durch die Montanunion vergemeinschaftet worden, nun richtete Mitterrand alles Augenmerk auf die D-Mark.[444]

Auf dem Europäischen Gipfel in Hannover im Juni 1988 wurde die Delors-Kommission unter Einbeziehung der Zentralbankpräsidenten eingesetzt, um einen möglichen Weg zu einer europäischen Währungsunion zu erarbeiten. Der Delors-Bericht wurde im Juni 1989 vorgelegt, er plädierte für einen Dreistufenplan zur Errichtung der Wirtschafts- und Währungsunion. Auf dieser Grundlage beschloss der Europäische Rat in Madrid 1989 das Inkrafttreten der ersten Stufe der Währungsunion zum 1. Juli 1990, die Abschaffung aller Kapitalverkehrskontrollen, für die Umsetzung der zweiten und dritten Stufe die Einsetzung einer Regierungskonferenz. Unter diesen Bedingungen konnte Mitterrand der lange abgelehnten und in seiner Sozialistischen Partei sehr kritisch gesehenen Liberalisierung des Kapitalverkehrs zustimmen. Helmut Kohl soll einige Tage nach dem Europäischen Gipfel von Straßburg am 8. Dezember 1989, auf dem der Durchbruch zur Wirtschafts- und Währungsunion gelang, gegenüber dem amerikanischen Außenminister James Baker erklärt haben: Er »unterstütze die Wirtschafts- und Währungsunion«, obwohl sie »gegen deutsche Interessen« arbeite. Die Bundesbank sei zwar dagegen, der Schritt sei aber politisch wichtig, »denn Deutschland braucht Freunde«.[445] Im Dezember 1990 setzte der EG-Gipfel in Rom zwei Regierungskommissionen ein: eine für die Wirtschafts- und Währungsunion und eine für die politische Union.

Die deutsche Vereinigung beschleunigte und erweiterte die Debatte um die monetäre Integration, sie löste sie indes nicht aus, wie die Zeitläufe belegen. Die Bereitschaft der Deutschen wurde dadurch befördert, dass in den 1980er Jahren sich weltweit ein ordnungspolitischer Konsens etabliert hatte, der die Bekämpfung der Inflation ebenso adressierte wie die Konsolidierung der öffentlichen Haushalte. Nach den USA, dem Vereinigten Königreich und Deutschland hatte sich schließlich Frankreich – unter dem Druck der Kapitalmärkte – ab Mitte des Jahrzehnts an den Kurs marktwirtschaftlicher Erneuerung angenähert. Der wirtschaftspolitische Konsens kam den Präferenzen der Deutschen sehr nahe und ermöglichte die von Frankreich gewünschte Einhegung der D-Mark. Offenbar konnte mit der gemeinsamen Währung sowohl das zentrale Trauma der Deutschen – die Inflation – als auch das zentrale Trauma der Franzosen – die Deutschen – neutralisiert werden.[446] Für Kohl ist das Projekt der Währungsunion mit dem der politischen Union verbunden, die in ihrer Struktur bis zur Neuwahl des Europaparlaments stehen sollte.[447] Allerdings war die Bereitschaft der anderen Europäer – allen voran Mitterrand und Thatcher – zur Übertragung von Souveränitätsrechten längst nicht so groß wie die der deutschen Regierung. So ist der politische Teil letztlich bis heute nicht geklärt, aber mit vielen unspezifischen Erwartungen verknüpft.

All dies mündete schließlich in die Verträge von Maastricht (1992) und von Amsterdam (1997). Die politische Union wurde nicht erreicht, wenn man von der Gemeinsamen Außen- und Sicherheitspolitik (GASP) als Nachfolgelösung der Europäischen Politischen Zusammenarbeit absieht. Daran konnten auch die Verträge von Nizza (2000) und von Lissabon (2007) nichts ändern. Sie markieren den schwierigen und konfliktreichen Weg vom Beschluss über eine europäische Währungsunion hin zu einer politisch enger gefassten politischen Einheit Europas, einer durch die EFTA-Erweiterung (1995) und durch die Osterweiterungen (2004 und 2007) auf 27 Staaten angewachsenen Union. So entzieht sich der Verfassungsvertrag der gebotenen Transparenz und Verständlichkeit, »er gleicht einem unpassierbaren Drahtverhau«.[448]

Man mag es für einen Zufall halten, doch vermutlich folgt es höherer Einsicht: Das verfasste Europa, das sich so detailversessen um die Regelung von Alltagsfragen kümmert, lässt nur ein Feld unbeackert: die Kultur.[449] Gerade dort, wo der Fundus der Gemeinsamkeit tief unter der Oberfläche schlummert, bleiben die europäischen Institutionen wirkungslos. Das ist auch gut so. Denn wir können uns leicht vorstellen, was es bedeuten würde, wollte die Europäische Union die Kultur zum Thema machen. Es wäre die Absage an den historischen Befund, nach dem sich Europa auch in Zeiten der Einheit stets in seiner Vielfalt konstituierte. Und vermutlich drückt sich hier aus, was verschiedentlich anklang: Die europäische Integration hat nicht dazu geführt, dass die Nationalstaaten als Rahmung von Geschichte, Kultur und Habitus, Identität und Selbstbewusstsein an Bedeutung verloren haben. Der oft zu hörende Hinweis, dass Europa mit dieser Struktur von Nationalstaaten global nicht vermittelbar sei und deshalb einer politischen Union bedürfe, verkennt, dass die Nationalstaaten nun mal eine europäische Erfindung sind. Weder die ehemals britischen und französischen Kolonien in Nordamerika haben eine entsprechende Prägung erfahren, noch kann China auf eine solche Rationalisierung politischer Gestaltung seit der frühen Neuzeit verweisen. Das schließt für sich genommen eine weiter gehende politische Integration in Europa nicht aus, es sollte nur erkannt werden, dass dies nicht auf der Absage an die spezifische eigene Vergangenheit einzelner Mitgliedsstaaten der EU beruhen kann.

Im noch jungen 21. Jahrhundert ist die europäische Frage trotz aller Fortschritte der Integration und nach über sechs Jahrzehnten Frieden unverändert offen. Es zeigt sich – wie schon öfters in den vergangenen sechs Jahrzehnten – eine europapolitische Aporie. Denn was ist geblieben von den mit den Beschlüssen von Lissabon zur Jahrtausendwende fixierten hehren Zielen, wonach Europa 2010 wirtschaftlich und wissensbasiert die Nummer eins in der Welt sein sollte? Die Entwicklung der vergangenen Dekade hat in der Tat mehr Fragen begründet als auch nur Ideen neuer Antworten erbracht. Die fortschreitende Erweiterung der Europäischen Union, die Schwierigkeiten in der Währungsunion und der Mangel gemeinsamer Politiken jenseits von Wirtschaft und Währung markieren das Spannungsfeld, wie wir es täglich verspüren und das auch für die neue Wachstumsstrategie »Europa 2020« wenig Hoffnung begründet. Was bleibt beispielsweise von der Idee Europa, wenn wir bei wichtigen wertebezogenen Fragen, wie die des Umgangs mit den Befreiungsbewegungen respektive den Diktaturen in Nordafrika, nicht zu einer gemeinsamen Position finden?

Im Umfeld der schwierigen Suche nach neuen Regeln für die Europäische Währungsunion entstand zunehmend der Eindruck, dass Europa keine Vision mehr bietet, sondern sich in verwaltungstechnischen Fragen verliert. Die Perspektivlosigkeit der europäischen Integration befördert jene Zweifel, die immer schon im Lichte von Bürokratieängsten und Zahlmeisterbefürchtungen in Deutschland besondere Bedeutung hatten. Nur 49 Prozent der Europäer bewerten die Mitgliedschaft ihres Landes in der Europäischen Union positiv, und nur 42 Prozent vertrauen den europäischen Institutionen.[450] Das hat nachvollziehbare Gründe in abstrusen Verwaltungsakten aus Brüssel, vor allem in der schleichenden Anmaßung von Zuständigkeiten und damit der Aushöhlung des Subsidiaritätsprinzips, aber auch in der gezielten Nutzung der Brüsseler Institutionen zur Lösung nationaler Probleme. Das hat ebenso nachvollziehbare Gründe in dem Mangel an Erklärung, warum die europäische politische Integration zur definitiven Lösung der Staatsschuldenkrise in einem großen Sprung nach vorne zu einem Ergebnis gebracht werden soll. Die politischen Widerstände manifestieren sich zunehmend europaweit in rechtspopulistischen Parteien. Das kann nur durch ein Vakuum erklärt werden, das die europäische Politik hat entstehen lassen.

Diese Widerstände auf der Oberfläche haben tiefgehende Ursachen. In dem Maße nämlich, in dem die politische Union zu einem Ziel der europäischen Integration wird, das scheinbar zum Greifen nahe liegt, wird der *Bruch zwischen der Herkunft und der Zukunft Europas* spürbar. »Was in die Zukunft weiterführt, hat keine Kontinuität zum geschichtlich Gewordenen. Der Fortschritt schließt seine Auflösung und seinen Untergang ein. Das Alte und das Neue beginnen im Prozess der Europäisierung auseinanderzutreten.«[451] Joachim Ritter hat diesen Vorgang aufgrund eigener Anschauung der Europäisierung zu Beginn der 1950er Jahre in der Türkei beschrieben. Die »Unruhe der Europäisierung« war verursacht durch den revolutionären Bruch mit den vormodernen Traditionen, den Kemal Atatürk in den 1920er Jahren mit klarer Perspektive vorantrieb. Nun geht es bei der politischen Union sicherlich um etwas anderes als die Modernisierung eines Staates, allerdings bewirkt dieses Ziel eine vergleichbar revolutionäre Veränderungstiefe, wenn man den dafür notwendigen Eingriff in die nationalen Verfassungen und die grundlegende Transformation der Volkssouveränität bedenkt. Deshalb entfaltet schon die Ankündigung des forcierten Versuchs ähnliche Wirkung: »Wo es keine Macht der Versöhnung und Vermittlung gibt, da gehören die revolutionäre Verneinung der Herkunft und die reaktionäre Verneinung der Zukunft unlösbar zusammen; die innere Zerrissenheit nimmt zu und treibt die Versuchung hervor, den unversöhnten Gegensatz durch Gewalt zu lösen. Die Unruhe wächst. Indem die Europäisierung fortschreitet, nimmt der Druck ihrer ungelösten Probleme zu.«[452]

Ritter weist darauf hin, dass mit der Ausbreitung der europäischen Zivilisation in Asien nicht nur dort ein unvermeidbarer Wandel der Modernisierung eingeleitet wird, sondern zugleich – quasi zurückwirkend – Europa mit dieser Form der Europäisierung selbst aus den Schranken seiner Geschichte heraustritt. »Europa wäre dann … der sich ausdehnende harte Kern einer Weltregierung.«[453] Analog kann der qualitative Sprung in die politische Union als ein solcher Schritt aus den Schranken und Wurzeln europäischer Geschichte gedeutet werden, die immer mit Vielfalt, mit Differenzierung verbunden sind und verbindende Ordnungsprinzipien vertragen, nicht aber die Einebnung der kulturellen Differenziertheit durch die Absage an den Nationalstaat. Das war bislang anders. »Europa ist das geschichtliche Abendland geblieben, weil aus dieser Auseinandersetzung eine Bildung hervorgegangen ist, die es möglich macht, aus dem Reichtum der Überlieferung und zugleich in der modernen Gegenwart zu leben. … Die Zusammengehörigkeit von Herkunft und Zukunft wird gewahrt. Ihre Versöhnung ist Bedingung des Bestehens und des Bleibens.«[454]

Anders gewendet: »Wenn Europa überall ist, dann ist es nirgends mehr.«[455] Gerade dazu verleiten aber irrigerweise die Entwicklungen seit 1989, können sie doch als Zwischenschritt auf dem universellen Siegeszug der westlichen Werte gedeutet werden, wie sie in der Französischen Revolution formuliert und erstmals wirkungsmächtig geworden waren. Die französischen Revolutionsgarden trugen damals diese Werte nach Europa und verlängerten die Innenpolitik damit zur Außenpolitik. Was spräche dann dagegen, heute Europa in dieser Rolle global zu sehen? *Weil Europa mit dieser Form der Europäisierung außerhalb Europas selbst aus den Schranken seiner Geschichte heraustritt und weil es die schlichte Erkenntnis ignoriert, dass es verschiedene Wege in die Moderne gibt.* Dies nicht zu bedenken hat einen hohen Preis, wie der Konflikt um die Ukraine und mit Russland zeigt. Europa verliert sich, wenn es einen globalen Anspruch formuliert und keine differenzierenden Antworten für andere geopolitische Konstellationen findet. Kurzum: »Wenn Europa überall ist, dann ist es nirgends mehr.«

VI. DEUTSCHLAND IM EUROPA DER NATIONEN

»Am Beginn des 21. Jahrhunderts lautete das Dilemma, dem sich die Europäer gegenübersahen[, w]as für eine Zukunft erwartete die europäischen Nationalstaaten? … Es gab keinen Weg mehr zurück in eine Welt autonomer, selbständiger Nationalstaaten, die mit ihren Nachbarn außer der Grenze nichts gemein hatten. … Doch unter dem Gesichtspunkt der staatlichen Gewalt, der politischen Legitimität oder der kulturellen Affinität blieb Europa, was es schon seit langem war: eine altvertraute Ansammlung einzelner Staat-Teilchen. Der Nationalismus war im Wesentlichen gekommen und gegangen, aber die Nationen und Staaten waren geblieben.«

Tony Judt[456]

»Der gute und zustimmungsfähige Sinn der europäischen Einigung erfüllt sich nicht in der Überwindung der nationalstaatlichen Traditionen europäischer Länder mit ihren völkerrechtlich sanktionierten nationalen Selbstbestimmungsrechten und Souveränitäten. Die Meinung, eben darum handele es sich im Prozess der europäischen Einigung, ist nahezu exklusiv deutsch. Sie ist potenziell selbstisolationsträchtig und motiviert dazu, einen Sonderweg einzuschlagen, den sonst niemand ginge – weder Polen

noch Tschechien, nicht Estland oder Slowenien und Österreich erst recht nicht und Frankreich oder gar England ohnehin nicht.«

Hermann Lübbe[457]

»Ich habe so manche Stunde meines Lebens unter den demonstrierenden Menschenmengen von Warschau, Budapest, Berlin und Prag verbracht; ihr Verhalten war inspirierend und rätselhaft zugleich. Was hatte den einzelnen Mann, die einzelne Frau dazu bewogen, auf die Straße zu gehen, vor allem in jenen ersten Tagen, als das noch keineswegs ungefährlich war? Was hatte die Masse mobilisiert?«

Timothy G. Ash[458]

»Historisch ist uns nur ein einziges Prinzip bezeugt, das stark genug ist, Menschen in einer Gemeinschaft zusammenzuhalten, die das Interesse an einer ihnen gemeinsamen Welt verloren haben und so von ihr nicht mehr zusammengehalten werden, weder voneinander getrennt noch miteinander verbunden sind. Ein solches Band zu finden, das sich als stark genug erweisen könnte, um die Welt zu ersetzen, war offenbar die Hauptaufgabe christlicher Philosophie, als die noch junge Gemeinde zum ersten Mal mit politischen Aufgaben konfrontiert wurde.«

Hannah Arendt[459]

1. Die Ideen von 1989

Nation und Nationalstaat sind keine Relikte einer Gott sei Dank überwundenen Vergangenheit (vgl. Kapitel III). Sie sind trotz einer Geschichte, zu der Gewalt und Repression ebenso gehören wie der immer wieder erfolgreiche Aufbruch zu Freiheit und Selbstbestimmung, ein offenkundig unverzichtbares gesellschaftliches Organisationsmodell und globales Ordnungsprinzip. Das Zitat des Historikers Tony Judt bebildert diesen Befund. Europa ist, denkt man an die revolutionäre Epoche von 1750 bis 1850, dort angekommen, worauf es damals zielte. Die Prozesse der Nationsbildung sind als Ausdruck einer umfassenden Modernisierung unter den Prinzipien der Freiheit, Rechtsgleichheit und Bürgerlichkeit, der Volkssouveränität, Rechtsstaatlichkeit und Gewaltenteilung sowie der universellen, mehrheitsresistenten Menschenrechte ausgereift. Insofern entsprechen die Ideen von 1989 den Ideen von 1789: Vom Sturm auf die Bastille zum Fall des Eisernen Vorhangs war der Weg zwar lang und voller Hindernisse, doch letztlich erfolgreich. Nun gilt es, neben diesen individuellen Rechten die Selbstbestimmungsansprüche der europäischen Nationen ernst zu nehmen. Trotz der Üblichkeit, mit der aufgrund der schwierigen Geschichte des nationalstaatlichen Europa im 20. Jahrhundert dessen Ablösung durch einen europäischen Bundesstaat als notwendig und unumgänglich beschrieben wird, ist bisher jeder Versuch der Umsetzung ins Leere gegangen, und die Idee selbst hat die Anmutung einer isolierten deutschen Vision nie verloren. Der Philosoph Hermann Lübbe weist darauf in dem vorangestellten Zitat klar und unmissverständlich hin.

Dafür ist höchst bedeutsam, dass die Pluralisierung der Staatenwelt nach der Wende des Jahres 1989 gerade die Zukunftsfähigkeit von Nation und Nationalstaat dokumentiert. So wie die Bildung souveräner Staaten nach dem Ersten Weltkrieg – bei allen autoritären Rückschlägen – emanzipatorischen Motiven folgte, so galt dies auch in den vergangenen 25 Jahren. Damit sind Erinnerungen an die erste Phase der Ausbildung von Nationen geweckt, die dem Drang der Menschen nach innerer und äußerer Selbstbestimmung folgte. So bitter die Übersteigerungen des Nationalbewusstseins zum Nationalismus im 19. Jahrhundert waren, sie entsprachen teilweise jedenfalls der Notwendigkeit, den neu gefundenen Rahmen des öffentlichen Raums zu stabilisieren. Insofern kann die nach außen stark abschottende Wirkung der Nationalstaaten in ihrer Frühphase nicht überraschen. Die Gewaltexzesse in der ersten Hälfte des 20. Jahrhunderts konnten offenkundig den Nationalstaat nicht desavouieren, sondern transformierten diesen in eine offene Struktur, die sich anders als in der Zwischenkriegszeit zuträglich in multinationale Geflechte einfügt. Der deutsche Weg zur Nation war freilich ein spezieller, der seine Erklärung in den Tiefen der europäischen Geschichte des späten Mittelalters und der frühen Neuzeit findet.

Es ist – so scheint es – für viele der ewige Fluch der *verspäteten deutschen Nation*, dass sie ihre Verspätung nicht aufholen und nicht zu sich finden darf. Dagegen steht die hier vertretene Einschätzung, dass erst mit der 1990 gewonnenen staatlichen Einheit die deutsche Nation das Stadium der Ausreifung erreicht hat, das sowohl im Inneren wie im Äußeren als konstruktiv empfunden wird (vgl. Kapitel IV). Die Deutschen bilden seit 1990 »keinen Streitpunkt mehr auf der europäischen Tagesordnung« (Richard von Weizsäcker), und erstmals entspricht das Siedlungsgebiet auch weitgehend den politischen Grenzen, »streng genommen gibt es eine deutsche Staatsnation erst seit 1990« (Reinhart Koselleck). Diese spät angekommene deutsche Nation verspricht offenkundig ihren Nachbarn und der Welt viel Positives, wie die Befragungen der BBC 2013 und die Erhebung der Deutschen Gesellschaft für Internationale Zusammenarbeit 2012 berichten.[460] Mit diesem Befund kontrastiert die

Feststellung, dass abgesehen von antinationaler Polemik die Staatsgründung von 1990 hierzulande keinen angemessenen reflexiven Diskurs über die junge deutsche Nation und ihre Rolle in Europa angeregt hat. Der wäre wohl verfrüht gewesen, weil erst mit Abstand das Potenzial der Wende in diesem Sinne allmählich deutlich wurde, und angesichts damaliger Widerstände einiger europäischer Partner war es klug, vorerst darauf zu verzichten. Doch dem Klärungsbedarf entkommt man nicht. Denn entweder finden wir offensiv zu einer nationalen Selbstvergewisserung, oder sie wird indirekt und eruptiv im Zuge verfehlter europäischer Integrationsbestrebungen von uns abverlangt werden. So ist die *These der verspäteten Nation* gerade im Lichte der Erfahrungen von 1989 als *These der jungen Nation* neu zu justieren.

Die Wende von 1989 wird eigenartig widersprüchlich bewertet. *Zum einen* verband sich der große Jubel in Europa und Deutschland über das Ende von Teilung und Repression mit der Feststellung, dass etwas eigentlich Unnatürliches, nahezu Ahistorisches zu seinem berechtigten Ende gekommen ist und dessen Fortführung unter den Bedingungen der Freiheit keinen Sinn findet. Dagegen steht der Befund, dass kaum jemand auch nur kurze Zeit zuvor diesen Systemwechsel hat kommen sehen und stattdessen der Eindruck einer vermittelnden Angleichung beider Blöcke vielen, wenn nicht den meisten Beobachtern als realistisch erschien.[461] So wurde geschmeidig eine selbstverständliche Sicht auf Deutschland und Europa durch eine andere, gegensätzliche Selbstverständlichkeit ersetzt, so dass alsbald von der Normalität einer *Berliner Republik* die Rede war (Jürgen Habermas). *Zum anderen* gab es jene schnell aufkeimende antinationalistische Strömung,[462] die der deutschen Einheit nur den Status eines Übergangs zur Vorbereitung der europäischen politischen Einigung zusprach und dabei zutiefst von der Einschätzung durchdrungen war, dass nach der deutschen Katastrophe des 20. Jahrhunderts die nationale Einheit wenngleich nicht definitiv verwehrt, so doch in Europa neutralisiert werden sollte. In gewisser Weise war diese Position auch eine Reaktion auf den zuvor erwähnten Austausch der Selbstverständlichkeiten, so dass hier nicht selten in fast sentimentaler Stimmung von der (guten alten) *Bonner Republik* gesprochen wurde. So kreuzen sich angesichts der Wende von 1989 zwei Deutungen: die unvermeidliche Beendigung der Teilung und die zwingende Vermeidung der deutschen Einheit.

Was aber bedeuten die Ideen von 1989 wirklich für Europa und seine Nationen? Wie ordnet sich die deutsche Sonderweg-Debatte in diese epochalen Vorgänge ein? Das diesem Kapital vorangestellte Zitat des Zeitzeugen Timothy Garton Ash macht die Größe der ersten Frage angesichts des seinerzeitigen Staunens deutlich, dass nämlich der individuelle Freiheitsdrang mit dem Drang nationaler Selbstbestimmung letztlich untrennbar verbunden ist. Anders kann die Mobilisierung der Menschen in Scharen nicht erklärt werden. Da können isolierte Erklärungen nicht wirklich greifen, denn »die europäische Revolution von 1989 war … von Anbeginn ein internationales Ereignis«, das durch »den grenzüberschreitenden Austausch zwischen Staaten und Gesellschaften«[463] geprägt war. Diese internationale Bewegung fand differenzierte Ausdrucksformen, die von dem Rückgriff auf eine nationale Identität und Geschichte getragen waren. Nie zuvor war der alte Kontinent so umfassend vom Regime der Freiheit, der Menschenrechte und der Demokratie erfasst wie heute. Die Voraussetzungen für eine europäische Wertegemeinschaft waren nie günstiger, doch zugleich ist Europa differenzierter geworden. Die einzelnen Gesellschaften haben sich ihren staatlichen Ausdruck in nationaler Orientierung verschafft.

Es sind *öffentliche Räume* entstanden, die den kommunistischen Regimen völlig fremd waren, weil sie die marxistisch propagierte Auflösung des Staates in seiner Verabsolutierung realisierten und dem Einzelnen damit jede Verantwortung aus eigenem Recht für das Gemeinsame absprachen. Der öffentliche Raum hingegen lebt von der Verantwortungsgemeinschaft der freien Bürger und wendet sich gegen ein auf den Staat und seine Institutionen verkürztes Verständnis des Gemeinsamen. Öffentlicher Raum und Bürgerlichkeit als Haltung sind nicht zu trennen, um ein Gefühl für Maß und Mitte, die Fähigkeit zum zivilen Aushandeln in Konfliktlagen und die Bereitschaft zum freundschaftlichen Gespräch zu entwickeln. Das vorangestellte Zitat der politischen Theoretikerin Hannah Arendt führt uns vor Augen, was eine Gemeinschaft für Menschen begründet, »die das Interesse an einer ihnen gemeinsamen Welt verloren haben«: Es ist einzig der extreme Glaube an die allenfalls so mögliche Beantwortung der letzten Fragen. Die Bewältigung des Alltags und lebenspraktischer Probleme verlangt hingegen niedrigschwellige Lösungen, die sich aus gemeinsamer Geschichte, Kultur, Haltung und Habitus, kurz: aus der Erfahrung des und der Bereitschaft zum öffentlichen Raum ergeben. Die dafür in der Nation bestehenden Vorrausetzungen lassen sich in künstlicher und fremder Gestalt nicht finden. Insofern ist dieses Zitat von Arendt auch eine Antwort auf die Fragen von Ash.

Die *Debatte um den deutschen Sonderweg* offeriert in ihren zwei Varianten unterschiedliche Sichtweisen auf das Jahr 1989. Der große geistesgeschichtliche Bogen, den Helmuth Plessner mit seiner These der verspäteten Nation gezogen hatte, eröffnet zugleich einen Diskursraum, der die deutsche Einheit des Jahres 1990 anschlussfähig werden lässt. Anders sieht dies bei jener verengten Sonderwegthese aus, die das Dritte Reich über vielfältige Kontinuitätszusammenhänge in die direkte Folge des Kaiserreichs von 1871 stellt und es damit »als eine bloße Vorgeschichte des Dritten Reiches interpretiert«.[464] Dann läge es nahe, die Wende 1989 als erneute Verirrung zu bewerten, die nur vorübergehend von dem Pfad ablenkt, zu dem Deutschland durch seine Geschichte verdammt ist und der unweigerlich in einen europäischen Bundesstaat einmünden wird. Gegen diese Sichtweise ist hier argumentiert worden. Zu ergänzen ist der Hinweis, dass die in den letzten Jahren von der Geschichtswissenschaft vollzogene Neubewertung des Kaiserreichs und die Betonung seiner vielfältigen Modernität, zumindest jedoch seiner Widersprüchlichkeit auf dem Weg ins 20. Jahrhundert, fundamental der verengten Sonderwegthese entgegenstehen.[465]

Das deutet auf ein grundlegendes Missverständnis hin, wenn es darum geht, das Besondere der deutschen Geschichte im Angesicht des unbegreiflichen Zivilisationsbruchs zu ordnen und zu bewerten: Geschichtswissenschaftliche Erklärungen begründen keine historischen Zwangsläufigkeiten. Es hat in der jeweiligen historischen Konstellation immer Alternativen gegeben, die aus spezifischen Gründen ausschieden, aber ex ante nicht ausscheiden mussten. Das wird deutlich, wenn man den synchronen Vergleich der europäischen Staaten vor und nach 1900 zieht, der nämlich »das Reich auf vielen Gebieten als einen fortschrittlichen und leistungsstarken Nationalstaat auf der Höhe zeitgenössischer Modernität«[466] ausweist. Die verengte These des deutschen Sonderwegs, die aus Kontinuitätslinien vom Kaiserreich zum Dritten Reich eine Kausalität ableitet, geht »germanozentrisch« als Zwanghaftigkeit eines Sonderwegs in die Irre. Damit werden die relativierenden und ordnenden Hinweise eines Ländervergleichs übersehen, wie ihn Plessner hingegen zur Grundlage seiner Überlegungen machte. So ist es geboten, gerade die Wende von 1989 nicht nur durch eine deutsche, sondern ebenso durch eine europäische Brille zu betrachten.

Die europäische Nationalstaatsbildung seit dem Jahr 1989 brachte zum Ausdruck, dass die Menschen der jahrzehntelangen Vorherrschaft einer Großmacht und den zur ihrer Verkleidung bemühten ideologischen Phrasen überdrüssig waren. Nichts von dem, was nach dem Zweiten Weltkrieg unter dem Joch des Kommunismus an supranationalen Strukturen konstituiert wurde, hat unter den Bedingungen der Freiheit überlebt. »Im Laufe der neunziger Jahre verschwanden vier überkommene Staaten von der Landkarte des Kontinents, während vierzehn andere neu entstanden – oder wieder Gestalt annahmen.«[467] Die Sorge vieler kundiger Zeitgenossen im demokratischen Westen, dass der Zerfall der Sowjetunion, Jugoslawiens und der Tschechoslowakei zu dauerhaft ungeordneten Machtverhältnissen führen werde, hat sich so nicht bestätigt. Die Kriege und Gewaltexzesse in den 1990er Jahren auf dem Balkan waren sowohl Ausdruck der Sprachlosigkeit und des Versagens der Europäischen Union, sich den frisch motivierten Nationalbewegungen konstruktiv zu öffnen, wie der Fehleinschätzungen seitens der Vereinten Nationen und des anfänglichen Zögerns der USA. Jedenfalls ist nicht ersichtlich, wie eine neue supranationale Struktur für diese Regionen ohne Konflikt und ohne Repression hätte möglich werden können. Die Neuordnung auf dem Gebiet der früheren Sowjetunion hält an und hat jüngst eine dramatische Verschärfung erfahren. Doch hier bleibt der Hinweis bedeutsam, dass dieser Raum nie an den Modernisierungsprozessen in Europa teilhatte und somit sehr grundsätzliche Fragen staatlicher Organisation unverändert offen sind.

Erweitert man den Blick von der Nationsbildung auf Vorgänge der Föderalisierung, Regionalisierung und Dezentralisierung, die ebenso selbstverständlich auf der Tagesordnung des noch jungen 21. Jahrhunderts stehen, aber keineswegs ohne westeuropäische Vorerfahrungen aus den letzten Jahrzehnten des 20. Jahrhunderts sind, dann mutiert diese breite Entwicklung zu dem Wunsch der Menschen, in kleineren, überschaubareren und verlässlicheren Einheiten mehr Selbstbestimmung über die konstituierenden Bedingungen des öffentlichen Raums zu erlangen. Es scheint so, als sei dies ein kompensatorischer Prozess zur laufenden Verdichtung globaler Netze und Abhängigkeiten. Die Bedingungen, die daraus für den Einzelnen, sein Lebensumfeld und das konkrete Versprechen der Daseinsvorsorge resultieren, eröffnen offenbar ihre Nutzungspotenziale in den nationalen, regionalen und kommunalen öffentlichen Räumen.

Das fügt sich stimmig zu den Ergebnissen, die für die Frage nach den nationalen Handlungsspielräumen in der Globalisierung ermittelt wurden (vgl. Kapitel II). Neben der Angleichungsgeschichte durch Globalisierung wurde die Differenzierungsgeschichte als ebenso wirkmächtig identifiziert. Eine besondere Bedeutung erlangt dabei der öffentliche Raum, insofern er von der alltäglichen Mitverantwortung eines jeden für das Gemeinsame, also vom Gemeinsinn geprägt wird. Der Gemeinsinn mag zwar nur schwer greifbar, vielleicht sogar fluide sein, doch gleichwohl ist er für die Funktionsfähigkeit moderner Gesellschaften von größter Bedeutung, ja unabdingbar. Staaten und Gesellschaften, die auf diese Steuerungsressource nicht setzen können, verlieren zugleich die Kraft, im globalen Kontext Eigenständigkeit zu wahren. Ohne Gemeinsinn ist folglich die Globalisierung nicht konstruktiv zu wenden.

Daraus folgt nicht, dass es internationaler Zusammenarbeit oder der Schaffung transnationaler respektive supranationaler Strukturen nicht bedürfe. Ganz im Gegenteil. Nur findet sich die Lösung nicht in der Beseitigung nationaler Autorität und Souveränität, sondern in deren Nutzung und Mobilisierung für die Gestaltung des globalen Miteinanders. Charakteristisch ist dafür eine funktionale Differenzierung, die den einzelnen Körperschaften unterschiedliche Zuständigkeitsbeschränkungen zuweist.[468] Hermann Lübbe warnt vor einer *Sinnüberlastung*, die drohe, wenn einer Körperschaft eine völlig unrealistische Funktion zugeschrieben werde. Die Folgen einer solchen Sinnüberlastung zeigen sich im Widerstand der Menschen ebenso wie in der Funktionsstörung des Miteinanders der Körperschaften, und zwar nicht nur auf der gleichen Ebene, sondern gerade zwischen den verschiedenen Ebenen.

Die Geschichte Europas verdeutlicht (vgl. Kapitel V), dass neue Lösungen politischer Gestaltung immer dann möglich waren, wenn die überkommenen Systeme nicht mehr funktionstüchtig waren, also *sinnentleert* daherkamen. Treibend war dabei nicht die große Idee einer europäischen Einigung, sondern die Feststellung, dass es anders nicht mehr geht, so nach dem Dreißigjährigen Krieg mit der Innovation »Kongresspolitik« und so nach dem Zweiten Weltkrieg mit der Suche nach neuen transnationalen Strukturen des Interessenausgleichs und der Konfliktbewältigung. Der historische Irrtum, der durchaus motivierende Kraft im Politischen entfaltete, bestand darin, nach 1945 die Vision eines europäischen Bundesstaates zum Ziel der realen Politik zu erklären. Die Frage, wie die Volkssouveränität darin angemessen ihren demokratischen Ausdruck finden kann, blieb im Hintergrund. Das ging lange gut: »Der Vorteil der europäischen Idee in den Jahrzehnten nach dem Zweiten Weltkrieg lag … in ihrer Ungenauigkeit. Wie ›Wachstum‹ und ›Frieden‹ … war auch ›Europa‹ viel zu positiv besetzt, um großen Widerstand wachzurufen. … Natürlich ist diese formelhafte Unbestimmtheit, die in Verbindung mit den allzu exakten Details der EU-Rechtsbestimmungen zum Demokratiedefizit geführt hat. Es fällt den Europäern schwer, Sympathien für eine Union aufzubringen, deren Identität so lange unklar war, die aber gleichzeitig auf jeden Aspekt ihrer Existenz einzuwirken scheint.«[469] Zugleich verbinden sich mit der Aussicht auf die europäische Idee drei *Sinnüberlastungen*: Europa als Wertegemeinschaft, als Friedensunion und als Wohlstandsgarant.

Erstens: Die verbindenden Werte der europäischen Staaten sind angesichts ihrer gebotenen Abstraktheit heute auch andernorts bedeutsam und sicher nicht an die Grenzen der Europäischen Union gebunden. Die Werteorientierung wird vor allem durch den Wunsch überrollt, die Union weiter wachsen zu lassen. Der Befund der Gleichzeitigkeit von kultureller Vielfalt und Einheit als

Kennzeichen Europas wird damit unzureichend gewürdigt. Ebenso überdeckt die Wertedebatte die Fragen der praktischen Nützlichkeit, die bei der Gestaltung politischer Steuerung im Vordergrund stehen sollte. Das große Wort der Wertegemeinschaft setzt voraus, dass die spezifischen europäischen Traditionen – Aufklärung und Drang zur Vernunft, Friede durch Recht und Säkularisation der Politik – sehr viel stärker artikuliert und eingefordert werden. Das aber beschränkt zwangsläufig den Raum der europäischen Integration, denn »indem die Europäisierung fortschreitet, nimmt der Druck ihrer ungelösten Probleme zu. … Denn was in die Zukunft weiterführt, hat keine Kontinuität zum geschichtlich Gewordenen.«[470]

Europa als Wertegemeinschaft verlangt eine Klärung seiner Grenzen nach Osten und verhindert beliebige Erweiterungen. Eine solche räumliche Definition der Union hat zwar etwas Endgültiges, es schafft aber Raum für differenzierende Antworten der Kooperation mit Partnern von außerhalb, und es mag eine befriedende sowie entlastende Wirkung für das schwierige Verhältnis zu Russland entfalten. Die räumliche Begrenzung ist gleichermaßen eine Beschränkung im Anspruch, denn die Europäische Union lässt sich dann nicht mehr »als entscheidender Schritt auf dem Weg zu einer politisch verfassten Weltgesellschaft begreifen«.[471] Nicht, dass dies kein hehres Ziel wäre. Doch überfordert es die europäische Debatte, wenn jedes Handeln in ein Narrativ solcher Größe einzubetten ist, das in aller deutschen Bescheidenheit auf die Vervollkommnung der Menschheit zielt.

Zweitens: Es gilt seit dem Jahr 1951, dass in der jeweiligen Jurisdiktion Europas Frieden herrschte. Doch der Friede auf dem Kontinent »hängt von Faktoren ab, über die die Gemeinschaft als solche nach den ihr verfügbaren Mitteln effektiv gar nicht zu disponieren vermöchte«.[472] Die Europäische Union ist noch nicht einmal auf dem eigenen Kontinent die maßgebliche Friedensmacht, wie die Erfahrungen des Jugoslawienkriegs in den 1990er Jahren belegen. Erst recht tut sie sich schwer, ihren eigenen Ansprüchen in unmittelbarer Nähe – wie bei den Befreiungsbewegungen in Nordafrika – zu entsprechen. Hier aber besteht zugleich auch Handlungsspielraum, ohne die nationale Souveränität in Zweifel zu ziehen. Eine *europäische Verteidigungsgemeinschaft* wäre eine denkbare Antwort, was aber ebenfalls eine Klärung der östlichen Grenze der Union voraussetzt. Eine weitere Antwort liegt in der *Mobilisierung der deutschen Potenziale für die internationale Ordnung*, wie sie das Ausland offenbar erwartet[473] und wie sie Bundespräsident Gauck anlässlich der Münchner Sicherheitskonferenz 2014 forderte und sich damit gegen Selbstprivilegierung aus kultivierter Zurückhaltung wandte, wobei Deutschlands historische Schuld benutzt werde, »um dahinter Weltabgewandtheit oder Bequemlichkeit zu verstecken«.[474]

Drittens: Wenngleich in der langen Frist die europäische Integration seit 1951 in den jeweiligen politischen Räumen eine Konvergenz der Pro-Kopf-Einkommen erfahren hat, so zeigen sich seit der Weltwirtschaftskrise der Jahre 2008/2009 Stillstand und Rückschritt.[475] Erstmals erleben die Bürger eine zunehmende und evidente Divergenz in der Wohlstandsentwicklung, die schwächeren Länder verspüren ihr Zurückbleiben. Kurzfristig hat Europa keine wirksamen Instrumente zur Hand, elementare Fehlentwicklungen – wie die Jugendarbeitslosigkeit in Südeuropa – zu korrigieren. Verstärkt wird die Enttäuschung noch dadurch, dass die Europäische Währungsunion nicht nur als ökonomisches Projekt gepriesen wurde, sondern als Garantie für Frieden und Freiheit im 21. Jahrhundert. Die historische Betrachtung hat hingegen deutlich gemacht, dass die gemeinsame europäische Währung letztlich aus Machtkalkül und zur Sicherung von wirtschaftlichem Einfluss entstanden ist. Nun erleben die Bürger Europas, wie sich die *Währungsunion ihre ökonomischen Funktionsbedingungen selber schafft*, indem die Kapitalmärkte die Finanzpolitik disziplinieren und die Migration vom Süden nach Mitteleuropa eine Annäherung an eine optimale Währungsunion begründet (Mobilität des Faktors Arbeit).

In allen drei Kontexten sind Erwartungen geweckt worden, die nicht so einfach zu erfüllen sind, zumindest nicht dauerhaft beziehungsweise nicht in überschaubarer Zeit. Damit sind Enttäuschungen und Widerstände programmiert. Am deutlichsten hat die Staatsschuldenkrise in der Eurozone dazu beigetragen. Auch wenn damit die genannten drei Trends in den Hintergrund rücken, so verlieren sie ihre Bedeutung nicht. Jedenfalls hat die Währungsunion das Interesse an Europa gestärkt, allerdings nicht das Zusammenrücken begünstigt.[476] All dies hat einen Prozess nationaler Selbstbesinnung angestoßen, der sich zunächst in Protesten, neuen Regierungen und dem Aufkommen europakritischer Parteien äußerte. Aber auch die Klagen in Deutschland vor dem Bundesverfassungsgericht zur europäischen Krisenpolitik wirken unabhängig von der konkreten Begründung und Motivlage der Kläger dahin, die demokratische Legitimation über die Volkssouveränität zu stärken. In einem seltsamen Kontrast dazu wird in der offiziellen politischen Arena immer wieder das Ziel einer politischen Union propagiert, weil nur so die gemeinsame Währung auf Dauer abzusichern sei.

Das provoziert Fragen, deren Beantwortung eine größere Perspektive verlangt: Zunächst wird der Blick auf Deutschland gerichtet, und es werden die verschiedenen Argumentationsstränge zur verspäteten Nationsbildung, zur ökonomischen Konsequenz dieser Verspätung und zur Ausprägung des öffentlichen Raums sowie der Bürgerlichkeit zusammengefügt. Anschließend wird gefragt, welche Aussichten und Handlungsoptionen sich vor dem Hintergrund dieser historisch verankerten Argumente für Europa ergeben und in welchem Verhältnis künftig die Nationalstaaten zueinander und zur Europäischen Union stehen werden.

2. Die junge Nation: Bürgerlichkeit und Industriemodell

Die deutsche Nationsbildung ist der Ausgangspunkt und Anker der hier vorgelegten Argumentation. Die These der deutschen Verspätung im europäischen Vergleich hat sich gerade aus der Perspektive der Wende von 1989 als tragfähig erwiesen, indem sie mit ihrer ordnenden und systematisierenden Kraft weiter reicht, als es die zeitgenössische Debatte in der alten Bundesrepublik erwarten ließ. Die Verspätung hat sich mit der 1990 gefundenen staatlichen Einheit Deutschlands – mit der jungen Nation – aufgelöst; erstmals seit der revolutionären Epoche um 1800 ist Deutschland keine offene Frage mehr, und zwar weder für die Deutschen selbst noch für die Europäer. Erstmals haben sich die mit der Größe und der zentralen Lage in Europa seit dem 19. Jahrhundert verbundenen Ängste verflüchtigt. Deutschland ist zwar immer noch strukturell gleichermaßen zu klein wie zu groß, doch zum Beginn des 21. Jahrhunderts verbindet sich seine ökonomische Stärke neben der Offenheit für Europa mit einer Bürgerlichkeit des öffentlichen Raums, die seinen Nachbarn traditionell geprägte Sorgen nimmt. Beides – die ökonomische Stärke und die dahinterstehende Struktur sowie die Bürgerlichkeit – sind Folge der Verspätung im europäischen Prozess der Nationsbildung. Während die volkswirtschaftliche Potenz dem Zufall geschuldet auf strukturellen Pfadabhängigkeiten des 19. Jahrhunderts beruht, reflektiert die Bürgerlichkeit den besonderen Umgang zumindest Westdeutschlands mit der schlimmen Vergangenheit des Dritten Reiches.

(1) Die alte westliche Bundesrepublik hat sich – das gilt gleichermaßen für Staat und Gesellschaft – international unbestritten Ansehen dadurch erworben, dass sie sich der *Vergangenheit des Dritten Reichs gestellt* hat (Kapitel IV.2). Historisch hat das Gegenteil Tradition, wie es sich seit der Antike nachweisen lässt: »In der

Regel ist alles, was im Krieg innerhalb oder außerhalb des geltenden Kriegsrechts geschah, mit dem Frieden erledigt. … Nach Kriegen, Bürgerkriegen, Revolutionen ist in der Geschichte bis 1918 und zum Teil darüber hinaus … ziemlich regelmäßig beschlossen worden, das Geschehene zu vergessen«, so dass »die Straflosigkeit in der Regel durchgesetzt werden konnte.«[477] In der Leistung der Erinnerung manifestiert sich eine Bürgerlichkeit der (west)deutschen Gesellschaft, wie sie nie zuvor in Deutschland vorhanden war. Indem die Täter- und Mitläufergeneration hingenommen hat, dass die Fragen nach ihrer Schuld gestellt wurden, entstand für die »Nachgeborenen Raum für genaueres Hinsehen«.[478]

Bei allen Randerscheinungen des Politischen galt doch unmissverständlich, dass die politischen Parteien diesen Prozess des Erinnerns an die Verbrechen der Nazizeit positiv begleiteten, indem sie darüber keine grundsätzliche Auseinandersetzung führten. Dagegen hatte die Niederlage 1918 nicht nur zur Folge gehabt, dass die neue Republik wenig Sympathien genoss, sondern mit einer tiefen Zerstrittenheit der politischen Parteien zu kämpfen hatte, die sich oft in ihrer Mehrheit der parlamentarischen Demokratie nur bedienten, sie aber nicht gemeinsam entwickeln, sondern vielmehr überwinden wollten. Auf solchem Grund konnte im Lichte des – so die Sicht der gesellschaftlichen Eliten – verlorenen kulturellen Überlebenskampfes keine Gesellschaft mit Maß und Mitte, mit einer dominierenden Haltung der Bürgerlichkeit entstehen.

Nach der absoluten Bürgerlichkeitsverweigerung im Dritten Reich, die durchaus an vieles anschlussfähig war, was die Republik von Weimar gekennzeichnet hatte, nach der maßlosen Übersteigerung des nationalen Anspruchs, nach der alltäglichen Inszenierung des Ausnahmezustands sowie nach der Atemlosigkeit aufgrund extremer Katastrophe und extremer Niederlage konnten die Deutschen in der Bundesrepublik gar nicht anders, als nach Maß und

Mitte zu suchen und alles Extreme von sich zu weisen. Der Wunsch der Gesellschaft, einen inneren Halt dadurch zu finden, dass die Extreme sich allenfalls schwach ausprägen können, war und ist überragend. Signalhaft steht dafür der Begriff der *»nivellierten Mittelstandsgesellschaft«*, den der Soziologe Helmut Schelsky 1953 prägte und damit auf den empirischen Befund parallel verlaufender sozialer Aufstiegsprozesse (Industriearbeiterschaft sowie technische und administrative Angestellte) und sozialer Abstiegsprozesse (infolge Vertreibung, Flucht und politischer Deklassierung) verwies. Auch wenn die These kritisch diskutiert und von Schelsky später selbst als Antithese zu einer definierten Klassenstruktur relativiert wurde,[479] so entspricht sie doch einer Gefühlslage der Deutschen, die sich bis heute in dem Wunsch nach stabiler und prägender Mittelschicht manifestiert. Tatsächlich erweist sich die gesellschaftliche Mitte in Deutschland als überraschend robust, und zwar selbst seit Beginn der 1990er Jahre.[480] Ein nicht unwesentlicher Faktor dafür kann in dem ausgefächerten Bildungssystem gesehen werden, dessen duale Berufsausbildung besonders dem Industriearbeiter eine Aufstiegsperspektive eröffnet.

Eine weitere Prägung unserer gesellschaftlichen Wirklichkeit ist als Erfahrung infolge des Dritten Reiches zu deuten: Die spätere Erkenntnis, dass die Verbrechen trotz ihrer Unvorstellbarkeit, Widernatürlichkeit und Unmenschlichkeit nicht von einzelnen Monstern zu verantworten waren, sondern von biederen, normalen Menschen, die mit freilich schlichtem Charakter im privaten Umfeld eher unauffällig waren und sich jedenfalls habituell vom Nichttäter öffentlich nicht grundsätzlich unterschieden haben, hat die *Sicht auf den Menschen* verändert. Er ist ein Mängelwesen, dessen Vorzüge zu mobilisieren und dessen Gefährdungen zu vermeiden gleichermaßen auf die Bürgerlichkeit als Haltung verweist. Sosehr sich auch die Vertreter der Frankfurter Schule bemühten, den gesellschaftlichen Determinismus zu einer höheren Stufe menschlicher Vollkommenheit zu thematisieren und darin die legitime Antwort auf die Katastrophe von 1945 zu sehen, so wenig konnten sie dies im Lichte der realen gesellschaftlichen Bedingungen – abgesehen vom Leuchtfeuer der 68er-Happenings und -Demonstrationen – verankern.

Dazu gehört die Feststellung, dass viele Ausgleichsmechanismen in Gesellschaft und Wirtschaft bei aller Wandlung unverändert wirksam sind und sich im Vergleich zu den europäischen Nachbarn als wichtige Steuerungsressource bewähren. Im Dritten Reich hat es einen *öffentlichen Raum aus Freiheit* nicht gegeben. Das hat sich geändert. Dies und die Leistung der Erinnerung an schlimmste Vergangenheit, die hohe Präferenz für Maß und Mitte, die Einsicht in das Mängelwesen Mensch erlauben in der gebotenen Stilisierung die These, dass die junge Nation in besonderer Weise der Bürgerlichkeit als Haltung und Lebensform verpflichtet ist. Und diese Bürgerlichkeit findet ihren Ausdruck im *Lächeln*: »Wird Lächeln zum Ausdruck, dann drückt es in jeder Form die Menschlichkeit des Menschen aus. … in aktiver Ruhehaltung und beherrschtem Anstand«.[481]

(2) Die *ökonomische Stabilität der deutschen Volkswirtschaft*, die sich in der Finanz- und Wirtschaftskrise seit 2008 erwiesen hat, ist zwar den Anstrengungen der Heutigen geschuldet, doch wäre sie ohne Strukturen mit langer Geschichte nicht zu erklären. Diese Einschätzung spiegelt sich in der Feststellung, dass sich die *Verspätung der deutschen Nation mit Verzögerung heute als ökonomischer Vorteil erweist* und so eine neue Sonderrolle Deutschlands in Europa begründet. Was für die deutsche Volkswirtschaft als Stärke testiert wird, kontrastiert nicht nur mit beachtlichen ökonomischen Schwierigkeiten bei vielen europäischen Nachbarn, sondern ebenso mit der erwähnten Tatsache, dass seit dem Ausbruch der Finanz- und Wirtschaftskrise im Jahr 2008 die Konvergenz der Pro-Kopf-Einkommen in der Union nicht mehr voran-

schreitet und damit ein zentrales Versprechen der europäischen Integration erstmals nachhaltig nicht erfüllt wird.

Das Interesse richtet sich damit auf das Verständnis und die Erklärung der neuen Sonderrolle Deutschlands. Dafür sind sowohl das Besondere der Wertschöpfungsorganisation als auch die spezifischen langen Pfade der Institutionenentwicklung zu betrachten. Die These des ökonomischen Vorteils der nationalen Verspätung bezieht sich auf den entwickelten Befund, dass die Staatsgründung 1871 ohne Reichsidee unglaubliche Energien für Wissenschaft und Wirtschaft freigesetzt hatte (vgl. Kapitel IV.3), die sich bis heute in der Stärke und Wandlungsfähigkeit der Industrie auswirken. Beispielhaft zu nennen sind das Bildungs- und Forschungssystem, die Fürsorgeneigung und die hohe Bedeutung regionaler Verdichtung. Ausgangspunkt der weiteren Überlegungen ist das Geschäftsmodell Deutschland, das sich durch einen relativ hohen und stabilen Anteil an industrieller Wertschöpfung auszeichnet.

Ein herausragendes Merkmal der Industrie hierzulande ist der enge und umfassende Verbund mit dem Dienstleistungssektor. Industrieunternehmen kaufen in großem Umfang Dienstleistungen ein, sie sind damit ein wichtiger Absatzmarkt und eine Drehscheibe für die Wertschöpfung. Der Verbund aus Industrie und Dienstleistung erklärt wesentliche Aspekte des deutschen Geschäftsmodells, das auf der Fähigkeit beruht, Differenzierung und Innovation gleichermaßen zu leisten und dadurch kundenspezifische Lösungen bereitzustellen. Dennoch liegt der deutsche Industrieanteil für eine entwickelte Volkswirtschaft mit rund 23 Prozent besonders hoch, und dieser befindet sich seit 1995 – anders als zuvor und anders als in den meisten anderen Ländern – recht stabil auf diesem Niveau, mitunter sogar im Aufwärtstrend.[482] Lange ist das vor allem international als wenig fortschrittlich, jedenfalls als wenig zukunftsfähig bewertet worden. Ein dafür zentrales Argument bezog sich auf die mit dieser industriellen Struktur maßgeblich verbundenen langlebigen Unternehmensgeschichten. Denn damit finden Innovationen vor allem in gegebenen Unternehmensstrukturen statt, während andernorts – insbesondere in den Vereinigten Staaten – Innovationen durch neue Unternehmen getrieben und marktreif gemacht werden.

Die Chance für disruptive Innovationen bei Prozessen und Produkten scheint deshalb in Deutschland geringer zu sein, gleichzeitig würden Lernkurveneffekte überschätzt. Gerade im IT-Bereich ist es häufig tatsächlich so, dass die nächste Generation einer Technik von gänzlich neuen Anbietern stammt, während die bisherigen Unternehmen aus dem Markt ausscheiden. Erklärend wird dafür beschrieben, wie das Beharren der Kunden auf einem etablierten, systemprägenden Technikstandard die Lieferanten in ihrer Entwicklung behindert. Neue Technik findet dann erst über neue Kunden ihren Markt. Nun sind derartige Vorgänge gerade für die USA hinreichend belegt.[483] Doch ebenso gilt: Je länger das deutsche Modell erfolgreich ist, desto weniger kann das Argument überzeugen, dass die Innovationskultur strukturkonservierend wirkt und allenfalls inkrementelle Neuerungen ermöglicht.

Dieser Befund hat das *Massachusetts Institute of Technology* (MIT) in Boston auf den Plan gerufen. Dort hat man sich in einer Studie im Jahr 2013 mit der Frage auseinandergesetzt, wie die Zukunft industrieller Wertschöpfung in den USA aussehen könnte.[484] Dafür wurde differenziert und vor Ort das deutsche Industriemodell untersucht. Zwar bleibt es bei dem unbestreitbaren Befund langlebiger Unternehmensgeschichten vor allem in Familieneigentum, doch neu ist die Feststellung, dass dies disruptiven Innovationen nicht entgegensteht. Gerade unsere Familienunternehmen haben sich in ihrer oft 100- oder gar 200-jährigen Geschichte um die Kernkompetenz herum immer wieder komplett neu erfunden und so die Kraft zu grundlegenden Veränderungen dokumentiert. Dabei erweist sich, dass die lange Unternehmensgeschichte den disruptiven Änderungen ein stabiles Umfeld schafft und so deren Erfolgschance erhöht.

Ferner wird meist unterschätzt, dass auch inkrementelle Veränderungen und Verbesserungen große Effekte auf die Produktivität und damit auf das Produktionsergebnis haben können. Gerade in der klassischen Industrie erweist sich immer wieder, dass die laufende Optimierung der Abläufe erhebliche Effekte zeitigt. Das setzt aber voraus, dass im Unternehmen aus Erfahrung die Ausdauer und die Bereitschaft bestehen, sich solchermaßen beharrlich mit den eigenen Prozessen auseinanderzusetzen. Lange Unternehmensgeschichten sind in diesem Kontext von zentraler Bedeutung, denn nur so lassen sich jene Kompetenzen entwickeln, ausreifen und immer wieder ergänzen, die eine kontinuierliche Verbesserung in der Produktion ermöglichen.

Die hohe Präferenz für Langfristigkeit und Stabilität ist ein besonderes Kennzeichen des deutschen Geschäftsmodells. Langlebige Unternehmensgeschichten, ein hohes Maß an langfristiger Finanzierung über Banken (Unternehmensfinanzierung, Pfandbrief, Hypothek, Bausparen), das strenge Niederstwertprinzip in der HGB-Bilanzierung, die große Bedeutung des gesellschaftlichen Versicherungsausgleichs, Lebensversicherung mit Garantiezins, eine stabile Sozialpartnerschaft, langfristige Orientierung des Bildungssystems auf die »Realien« – die Liste der entsprechenden Charakteristiken des deutschen Standorts ließe sich verlängern. Um nicht missverstanden zu werden: Diese Aufzählung ist kein Testat darüber, ob einer dieser Aspekte für sich genommen oder im internationalen Vergleich positiv oder negativ zu bewerten ist. Es geht allein darum, sie als bedeutsame Beispiele für ein charakteristisches Grundmuster des Wirtschaftens in Deutschland zu erkennen. Auch wäre es ein Irrtum, wollte man diese Präferenz für Langfristigkeit als Beleg dafür nehmen, dass die Deutschen grundsätzlich weniger veränderungsfähig oder veränderungsgeneigt sind.

Die Veränderungen finden aber mehr in bestehenden Strukturen statt und beziehen sich weniger auf bewährte Strukturen selbst. Das klingt nun kontrastreicher, als es tatsächlich gemeint ist. Jedenfalls ist es auch heute noch so auffällig, dass sich die Frage aufdrängt, wie dies zu erklären ist.

Ein zentrales Argument, das hierfür im Diskurs über den deutschen Sonderweg der Nationsbildung herausgestellt wurde, bezieht sich auf die föderale Struktur, wie sie sich seit dem 17. Jahrhundert ausgeprägt hat und dadurch selbst prägend war. So erweist sich die Betrachtung der kleinräumigen politischen Gestaltung in Mitteleuropa durch Fürstentümer in der frühen Neuzeit als erhellend. Die Nähe des Fürsten zu seinen Untertanen begründete so seit dem 17. Jahrhundert eine im Kern fürsorgliche Politik, die im Bereich der Wirtschaft modern als Standortpolitik zu bezeichnen wäre. In dieser Nähe finden wir übrigens ein Differenzierungsmerkmal Deutschlands, das in der Forschung zu interkulturellen Differenzen als bedeutsam ermittelt wurde.[485] Während der Industrialisierung nach 1820 wurde es in den 35 Staaten des Deutschen Bundes besonders wirksam, indem durch den Ausbau der Infrastruktur die regionale Wirtschaftsentwicklung gestärkt wurde, die durch die spezifischen Ressourcen und die unterschiedliche Verfügbarkeit von Arbeit und Kapital angelegt war.

Auf die Bedeutung regionaler Wirtschaftskreisläufe und Cluster für die kulturelle Differenzierung ist hingewiesen worden. Die Folgen der kleinräumigen politischen Struktur des 19. Jahrhunderts erweisen sich bis heute als sehr bedeutsam, da sie die Differenzierungsleistung der deutschen Unternehmen auf der Grundlage von Wissens-, Vorleistungs- und Produktionsnetzwerken – räumlichen Verdichtungen – ermöglichen. Damit ist zugleich eine Stabilität für die Wirtschaftsentwicklung angelegt, die sich in der langen und breiten Geschichte unserer Familienunternehmen unterlegt findet. Die industrielle Strukturentwicklung wurde gespiegelt durch die Entwicklung der Bankenwelt, deren bis heute wirksame Dreisäulenstruktur im 19. Jahrhundert begründet wurde, als einerseits zur Mitte des Jahrhunderts aus Privatbanken Aktienkreditbanken hervorgingen, andererseits ab 1818 Sparkassen und seit den 1840er Jahren Kreditgenossenschaften entstanden.

Hinzu kam, dass sich die fürsorgliche Tradition deutscher Fürstentümer im späten 19. Jahrhundert in zwei besonderen Entwicklungen ihren Ausdruck verschaffte. Einerseits kam es unter Bismarck frühzeitig zur Ausbildung eines Systems der Absicherung gegen die großen Lebensrisiken der industriellen Welt. Mit der Sozialversicherung wurde das weltweit erste moderne System sozialer Sicherung etabliert.[486] Die Disposition und Bereitschaft dazu war in den frühneuzeitlich entstandenen Fürsorgestaaten mit der traditionellen Verantwortung des Fürsten für seine Untertanen angelegt. Ohne diese ideengeschichtlichen Wurzeln ist nicht zu erklären, warum die Innovation gerade in Deutschland und nicht in dem früher industrialisierten England stattfand. Andererseits wurde der Grundstein für die duale Berufsausbildung gelegt. Das Besondere dieser Berufsausbildung ist die damit angelegte Einbindung der Arbeitgeber und der Bedarf an sozialpartnerschaftlicher Kooperation. Beides führte zur Stabilisierung unternehmerischer Strukturen sowie der Sozialpartnerschaft und bot damit ein andernorts nicht gegebenes Potenzial der Rekrutierung.

Ähnlich gilt dies für die Finanzierungskultur in Deutschland. Bis heute hat die langfristige Finanzierung für die deutschen Unternehmen eine im internationalen Vergleich auffällig hohe Bedeutung. Seit der Entwicklung der Aktienbanken, die nach 1848 als Antwort auf den Kapitalbedarf der Industrialisierung und eine liberalisierte Gesetzgebung entstanden, kennzeichnet der langfristige Kredit durch eine Universalbank als Hausbank die Unternehmensfinanzierung in Deutschland.[487] Unabhängig davon, ob und wie seinerzeit die neuen Aktienkreditbanken die deutsche Industrialisierung befördert oder behindert haben, tragen Finanzierungskultur und Bankenstruktur heute durchaus angemessen den Strukturwandel der deutschen Wirtschaft. Die bankbasierte Finanzierung folgt der Tatsache, dass die spezifische Innovationskraft unserer Unternehmen in hohem Maße zu nicht standardisierbaren Risiken führt und wegen der damit verbundenen Informationsasymmetrien eine Finanzierung über Anleihen erschwert. Die universelle Hausbank ist hingegen die passende Antwort. Im Ergebnis stabilisiert diese Art der Finanzierung langlebige Unternehmensgeschichten, von denen sie gleichermaßen lebt. Nicht unmaßgeblich war dafür der Börsenkrach an der Berliner Börse 1873, in dessen Folge sich die Kurse von 444 Aktiengesellschaften nahezu halbierten und es zu zahlreichen Insolvenzen kam. Strukturell bedeutsam war der Bankenkrach 1873, als von 139 Kreditinstituten 73 schließen mussten für die Finanzintermediation, weil die Aktien für die Unternehmensfinanzierung unbedeutender wurden und die Banken sich stärker auf das Industriekreditgeschäft konzentrierten. Das wiederum stärkte die Universalbanken mit ihrer umfassenden Transformation von Einlagen in Aktiva (vor allem Ausleihungen). Was einerseits über die Aktienbanken für die großen Unternehmen im 19. Jahrhundert möglich wurde, ergab sich andererseits über Sparkassen und Genossenschaften nach 1900 für die kleinen und mittleren Betriebe in den Wirtschaftsregionen. Hier schließt sich der Kreis zum Befund föderaler, kleinräumiger Strukturen.

Der historische Exkurs lässt erahnen, in welcher Weise die heutigen Strukturvorteile der deutschen Volkswirtschaft von Entscheidungen im letzten Viertel des 19. Jahrhundert profitieren. Die hohe Präferenz für Langfristigkeit und wirksame Ausgleichsmechanismen bei ökonomischen Interessenunterschieden passt freilich auch zu den bundesdeutschen Identitätsmerkmalen, die zuvor in der Neigung gegen alles Extreme und dem Wunsch nach einer starken gesellschaftlichen Mitte identifiziert worden sind. Extreme wirtschaftspolitische Paradigmenwechsel durch einen Big Bang à la Thatcher sind dann wenig wahrscheinlich, schon die Reformen der Agenda 2010 erscheinen als Zumutung und die Regierungsweise der Kanzlerin Merkel als passend. Allerdings wäre es ein historischer Fehlschluss, würde man die Beständigkeit der langen Frist als Argument gegen notwendige Veränderungen deuten. Der globale Wettbewerb verlangt bei allen Möglichkeiten der nationalen Differenzierung auch die Einsicht, dass ohne gesellschaftlichen Preis (in Form von Arbeitslosigkeit) marktwirtschaftliche Effizienz und ihre Bedingungen auf Dauer nicht ignoriert werden können.

Die Folgen der ökonomischen Vorteile Deutschlands aus seiner nationalen Verspätung für Europa und insbesondere die Eurozone sind evident: Einerseits tragen sie zur *Differenzierung der Wirtschaftsstrukturen in Europa* bei, zumal immer mehr Länder mit ihrem Industrieanteil die Marke von 15 Prozent unterschreiten und deshalb im Warenexport verlieren. Dies erklärt ganz wesentlich die seit 2008 zu beobachtende Divergenz der Pro-Kopf-Einkommen. Andererseits liefert dieser Befund den Hinweis, dass selbst in einer langjährigen Wirtschaftsgemeinschaft mit gemeinsamem Markt und Ursprungslandprinzip, mit ungehinderter Mobilität von Waren, Dienstleistungen, Arbeit und Kapital sowie mit gemeinsamer Währung weder der Marktwettbewerb noch der institutionelle Wettbewerb zu einem Prozess kollektiven Lernens führt. Anders gewendet: Die erprobten und bewährten Institutionen eines Landes können deshalb noch längst nicht auf ein anderes übertragen werden. Das gegenseitige *Lernen scheitert unter normalen Umständen an den kulturellen Differenzen* und den Besonderheiten des nationalen Habitus, wie er sich in Institutionen seinen Ausdruck verschafft.

3. Europäische Politik und nationale Verantwortung

Europa ist auf das Selbstbewusstsein seiner Nationen und die Handlungsfähigkeit seiner Nationalstaaten angewiesen. Darin liegt keine Absage an Europa, aber sehr wohl ein Plädoyer für einen historisch begründeten Realismus für Europa und die Rolle der Nationalstaaten. Die Zukunft Europas wird in der Verknüpfung der Nationalstaaten durch ein Netz des Friedens und der Freiheit liegen und nicht in einer politischen Union, welche die Demokratisierung der europäischen Institutionen nur durch eine Aushöhlung der demokratischen Spielräume in den Nationen erreichen kann. Die historische Entwicklung zeigt: Europa vermag die Nationen nicht zu überrollen, weil es selbst keine ist. Europa lebt von Ideen, nicht aber von der gewachsenen Einsicht in das Gemeinsame, die sich in einem europäischen öffentlichen Raum gestaltend auswirkt. Europa kann bislang keinen europäischen Habitus mobilisieren. Die Europäische Union bildet noch keinen öffentlichen Raum, ihr fehlt die Öffentlichkeit des Gemeinsamen im umfassenden Sinn der Lebenswirklichkeit. Mitverantwortung, öffentlicher Raum und Volkssouveränität bilden unverändert einen konsistenten Zusammenhang, der nationalstaatlich gefasst ist.

Es muss darum gehen, die Kraft der Nationen in ihren Staaten für die Europäische Union zu mobilisieren, die als Holding den Kontinent durch eine historisch-kulturelle Perspektive zusammenhält und vor einer fehlgeleiteten Europäisierung bewahrt. Die Tatsache, dass Deutschland als junge Nation zu sich gefunden hat, begründet die Erwartung, diese für Europa unentbehrliche Nation konstruktiv und führungsstark in diesen Prozess einzubinden. Doch sowenig es um ein französisches Europa gehen kann, so wenig kann es um ein deutsches Europa gehen; auch dagegen steht die Formulierung »ein Europa der Nationalstaaten«. Aber: Europa muss ein Interesse daran haben, dass die junge Nation sich selbstvergewissert und durchaus mutig daran beteiligt, die historisch begründeten Vorzüge dieses Kontinents zu profilieren.

Damit wird jenen Vorstellungen eine Absage erteilt, die aus der These zunehmender gesellschaftlicher Großrisiken und dadurch drohender Katastrophen die Forderung nach einer Vertiefung der europäischen Integration mit dem Ziel einer eigenen staatlichen Qualität ableiten.[488] Stattdessen muss es darum gehen, die Bedeutung Europas für die Sicherung von Freiheit und Frieden im alltäglichen Leben der Menschen durch Pluralisierung der Lebensformen und Lebensbedingungen so sichtbar und greifbar zu machen, dass aus »nationale(n) Bürger(n) handlungssouveräne Europäer werden«.[489] Dahinter verbirgt sich neben der positiven Bewertung von Nation und Nationalstaat die Erkenntnis, dass jede weitere Europäisierung Zeit benötigt und sich in kleinen Schritten vollzieht, weil sie auf die Menschen und nicht auf die Institutionen dieses Großraumes zielen muss. Alles, was die nationalen Bürger europaweit zueinander bringt und aufeinander verweist, erhält eine besondere Bedeutung; alles, was den Bürgern der europäischen Nationen als europäische, weil zentralistische Anmaßung erscheinen muss, verliert seine Berechtigung. Das verlangt freilich gleichermaßen ein grundsätzliches Bekenntnis zu den erreichten übergeordneten Integrationsformaten in Europa, denn jede Abwicklung einer europäischen Institution (zum Beispiel der Euro) oder eines europäischen Regelwerks (zum Beispiel das Schengener Abkommen) muss in historischer Perspektive als Scheitern bewertet werden. Und notwendig ist zweifellos eine Bereinigung jener offenkundigen Inkonsistenzen im europäischen Ordnungsrahmen, die sich aus dem gewachsenen, aber nicht systematisch abgestimmten Rollenverständnis von Europäischer Kommission, Europäischem Rat und Europaparlament ergeben. Insofern bewegen wir uns auf einem schmalen Grat.

Vor diesem Hintergrund erlangt für die Gestaltung transnationaler Strukturen der Europäischen Union – und damit für die Klärung der aufgeworfenen Fragen – das *Subsidiaritätsprinzip* eine nochmals gestärkte Bedeutung. Auch wenn dieser Grundsatz aus der katholischen Soziallehre stammt und zunächst bei der Frage bedeutsam war, in welchem Verhältnis Staat und (freie) Wohlfahrtsverbände bei der Organisation von Fürsorge und Betreuung stehen sollen, so hat er sich als wirkungsmächtiges Gestaltungsprinzip in unserem Bundesstaat etabliert. Ebenso hat es in der Europäischen Union seit dem Inkrafttreten des Vertrags über die Europäische Union (Artikel 2 Absatz 2 und 12. Erwägungsgrund in der Präambel des EUV sowie in Artikel 5 Absatz 2 EGV) die Qualität eines Rechtsgrundsatzes. Allerdings war schon in Artikel 5 des Vertrags über die Europäische Gemeinschaft für Kohle und Stahl davon die Rede, dass die Gemeinschaft *nur* eingreift, wenn es die Umstände erfordern.

Viele Jahrzehnte ging es in Europa darum, in den spezifischen Handlungsbereichen der Integration eine Zuständigkeitsvermutung sowohl für die europäische Ebene als auch für die nationalen Regierungen und Parlamente zu definieren. Heute geht es um die grundsätzlichere Frage nach dem künftigen Organisationsprinzip für die Union, die verfassungsrechtlich derzeit als Staatenverbund mit stark föderativen Elementen eingeordnet wird.[490] Insbesondere die Staatsschuldenkrise in der Eurozone hat dazu geführt, dass die nicht mehr nur theoretische, sondern auf dramatische Weise real gewordene Spannung zwischen vergemeinschafteter Geldpolitik und nationaler Finanzpolitik einer Antwort bedarf, und zwar einer Antwort, die über die Regelungen des Maastrichter Vertrages sowie des Stabilitäts- und Wachstumspaktes hinausgeht. Damit gerät aus dem Blick, welchen eigenen, welchen spezifischen Bedingungen eine politische Union unterliegt. Hier gewinnen Mitverantwortung und Gemeinsinn im öffentlichen Raum ihre Relevanz.

Im Lichte dieser Kategorie der Mitverantwortung gewinnt das Subsidiaritätsprinzip als ordnungspolitische Kategorie eine zusätzliche Legitimation, wenn es um die Organisation des Politischen geht. Die auf europäischer Ebene zunehmend zu beobachtende Tendenz, den Rechtsgrundsatz der Subsidiarität nicht als Schutzrecht der unteren Ebene, sondern als Eingriffsrecht der obersten Ebene zu verstehen, birgt die Gefahr einer schleichenden Erosion der nationalen Zuständigkeiten und dort gelebten Mitverantwortung. Dieses Risiko wird auch nicht durch den Verweis neutralisiert, dass die einheitliche Geldpolitik eine weitere Stärkung Europas erfordert. Denn die erreichten institutionellen Änderungen haben eine Fiskalunion (und eine Bankenunion) geschaffen, die die verfassungsrechtlichen Möglichkeiten der Mitgliedsstaaten ausschöpft. Andernfalls droht eine Erosion der nationalen demokratischen Legitimation. Wird das Subsidiaritätsprinzip als Schutzrecht der nationalen Ebene gestärkt und wird die Zuständigkeit Europas sowohl gestärkt als auch eingehegt, dann dürfte es hingegen vermittelbar und möglich sein, die demokratische Bindung der Kommission zu festigen und den Europäischen Rat in die Funktion einer zweiten Parlamentskammer zu überführen. Die Wahl zum Europäischen Parlament 2014 hat deutlich werden lassen, dass bei aller Konfliktträchtigkeit Schritte in diese Richtung gelingen können.

Mit dieser Pointierung des Subsidiaritätsprinzips lässt sich jene pragmatische Verfassungsperspektive verbinden, die für die Europäische Union eine »duale Legitimation« postuliert, die einerseits und primär den nationalen »repräsentativ-demokratischen Legitimationszusammenhang« bezogen auf die Nationsbürger adressiert sowie andererseits und wegen der mangelnden Wahlrechtsgleichheit nachrangig die direkte demokratische Legitimation der europäischen Ebene.[491] Etwas weiter geht das Konzept der »geteilten Souveränität«, das neben den Nationsbürger quasi gleichberechtigt den Unionsbürger stellt.[492] Der dafür notwendige Prozess der europäischen Verfassungsgebung müsste – im Sinne des Subsidiaritätsprinzips – eine klare Kompetenzverteilung im Mehrebenensystem der Union definieren. Nur so ließe sich die geteilte Souveränität austarieren und leben. Dass dieser Schritt aber immer noch eine Überforderung darstellt, wird deutlich, wenn man die begrenzten europäischen Diskurse betrachtet. Denn erst durch solche Formate ließe sich die Legalität eines Europas durch eine entsprechende Legitimität unterlegen.[493] Damit ist aber im Grunde nichts anderes gemeint als die Schaffung eines europäischen öffentlichen Raums, der zugleich der Mitverantwortung und der Bürgerlichkeit einen passenden Rahmen verschafft. Davon sind wir aber noch weit entfernt. Auch deshalb ist die Fokussierung auf die Menschen statt auf die Institutionen gut begründet.

Der Grundsatz der Subsidiarität steuert aber nicht nur die Kompetenzordnung im Mehrebenensystem der Europäischen Union, sondern gibt ebenfalls eine Indikation für die Frage, ob und inwieweit ordnungspolitische Lösungen von einem Land auf das andere übertragen werden können. Wenn der Zusammenhang von Mitverantwortung und öffentlichem Raum, damit die jeweilige historisch-kulturelle Prägung, der Anker der nationalen Differenzierung ist, dann beschränkt oder erschwert zumindest dies nicht nur die Option einer politischen Union, sondern ebenso die Möglichkeiten, nationale institutionelle Lösungen von den einen auf andere Staaten zu übertragen. Die Grundsätze des Gemeinsamen Marktes – die vier Grundfreiheiten und das Ursprungslandprinzip – passen zu dieser Deutung der Subsidiarität, weil sie den institutionellen Wettbewerb ermöglichen, auf eine Ex-ante-Harmonisierung aber verzichten. Daran ändern auch die Fiskalunion und die Bankenunion nichts.

Damit hat die Politik der europäischen Einigung ihr vorläufiges Ende erreicht. Nach der Einheitlichen Europäischen Akte und dem Binnenmarkt, nach dem Maastrichter Vertrag und der Währungsunion sind Fiskalunion und Bankenunion die letzten Projekte, die im Rahmen der bestehenden nationalen Verfassungen und Souveränität möglich sind. Der darauf folgende Zustand der Ruhe und Beständigkeit wird europapolitisch gerne als Stillstand gewertet, was meist eine negative Bewertung in sich trägt. Dahinter verbirgt sich die Vorstellung, dass Europa der ständigen Bewegung bedarf, um bei sich selbst zu bleiben. Doch wieso eigentlich? Nationale Verfassungen werden auch nicht ständig sehr grundsätzlich verändert oder auf ihre Spannung und Elastizität getestet, sondern folgen der Verfassungsrealität mit zeitlichem Abstand. Nie stehen aber die konstitutiven Elemente der Verfassung in Rede. Anders in Europa, das sich sechs Jahrzehnte auf einem Weg befunden hat, dessen Ziel nie klar definiert, sondern allenfalls grob umrissen war: ein Europa des Friedens, der Freiheit und des Wohlstands. Doch was ist dafür heute zusätzlich notwendig?

Ist der Ausbau der Währungsunion zur politischen Union wirklich eine »konsequente Entscheidung«?[494] Eine politische Union mag den Frieden zusätzlich sichern, dafür aber die Freiheit in den Nationen gefährden, während sie zum Wohlstand nicht zwingend etwas beitragen kann. Die Behauptung, »der Verzicht auf die europäische Einigung wäre auch ein Abschied von der Weltgeschichte«[495], greift sehr hoch und gewinnt so eine enorme Fallhöhe, die sichtbar wird, wenn sich dahinter – wie bei diesen Autoren – das Werben für Eurobonds und eine europäische Schuldengemeinschaft verbirgt. So bringt man nicht nur den eigenen Anspruch zu Fall, sondern am Ende auch die europäische Idee durch Überforderung. Da hilft es wenig, wenn dafür »die normative Prämisse« bemüht wird, wonach »aus den asymmetrischen Folgen der politisch unbeherrschbaren Interdependenzen zwischen nationalen Ökonomien der EWU-Mitgliedstaaten eine Verpflichtung zu solidarischem Handeln« – gemeint für die Bundesrepublik – abgeleitet wird.[496] Allein auf asymmetrischen Folgen kann ohne Würdigung der Ursachen und der Verantwortung keine solidarische Pflicht gründen; mit klarem Blick sind die Fehlanreize einer solchen Lösung zu erkennen.

Man darf nicht irrewerden an der scheinbar so eingängigen, auf den früheren Kommissionspräsidenten Jacques Delors zurückgehenden Metapher: »Europa ist wie ein Fahrrad. Hält man es an, fällt es um.« Ein Fahrrad fällt nur um, wenn es keinen Fahrer hat oder der Fahrer das Gerät nicht bedienen kann. Das europäische Fahrrad gehört vielleicht einfach nur in die Garage, freilich in eine andere als die, aus der es vor 30 Jahren geholt wurde. Und natürlich kann an dieser Garage weiterhin gearbeitet werden, nur nicht mehr durch Abriss oder grandiosen Neubau, sondern durch den Einbau stabilisierender Träger und Stützen. Folgende mit unterschiedlicher Stärke und Profil versehene Träger und Stützen der Europäischen Union erscheinen mir sinnvoll:

(1) *Die Frage nach der Finalität Europas beantworten.* »Der Weg zur Europäischen Union ist unumkehrbar. Die Mitgliedstaaten der Europäischen Gemeinschaft sind jetzt für die Zukunft in einer Weise miteinander verbunden, die ein Ausbrechen oder einen Rückfall in früheres nationalstaatliches Denken mit allen seinen schlimmen Konsequenzen unmöglich macht«, so begann Helmut Kohl am 13. Dezember 1991 seinen Bericht im Deutschen Bundestag über den Europäischen Rat von Maastricht. Was hier scheinbar zwingend angelegt ist, ließ aber von Anfang an offen, wie weit die Integration völkerrechtlich (Staatenbund oder Bundesstaat)[497] und räumlich gehen soll. Anfang der 1990er Jahre war die heute erreichte EU-27 noch ferne Zukunftsmusik.[498] Deren Realisierung führt aber unweigerlich zu der Frage, wie mit der Türkei nach langen Diskussionen und Verhandlungen zu verfahren ist und welche Angebote an die Nachbarn und möglichen Partner im Osten – Weißrussland, die Ukraine und die Moldau, aber auch Russland –

gemacht werden können. Diese Fragen werden aber nicht zu beantworten sein, wenn unklar ist, welche Qualität und welche räumliche Ausdehnung die Union letztlich haben soll. Auch der Verweis auf europäische Werte und den *Acquis communautaire* als Zugangsbedingungen zur Europäischen Union kann das Problem nicht lösen.

Wer das kulturelle Erbe Europas politisch mobilisieren will, der muss den Mut haben, die europäische Integration räumlich zu begrenzen und die Frage nach der Finalität der Union zu beantworten. Der Beitritt immer neuer Kandidaten zur Europäischen Union verändert zusehends deren Qualität. Finalität und Integrationstiefe müssen gemeinsam gedacht und geklärt werden. Wenn Europa sich und seine Geschichte ernst nimmt und die Europäisierung nicht zu einem fundamentalen europäischen Problem machen will,[499] dann ist die räumliche Ausdehnung jetzt an ihr Ende gekommen. Denn man sollte nur versprechen, was man einlösen kann. Auf Freihandel konzentrierte Assoziierungsabkommen und privilegierte Partnerschaften sind dann die Lösungen für die Türkei sowie die östlichen Nachbarn und Partner. Dies bietet auch eine entkrampfende Aussicht für das aus geopolitischen Gründen gespannte Verhältnis zu Russland.

(2) *Sicherung der vier Grundfreiheiten und des Schengen-Abkommens.* Mit der Begründung des Binnenmarktes am 1. Januar 1993 wurden die vier Grundfreiheiten zu elementaren Pfeilern der europäischen Integration: Personenfreizügigkeit, Dienstleistungsfreiheit, Warenverkehrsfreiheit sowie freier Kapital- und Zahlungsverkehr. Die Freizügigkeit für Personen eröffnet jedem Unionsbürger, ungeachtet seines Wohnortes, in jedem Mitgliedstaat die Möglichkeit, eine Beschäftigung aufzunehmen und auszuüben wie ein Angehöriger dieses Staates. Eine auf der Nationalität beruhende unterschiedliche Behandlung der Arbeitnehmer – bezogen auf Zugang zu, Art und Entlohnung einer Beschäftigung und sonstige

Arbeitsbedingungen – gibt es in der Europäischen Union nicht. Zusammen vor allem mit der Dienstleistungsfreiheit können so die Europäer ganz lebenspraktisch zueinanderfinden. Jedes Aufweichen und Infragestellen dieser Grundfreiheiten verhindert, dass wir dort vorankommen, wo es so bedeutsam ist: beim Miteinander der Menschen. Jeder politische Opportunismus bei gefühlter Kritik ist deshalb unverantwortlich. Arbeitsmarktanalysen zeigen im Übrigen, dass die von den Ängstlichen immer vorgetragenen Sorgen um die eigenen Arbeitsplätze durch entsprechende Zuwanderung für die Europäische Union und speziell für Deutschland nicht zu belegen sind. In diesen Kontext gehört das Schengener Abkommen, das den Wegfall der Personenverkehrskontrollen an den Binnengrenzen umsetzt (im Schengen-Gebiet sind die Personenkontrollen auf Stichproben hinter den Landesgrenzen beschränkt, während Personen an den Außengrenzen zu Drittstaaten nach einem einheitlichen Standard kontrolliert werden). Diesen Rechtsstand zu sichern ist angesichts simpler Parolen vom politisch rechten Rand höchst bedeutsam. Handlungsbedarf besteht für eine vollständige Liberalisierung der Dienstleistungsmärkte, deren Potenzial für Wachstum noch lange nicht ausgereizt und deren Bedeutung mit Blick auf den beschriebenen Verbund aus Industrie und Dienstleistungen besonders groß ist.

(3) *Glaubwürdiges Bekenntnis zum Euro ist essenziell.* Die gemeinsame Währung – der Euro – muss in die Zukunft gesichert werden, wenn es uns mit Europa ernst ist. Eine Währungsunion ist grundsätzlich eine Glaubwürdigkeitsgemeinschaft mit einem Versprechen langfristiger Bindung, sie ist gerade kein Buchclub, aus dem man beliebig ein- und austreten oder die Mitgliedschaft mal ruhen lassen kann. Die notwendige Glaubwürdigkeit jedes Währungsversprechens kann mit Zweifeln an der Mitgliedschaft einzelner Staaten nicht erreicht werden. Dies und die Kapitalmarktanpassungen an ein Währungsregime führen dazu, dass zwischen

Gründung und Auflösung respektive Eintritt und Austritt keine Symmetrie besteht, es sind jeweils Entscheidungen unterschiedlicher Qualität und mit asymmetrischen Folgen. Das führt dazu, dass der Austritt einzelner Länder allein wegen der Unkalkulierbarkeit seiner Folgen für das gesamte Währungsarrangement keine wohlfeile Option der Währungspolitik ist. Die dazu verschiedentlich vorgelegten Analysen zum Austritt einzelner Staaten aus der Eurozone, deren Teilung oder Auflösung können nur bei entsprechend einseitiger Setzung der Annahmen Vorteile für Sezessionisten suggerieren.

Kultivierte Zweifel an der gemeinsamen Währung mögen zwar unterhaltsam sein, konstruktiv sind sie damit noch lange nicht – und erst recht dann nicht, wenn es nur um die Auflösung der Eurozone geht. Dieser Schritt wäre so desintegrierend, dass er andere europäische Institutionen und Integrationsformen nicht unberührt lassen würde. Man mag die Sackgassenlogik einer Währungsunion beklagen, ignorieren sollte man sie nicht. Das fällt freilich leichter, wenn die nationale finanzpolitische Verantwortung ernst genommen wird. Wer die Kompetenz beansprucht, Schulden zu machen, der hat auch die Pflicht zum gebotenen Schuldenabbau. Die Krise seit 2010 sollte durch die erstmals spürbare Sanktionskraft der Kapitalmärkte allen Mitgliedsstaaten der Eurozone vermittelt haben, dass es hier keinen nationalen Deutungsspielraum für gemeinsam definierte Regeln mehr gibt.

(4) *Krisenpolitik für ein »Europa des Rechts«*. Die bislang gefundenen Lösungen im Zuge der Eurostaatsschuldenkrise begründen durch Sixpack, Fiskalvertrag und Europäischen Stabilitätsmechanismus (ESM) eine neue Koordination und Überwachung der nationalen Finanzpolitik im europäischen Semester der Budgeterstellung. Ebenso ergänzt die Bankenunion – bei aller Kritik an der Umsetzung – mit einer europäischen Aufsicht (jedoch am besten getrennt vom Eurosystem), einer europäischen Abwicklungs-

strategie für marode Banken sowie europäischen Standards für die Einlagensicherung – die Währungsunion auf angemessene Weise. Die Möglichkeiten einer Zentralisierung sind mit Blick auf die nationalen Verfassungen damit weitgehend ausgeschöpft. Erwägenswert ist es, den Währungskommissar vergleichbar dem Wettbewerbskommissar mit Kompetenzen (Klagerecht und Durchgriffsmöglichkeiten) auszustatten und ein Beistandsrecht der Union für administrativ handlungsunfähige Staaten der Eurozone in Krisensituationen zu begründen. Beides läge in der Logik der bisherigen europäischen Handlungsmuster und Verantwortungszuordnungen, es begründete nur dort, wo die nationalen Parlamente entsprechende Grundlagen geschaffen haben, eine zusätzliche Sanktionsbewehrung für die Umsetzung. Grundsätzlich sind neue Verantwortungsstrukturen geschaffen worden, die nun erstmals gelebt werden müssen.

Die Krisenpolitik hat bei Ökonomen und Juristen die Frage aufgeworfen, ob das damit verbundene Abgehen von den bestehenden Regeln nicht das »Europa des Rechts« in Zweifel zieht: »Die Europaarchitekten agieren also in einer schwierigen Lage: Ihr Ringen um mehr Europa ist von der Gefahr geboten, aber oft von den Gesetzen verboten.«[500] Tatsächlich ist gegen gültige Regeln verstoßen worden. Bedenklich war die Umgehung des Stabilitäts- und Wachstumspaktes durch Deutschland und Frankreich im Jahr 2003. Dafür gab und gibt es keine akzeptable Begründung. Etwas anderes konstituiert jedoch der Ausnahmezustand. Dann sind Regelverstöße hinnehmbar, wenn sie krisenpolitisch unvermeidbar und wirksam sind, zugleich sachlich sowie zeitlich begrenzt bleiben und einen institutionellen Lernprozess einleiten. Es gehört nun einmal zu den Desideraten der Ordnungspolitik, dass sie mit Krisen nicht konstruktiv umzugehen weiß. Das macht Krisen aber nicht per se zu Katastrophen, und das stellt Krisenpolitik nicht per se außerhalb der Ordnung des Rechts. Die EU-Krisenpolitik kann dies für sich in Anspruch nehmen. Die Suche nach neuen Regeln als Ausdruck eines gemeinsamen Lernprozesses ist dann die Antwort für den neuen Normalzustand, begründen von Neuem *das Europa des Rechts*. Jeder leichtfertige Versuch, diese Regeln wieder aufzuweichen – und sei es nur durch eine scheinbar billige Entfristung der Zielerreichung für die Haushaltssanierung –, droht genau diesen Kontext wieder zu zerstören. Die von Frankreich und Italien im Sommer 2014 mit Unterstützung der deutschen Sozialdemokratie vorgetragenen entsprechenden Forderungen sind deshalb so fatal.

(5) *Die Option einer Europäischen Verteidigungsgemeinschaft (erneut) prüfen.* Eine kurzfristig denkbare Stabilisierung der europäischen Integration könnte dadurch erreicht werden, dass die Europäische Verteidigungsgemeinschaft fast 60 Jahre nach ihrem Scheitern erneut zum Programm gemacht wird. Daran lässt sich die Ernsthaftigkeit der Partner messen, politisch näher zueinanderzufinden, ohne elementare Souveränitätsrechte aufgeben zu müssen. Immer wieder ist die europäische Integration von Vorschlägen begleitet worden, eine Verteidigungsgemeinschaft zu etablieren. Erstmals Anfang der 1950er Jahre wurde dieses Projekt (Pleven-Plan) betrieben und tatsächlich am 26. und 27. Mai 1952 mit dem EVG-Vertrag kodifiziert, es scheiterte aber am 30. August 1954 in der Pariser Nationalversammlung. Ersatzweise wurde bereits im selben Jahr durch die sogenannte Londoner Akte die *Westeuropäische Union* (WEU) gegründet, um Deutschland militär- und rüstungspolitisch einbinden zu können.

In den frühen 1980er Jahren sahen Mitterrand und Kohl in der WEU eine Möglichkeit, die Sicherheitspartnerschaft auszubauen, was aber am Widerstand von Margaret Thatcher scheiterte.[501] Dieser historische Verweis macht deutlich, dass es kein Selbstläufer sein wird. Die Bedingungen sind heute andere als vor 30 Jahren. Europa ist nicht mehr durch den Systemkonflikt und die dadurch bedingte Teilung geprägt, sondern durch die EU geografisch weiträumig gefasst. Die Frage nach einer eigenständigen verteidigungspolitischen Zusammenarbeit – neben NATO und transatlantischer Partnerschaft – kann neu gestellt werden. Mit der Gemeinsamen Sicherheits- und Verteidigungspolitik, die nach dem Kölner EU-Gipfel 1999 im Lichte der Jugoslawien-Krise als Europäische Sicherheits- und Verteidigungspolitik begründet, durch den Vertrag von Nizza (2001) vertraglich aufgenommen und mit dem Lissaboner Vertrag (2009) schließlich in die »Gemeinsame Sicherheits- und Verteidigungspolitik« (GSVP) überführt wurde, besteht bereits eine Grundlage. Wie bereits angeführt, ist der Schritt zu einer Europäischen Verteidigungsgemeinschaft an die Voraussetzung gebunden, die Grenze der Union nach Osten abschließend zu definieren.

(6) *Eine europäische Strategie für Industrie.* Die Wirtschaftskrise hat nicht nur die Funktions- und Anreizprobleme des globalen Finanzsystems offenbart, sondern auch die Bedeutung unterschiedlicher Wirtschaftsstrukturen für die Möglichkeit nachhaltiger Entwicklung von Beschäftigung und Einkommen. Der Befund wieder zunehmender Divergenz des Pro-Kopf-Einkommens in der Europäischen Union hat die Kommission zu einer industriepolitischen Offensive angeregt, nach der der Industrieanteil bis 2020 auf 20 Prozent gehoben werden soll. Der internationale Handel ist immer noch zu 80 Prozent Warenhandel, ohne leistungsfähige Industrieprodukte kann man an diesem Wettbewerb nicht teilnehmen und auch nicht wirklich von der Globalisierung profitieren. Eine Erhöhung der Nachfrage nach Industriegütern um einen Euro erhöht die gesamtwirtschaftliche Nachfrage um 1,68 Euro, die Industrie schafft in der EU direkt und indirekt 52 Millionen Arbeitsplätze. Deshalb braucht Europa eine starke Industrie, aber auch starke Dienstleistungen; auf die Liberalisierung der Dienstleistungsmärkte wurde bereits hingewiesen. Die Produkte werden

immer komplexer, und immer mehr verschwimmen die Grenzen zwischen Industrie und Dienstleistungen. Deshalb geht es um einen leistungsfähigen Industrie-Dienstleistungsverbund, der weltweit der Vorteil der Europäer ist.

Aber: Das verarbeitende Gewerbe hat in Europa seit 2000 rund 3,3 Prozent an Wertschöpfungsanteilen verloren – das ist im globalen Vergleich ein hoher Rückgang –, und nur wenige Länder konnten sich diesem Trend entziehen. So bedarf es eines *New EU Industrial Compact*[502], grenzüberschreitende Wertschöpfung und mehr internationale Innovationskooperation sind dabei die zentralen Elemente, um einen *Binnenmarkt für unternehmerische Kooperation* zu schaffen und die Unternehmen zu befähigen, sich stärker gemeinsam zu vernetzen (weitere Marktöffnung, Ausbau und Stärkung der grenzüberschreitenden Infrastrukturnetze, europäische Innovationsplattformen, *best practice of value chain integration*).

Mit der Stärkung des Industrie-Dienstleistungsverbundes ergeben sich Möglichkeiten für kundendifferenzierte Lösungen und die Beherrschung von Marktnischen, zugleich aber begründen solche hybriden Wertschöpfungsmuster Hoffnungen auf Erfolge in der allenfalls am Anfang stehenden *Industrie 4.0*. Durch den direkten Datenaustausch sowie die Vernetzung zwischen Hersteller und Kunden, unter Einbeziehung von Lagersystemen und Betriebsmitteln wird die Wertschöpfungskette durchgängig digitalisiert. Das eröffnet Effizienzgewinne und begründet neue Angebote für nachgelagerte Dienste. Deutschland steht dafür strukturell gut da, allerdings ist die Aussicht auf Erfolg an zweifelhafte Voraussetzungen gebunden. Denn die für Industrie 4.0 zentrale Breitbandversorgung entspricht nicht dem Niveau eines Industrielandes. Das Fehlen marktprägender Internetinnovationen aus Deutschland begründet sogar die Gefahr, dass diese industrielle Revolution durch die Digitalwirtschaft und nicht durch die Industrie gesteuert und beherrscht wird. Dagegen kann angeführt werden, dass der durch differenzierte, aber komplexe Lösungen (bis hin zur Losgröße 1 als Chiffre für eine extreme kundenorientierte Produktdifferenzierung) und inkrementelle Innovationen charakterisierte Industrie-Dienstleistungsverbund nicht so einfach durch skalierungsträchtige Internet-Geschäftsmodelle übernommen werden kann.

Damit sind aber noch ganz andere, sehr grundsätzliche Fragen verbunden, deren Beantwortung weitgehend offen ist, aber in jedem Fall eine europäische Dimension hat: Wie stellt sich Europa im Bereich der digitalen Wertschöpfung auf, wo weniger als 10 Prozent der weltweiten Umsätze in der Informations- und Kommunikationstechnologie (IKT) noch von europäischen Unternehmen erwirtschaftet werden? Was folgt für die Perspektive der Industrie 4.0 aus der Tatsache, dass viele Branchen der europäischen Industrie zunehmend von außereuropäischen IKT-Unternehmen abhängig sind? Was sind die wettbewerbspolitischen Herausforderungen, die sich aus der marktbeherrschenden Stellung großer Internetfirmen ergeben? Ist die Entflechtung eine relevante und realistische Option? Wie ist mit der Tatsache umzugehen, dass die Nutzung der riesigen Datenmengen zur Beschränkung individueller Kompetenz führen kann? Wie kann Europa seine »digitale Souveränität« sichern, um konstitutive Elemente unserer Demokratie zu bewahren? Die Diskussion dieser Fragen hat gerade erst begonnen. Dass damit elementare Wohlstandsgrundlagen adressiert werden, ist wohl unstrittig. Dass Europa hier besonders gefordert ist, weil die Einzelstaaten zu wenig Einfluss besitzen, wohl auch (Stichwort: europäische Datenschutz-Grundverordnung). Das Urteil des Europäischen Gerichtshofs vom 13. Mai 2014, das Google dazu verpflichtet, personenbezogene sensible Daten zu löschen, ist ordnungspolitisch bedeutsam, weil es unabhängig vom Standort des Suchservers Google – quasi analog der *Effects Doctrine* in der Fusionskontrolle – extraterritorial in die Verantwortung nimmt.

(7) *Europas Angebot an die Welt als »wichtigster Geburtsort der Vernunft«.*[503] Europa steht trotz seiner vielen Konflikte in der Vergangenheit zugleich für das Bemühen um Frieden: Frieden durch Recht und Frieden durch Säkularisation des Politischen. Aufklärung, Vernunft und Freiheit, kulturelle Vielfalt und politische Differenzierung sind jene Kategorien, die unverändert von hoher Strahlkraft sind – von einer Strahlkraft weit über dieses Kerneuropa hinaus, weil sie die geronnene Erfahrung eines historischen Raums repräsentieren und nicht als frei schwebende Ziele der Gegenwart oder allfällige politische Topoi daherkommen. Europa ohne kulturelle Dimension verstehen und gestalten zu wollen wird nicht dauerhaft gelingen können. Das vielleicht doch noch auf den zweiten Blick zu realisieren, erfordert freilich die ruhige Betrachtung, das gelassene Verweilen, die extreme Verlangsamung gegen hektische politische Betriebsamkeit.

Dies gilt umso mehr, wenn von vielen Seiten die schnelle Aktion gefordert wird, um den ansonsten unvermeidbaren Zerfall Europas zu verhindern.[504] Die Absage an ständige Bewegung, an ein permanentes Vorantreiben des europäischen Integrationsanspruchs ist neben dem Befund kultureller Vielfalt, die durch gemeinsame europäische Erfahrungen getragen wird, unweigerlich verknüpft mit der Feststellung, dass der Nationalstaat als ebenso europäische Erfindung die strukturierende Größe für dieses Europa als Friedens- und Freiheitsordnung ist. Es ist ein Europa, in dem Deutschland keine offene politische Frage mehr ist. Die verspätete Nation, die 1990 als junge Nation an ihr Ziel kam, bietet sich habituell wie ökonomisch als unentbehrliches Kraftzentrum für dieses Europa an.

ANMERKUNGEN

1 Gauck 2014.
2 Beck 2012, S. 55.
3 Vgl. Clark 2012; Cantoni, Kugler, Wößmann 2014.
4 Vgl. Schwilk, Schacht 1994; Leggewie 1996, S. 301 f.; Klotz, Schneider 1997.
5 Streeck 2013, S. 96.
6 Ebd., S. 13.
7 Ebd., S. 26 f.
8 Elias 1992, S. 9.
9 Wehler 2011, S. 105.
10 Vgl. Glotz 1990, S. 137.
11 GIZ 2012, S. 8, 11.
12 GIZ 2012, S. 14.
13 Vgl. Gauck 2014.
14 Vgl. Glotz 1990.
15 Ebd., S. 10.
16 Vgl. Wehler 2011, S. 105 ff.
17 Glotz 1990, S. 89.
18 Lemberg 1962, S. 307.
19 Vgl. Winkler 2002b, S. 443 ff., 476 ff.
20 Conze 1964, S. 13 f.
21 Gross 1992, S. 20.
22 Alter 1985, S. 124.
23 Vgl. W. Schulze 2002, S. 226.
24 Alter 1985, S. 126.

25 Conze 1964, S. 13.
26 Dann 1993, S. 312 ff.
27 Bach 2008, S. 179.
28 Judt 2009, S. 25.
29 Ebd., S. 23.
30 Laqueur 2013, S. 108 f.
31 Schäuble, Lamers 1994, S. 1.
32 Vgl. Bofinger, Habermas, Nida-Rümelin 2012.
33 Vgl. Bach 2008, Voßkuhle 2012.
34 Vgl. Dietze 2006.
35 Vgl. ebd., S. 83 ff.
36 Ebd., S. 135.
37 Ebd.
38 Vgl. Plessner 1982 u. 1931, S. 140 u. 142.
39 Vgl. Marquard 2000, S. 94.
40 Ebd., S. 99.
41 Vgl. Arendt 1960.
42 Plessner 1924.
43 Kuhlmann 2002, S. 15 ff.
44 Vgl. Plessner 1982, S. 183 ff.
45 Ebd., S. 184.
46 Ebd., S. 191, 194, 197.
47 Vgl. Dietze 2006, S. 351 ff.; zur Kritik Horkheimers vgl. Jörke 2005, S. 49 ff.
48 Plessner 1924, S. 17 f.
49 Vgl. Bialas 2010, S. 21 f.
50 Plessner 1970, S. 134.
51 Bialas 2010, S. 22.
52 Streeck 2013, S. 13.
53 Ebd., S. 8.
54 Zürn 1998, S. 13.
55 Streeck 2013, S. 12.
56 Arendt 1981, S. 21.
57 Arendt 1996, S. 72.
58 Marquard 1981.
59 Plessner 1982, S. 169.
60 Ebd., S. 171.
61 Arendt 1981, S. 71.
62 Ebd., S. 72.
63 Vgl. Rawls 2003, S. 132 ff.

64 Vgl. Gerhardt 2007, S. 20 f.
65 Vgl. Schuppert 2010.
66 Vgl. Forsthoff 1938, 1958.
67 Lübbe 2009, S. 66.
68 Vgl. Kirchhof 2010.
69 Vgl. Nolte 2012, S. 148 f.
70 Kirchhof 2010, S. 56.
71 Vgl. Arendt 1981, S. 60 ff.
72 Vgl. Höffe 2004, S. 51 ff.
73 Nolte 2012, S. 434.
74 Rawls 2003, S. 78.
75 Ebd., S. 87.
76 Vgl. Gerhardt 2007, S. 24 f.
77 Vgl. Nussbaum 2010, S. 138 ff.
78 Grimm 2009, S. 16.
79 Vgl. ebd., S. 34.
80 Vgl. Voßkuhle 2012.
81 Ebd.
82 Vgl. Nolte 2012, S. 126 f.
83 Vgl. ebd., S. 111.
84 BVerfG, 2 BvE 2/08 vom 30.6.2009, Rn 252.
85 Vgl. Maus 2011, S. 7.
86 Ebd., S. 8 f.
87 Schuppert 2010, S. 49; Höffe 1999, S. 208 ff.
88 Vgl. Beckmann 2010.
89 Erster Engagementbericht 2012, Ziffern 27 ff.
90 Münkler 1993, S. 6 f.
91 Vgl. Gerhardt 2012, S. 45 ff.
92 Arendt 1960, S. 40.
93 Arendt 1981, S. 36.
94 Gerhardt 2012, S. 47.
95 Arendt 1981, S. 60 f., 71 f.
96 Weber 1919a, S. 81.
97 Vgl. Lübbe 2009.
98 Plessner 1924,- S. 30.
99 Ebd., S. 41.
100 Vgl. Williamson 2002.
101 Vgl. Croft 2003; Williamson 2003.
102 Vgl. Ahrens 2010, S. 181 ff.

103 Vgl. Ahrens 2010, S. 188.
104 Streeck 2013, S. 54 ff.
105 Vgl. Ahrens 2010, S. 180.
106 Williamson 2003.
107 Streeck 2013.
108 Ebd., S. 13.
109 Vgl. Hofstede, Hofstede 2012.
110 Vgl. Obstfeld, Rogoff 2000; Heathcote, Perri 2013.
111 Vgl. IW Köln 2013.
112 Vgl. Heathcote, Perri 2013.
113 Vgl. Hofstede, Hofstede 2012.
114 Weber 1895, S. 4 ff.
115 Höffe 1999, S. 20 f.
116 Ebd., S. 25.
117 Vgl. Goecke 2013.
118 Vgl. Stigler 1988, S. 9 ff.
119 http://www.europeansocialsurvey.org/
120 Hall, Soskice 2004.
121 Vgl. Hall, Soskice 2004.
122 Vgl. ebd.; Hall, Gingerich 2005.
123 Vgl. Hofstede, Hofstede 2012; Elias 1992.
124 Hofstede, Hofstede 2012, S. 4.
125 Vgl. ebd., S. 31 ff.
126 Vgl. ebd., S. 86 ff.
127 Ebd., S. 364.
128 Vgl. Aoki 2010, S. 71 ff.; Hall, Soskice 2004.
129 Vgl. Zürn 1998, S. 10.
130 Ebd., S. 13.
131 Streeck 2013.
132 Zürn 1998, S. 13.
133 Vgl. Streeck 2013, S. 46 ff.
134 Vgl. ebd., S. 54 ff.
135 Vgl. Schäfer 2009; Müller 2013, S. 340 f.
136 Vgl. Calmfors, Driffill 1988.
137 Müller 2013, S. 343 ff.
138 Vgl. Schäfer 2009, S. 163.
139 Ebd., S. 164.
140 Streeck 2013, S. 25 f.
141 Vgl. Nolte 2012, S. 448.

142 Vgl. Steffek 2008, S. 181 ff.
143 Vgl. Steffek 2008, S. 200 f.
144 Zur diskurstheoretischen Begründung vgl. Habermas 2013, S. 67 ff.
145 Vgl. Schuppert 2010, S. 64, 116 f.; Crouch 2011, S. 203 ff.
146 Vgl. Erster Engagementbericht 2012, Ziffern 35 und 23.
147 Vgl. zu allen Befunden: Erster Engagementbericht 2012, Ziffern 566 ff.
148 Vgl. Stehr 2007, S. 70 f.
149 Nolte 2012, S. 449.
150 Crouch 2011, S. 222.
151 Vgl. Schuppert 2010, S. 89 ff.
152 Vgl. Maus 2011, S. 7 ff.
153 Vgl. Schuppert 2010, S. 169 f.
154 Vgl. Erster Engagementbericht 2012, Ziffer 35.
155 Vgl. Kiwit, Voigt 1998.
156 Vgl. Hall, Soskice 2004.
157 Crouch 2008.
158 von Hayek 1978.
159 Vgl. Horn, Hüther 2011, S. 267 ff.
160 Schulze 1996, S. 69.
161 Vgl. Winkler 2002b, S. 470 ff.
162 Jahn 2012, S. 93.
163 Vgl. Alter 1985, S. 16; Dann 1993, S. 11 ff.; H. Schulze 1996, S. 66 ff.; Hroch 2005, S. 11 ff.
164 Vgl. Hroch 2005, S. 38.
165 Weber 1980, S. 528.
166 Lemberg 1962, S. 303.
167 Vgl. Weber 1980, S. 528.
168 Zum entsprechenden Wandel der Begriffsdeutung vgl. Hroch 2005, S. 14 f.
169 Weber 1980, S. 530.
170 Ebd., S. 17.
171 Conze 1964, S. 2.
172 Ebd., S. 3.
173 Habermas 2103, S. 72.
174 Vgl. Arendt 1981, S. 62 ff.; Schulze Wessel et al. 2013.
175 Vgl. Gerhardt 2012, S. 45 ff.; Peters 2007, S. 55; Hroch 2005, S. 23.
176 Vgl. Gerhardt 2012, S. 168 ff.
177 Kocka 1989, S. 140.
178 Vgl. Gerhardt 2012, S. 136 ff.
179 Hroch 2005, S. 17.

180 Arendt 1981, S. 63.
181 Vgl. Marquard 2004, S.12, 16 ff.
182 Vgl. Gerhardt 2012, S. 14 f., 165 ff.
183 Peters 2007, S. 59 f.
184 Vgl. Gerhardt 2012, S. 36 f.
185 Arendt 1981, S. 68.
186 Vgl. Marquard 2004, S. 40 ff.
187 Gerhardt 2012, S. 39.
188 Peters 2007, S. 61; Habermas 2013, S. 67 ff.
189 Vgl. Peters 2007, S. 69 ff., 82 ff., 89 ff.
190 Conze 1964, S. 2.
191 Vgl. Hroch 2005, S. 149 ff.
192 Koselleck 2006, S. 160, 170.
193 Vgl. Gronemeyer 1993, S. 20 f.; Imhof 1985, S. 202.
194 Gronemeyer 1993, S. 26.
195 Vgl. Gronemeyer 1993, S. 35.
196 Vgl. Gurjewitsch 1980, S. 338 ff.
197 Ebd., S. 349.
198 Vgl. Imhof 1985, S. 19 ff.
199 Ebd., S. 25.
200 Le Goff 1994, S. 23.
201 Vgl. Mitterauer 2009, S. 293.
202 Arendt 1981, S. 318.
203 Vgl. North 1988, S. 163 ff.; Hahn 2005; Gerhardt 2012, S. 136 ff.
204 Vgl. Clark 2012.
205 Kocka 1989, S. 142.
206 Vgl. Clark 2012.
207 Vgl. Dipper 1991, S. 188.
208 Lemberg 1962, S. 304.
209 Giesen, Junge 1991, S. 263.
210 Vgl. Hroch 2005, S. 62 ff.
211 Habermas 2013, S. 79.
212 Renan 1882.
213 Alter 1985, S. 55.
214 Vgl. Glotz 1990; Winkler 2009; Wehler 2011, S. 105 ff.
215 Alter 1985, S. 99.
216 Vgl. Judt 2009, S. 731 ff.
217 Vgl. ebd., S. 766 ff.
218 Vgl. Alter 1985, S. 97.

219 Dann 1993, S. 12, 17.
220 Gerhardt 2012, S. 18 u. 369.
221 Vgl. Maurer 1993, S. 46 f.
222 Elias 1992, S. 8 ff.
223 Ebd., S. 19.
224 Vgl. Maurer 1993, S. 49 ff.
225 Winkler 2002a, S. 217.
226 Maurer 1993, S. 81.
227 Winkler 2002a, S. 217.
228 Winkler 2002a, S. 280.
229 Vgl. Hroch 2005, S. 27 f.
230 Vgl. Wehler 2011, S. 7.
231 Gross 1992, S. 11.
232 Vgl. ebd., S. 19.
233 Mattenklott 2001, S. 604.
234 von See 1975, S. 70.
235 Vgl. Landfester 1996, S. 213.
236 Münkler 2009, S. 116 ff.
237 Mattenklott 2001, S. 609.
238 Vgl. Münkler 2009, S. 117 ff.; P. Weber 2008, S. 47 f.
239 Vgl. Münkler 2009, S. 37 ff.
240 Vgl. P. Weber 2008.
241 von See 1975, S. 7.
242 Ebd., S. 37 u. 26.
243 Meinecke 1907.
244 Vgl. Deutsch 1972, S. 204.
245 Vgl. Dann 1993, S. 21 ff.
246 Vgl. Schieder 1971, S. 11.
247 Vgl. Lemberg 1962, S. 307.
248 Vgl. Alter 1985, S. 21; H. Schulze 1996, S. 74.
249 H. Schulze 1996, S. 77.
250 Giesen, Junge 1991, S. 260.
251 Plessner 1959, S. 69 ff.
252 Ebd., S. 73.
253 Troeltsch 1916, S. 243.
254 Vgl. Ullrich 2009, S. 12 f.
255 Ebd., S. 170.
256 Ullrich 2009, S. 80.
257 Mâle 1917.

258 Ullrich 2009, S. 150.
259 Vgl. Busse 1995, S. 208 f.
260 Plessner 1959, S. 73.
261 Der Aufruf der 93 »An die Kulturwelt!« 1914; vgl. Ungern-Sternberg, Ungern-Sternberg 1996.
262 W. Schulze 2002, S. 236.
263 Vgl. Ungern-Sternberg, Ungern-Sternberg 1996.
264 Ebd., S. 44 f.
265 Hoeres 2004, S. 116.
266 Ungern-Sternberg, Ungern-Sternberg 1996, S. 54.
267 Elias 1992, S. 8 ff.
268 Vgl. Ungern-Sternberg, Ungern-Sternberg 1996, S. 110 f.
269 Vgl. Ullrich 2009, S. 149 ff.
270 Vgl. Landfester 1996.
271 Vgl. von See 1975.
272 Vgl. Kallscheuer, Leggewie 1996.
273 Vgl. Kallscheuer, Leggewie 1996, S. 119.
274 Ebd., S. 162.
275 Hoeres 2004, S. 586.
276 Vgl. ebd., S. 110 ff.
277 von Weizsäcker 1990.
278 Seipel 1916, S. 15.
279 Vgl. W. Schulze 2002, S. 229 ff.
280 Giesen, Junge 1999, S. 303.
281 Vgl. Busse 1995, S. 216.
282 Giesen, Junge 1999, S. 303.
283 Vgl. Widmann 2000.
284 Plessner 1959, S. 81; vgl. auch Plessner 1948.
285 Vgl. Plessner 1959, S. 40 ff.
286 Busse 1995, S. 212.
287 Fischer 1990, S. 402.
288 Plessner 1959, S. 68 f.
289 Vgl. Winkler 2002a, S. 222 ff.
290 Vgl. EKD 2006.
291 Plessner 1959, S. 42.
292 Plessner 1959, S. 165.
293 Plessner 1959, S. 38.
294 Vgl. Krockow 2003, S. 398.
295 Vgl. W. Schulze 2002, S. 233 ff.

296 W. Schulze 2002, S. 240.
297 Koselleck 1999, S. 362.
298 Winkler 2009.
299 Koselleck 1999, S. 363.
300 W. Schulze 2002, S. 227.
301 Landfester 1996, S. 207 f.
302 Ebd., S. 210.
303 Vgl. Schilling 2000.
304 Vgl. Schulze 1987, S. 204 ff.
305 Schilling 2000, S. 704.
306 Vgl. Schulze 1987, S. 253 ff.
307 Ebd., S. 258.
308 Schilling 2000, S. 708.
309 Ebd., S. 714.
310 Vgl. zu dieser Kritik Koselleck 1999, S. 370 ff.
311 Plessner 1959, S. 82.
312 Ebd., S. 166.
313 Greinert 2006, S. 499.
314 Vgl. Greinert 2006; von Krockow 2002, S. 86.
315 Vgl. Fischer 1990, S. 402 f.
316 Plessner 1959, S. 11.
317 Bracher 1976, S. 544.
318 Vgl. Winkler 2002b, S. 424 ff.
319 Brandt 1989.
320 *Der Spiegel*, 18/1998, S. 112.
321 Vgl. Leggewie 1996, S. 287 ff.
322 Vgl. Münkler 2009, S. 455 ff.
323 Ebd., S. 456.
324 Vgl. Münkler 2009, S. 421 ff.
325 Bender 2008, S. 89.
326 Münkler 2009, S. 424.
327 Vgl. Leggewie 1996, S. 289.
328 Elias 1992, S. 9.
329 Vgl. Meier 2010, S. 9.
330 Lewitscharoff 2011, S. 153 f.
331 Meier 2010, S. 49.
332 Vgl. Frei 2005, S. 30 f.
333 Hermann Schreiber, *Der Spiegel* 51/1970, S. 29.
334 Meier 2010, S. 72; vgl. Wehler 2010, S. 18 ff.

335 Vgl. Frei 2005, S. 19; Wehler 2010, S. 21 f.
336 Vgl. Wehler 2010, S. 19.
337 Frei 2005, S. 8.
338 Vgl. Meier 2010, S. 49 ff.
339 Bender 2008, S. 22.
340 Leggewie 1996, S. 291.
341 Bender 2008, S. 89.
342 Ebd., S. 102.
343 Leggewie 1996.
344 Vgl. Leggewie 1996.
345 Koselleck 1999, S. 368.
346 Plessner 1959, S. 26.
347 Ebd., S. 28 f.
348 Vgl. Plessner 1948, S. 232.
349 Vgl. ebd.
350 Plessner 1959, S. 37.
351 Plessner 1948, S. 237.
352 Ebd., S. 238.
353 Brandt 1989.
354 Plessner 1959, S. 11, 15, 43 f., 90 f.
355 Weber 1895, S. 30.
356 Vgl. von Krockow 2002, S. 75 ff.
357 Vgl. Burhop 2011; Kroll 2013.
358 Vgl. von Krockow 2002, S. 81; Burhop 2011, S. 102 f.
359 Vgl. Burhop 2011, S. 49 f.; Kroll 2013, S. 140 ff.; Nowak 2001.
360 Vgl. Landfester 1996, S. 215 f.
361 Vgl. Burhop 2011, S. 54 f.
362 von Krockow 2002, S. 12.
363 Plessner 1959, S. 95.
364 Koselleck 1999, S. 365.
365 Vgl. Hahn 2005, S. 22 ff.
366 Vgl. Hahn 2005, S. 7.
367 Vgl. Schilling 2000, S. 708.
368 Vgl. Hofstede, Hofstede 2012, S. 49 ff.
369 Vgl. Goecke 2013.
370 Vgl. Bender 2008, S. 106 ff.
371 *Der Spiegel* 20/2012, S. 32.
372 Plessner 1959, S. 37.
373 Weber 1920, S. 1.

374 Schilling 2000, S. 701.
375 Le Goff 1994, S. 7.
376 Bosl 1978, S. 187 f.
377 Vgl. Mitterauer 2009.
378 Weber 1920, S. 1.
379 Vgl. Mitterauer 2009, S. 22 ff., 35 ff.
380 Ebd., S. 282 f.
381 Vgl. Freely 2012.
382 Vgl. Mitterauer 2009, S. 238 ff.
383 Vgl. Freely 2012, S. 183 ff.
384 Vgl. Moraw 1985.
385 Vgl. Stroh 2006, S. 190 ff.
386 Fuhrmann 2002, S. 9.
387 Vgl. Schilling 2003, S. 23.
388 Borgolte 2005, S. 118.
389 Ebd., S. 124.
390 Vgl. Mitterauer 2009.
391 Vgl. Judt 2009, S. 872 ff.
392 Strothmann 2007, S. 327.
393 Cicero, *De natura deorum*, 2.8.
394 Fuhrmann 2002, S. 10.
395 Vgl. Strothmann 2007, S. 336.
396 Ebd., S. 340.
397 Vgl. Strothmann 2007, S. 328.
398 Le Goff 1994, S. 51.
399 Burckhardt 1957, S. 192.
400 Schilling 2003, S. 23.
401 Vgl. Fuhrmann 2002.
402 Stroh 2006, S. 193 f.
403 Vgl. Bartlett 1998.
404 Brague 1993, S. 16.
405 Le Goff 1994, S. 59.
406 Enzensberger 2011, S. 7 f.
407 Vgl. Borgolte 2005, S. 136.
408 Ebd., S. 144 f.
409 Vgl. Mitterauer 2009, S. 240 ff.
410 Ebd., S. 152.
411 Ebd., S. 198.
412 Croce 1942, S. 289 ff.

413 Bergengruen 1948, S. 335.
414 Vgl. Fuhrmann 1989, S. 121 ff.
415 Zeeden 1982, S. 11.
416 Ebd., S. 11.
417 Vgl. Schmale 2000, S. 48, 68.
418 Gruner 2005, S. 176.
419 Vgl. Schulze 1987, S. 264.
420 Vgl. Schlögl 2013, S. 439 ff.
421 Ebd., S. 443.
422 Vgl. Schlögl 2013, S. 446.
423 Schlögl 2013, S. 449.
424 Herz, Jetzlsperger 2008, S. 126.
425 Bergengruen 1948, S. 332 f.
426 Schilling 2003.
427 Vgl. Foerster 1963, S. 237 ff.
428 Vgl. ebd., S. 253 ff.
429 Vgl. ebd., S. 253 ff.
430 Vgl. Rödder 2007, S. 151.
431 Vgl. Judt 2009, S. 48.
432 Vgl. ebd., S. 185 ff.
433 Vgl. Rödder 2007, S. 152.
434 Vgl. Judt 2009, S. 183.
435 Herz, Jetzlsperger 2008, S. 12.
436 Vgl. ebd., S. 14 f.; Judt 2009, S. 187.
437 Vgl. Schwarz 2012, S. 400.
438 Ebd., S. 410.
439 Vgl. Rödder 2007.
440 Vgl. Schnitt 1982.
441 Vgl. Schwarz 2012, S. 430 f.
442 Vgl. Marsh 2009; Schwarz 2012, S. 431.
443 Bögenkamp 2009; Schwarz 2012, S. 431.
444 Vgl. Wirtgen 1998, Rödder 2013.
445 Bögenkamp 2009.
446 Vgl. Rödder 2013.
447 Vgl. Schwarz 2012, S. 692.
448 Enzensberger 2011, S. 13.
449 Vgl. ebd., S. 21.
450 Ebd., S. 12.
451 Ritter 1956, S. 329.

452 Ebd., S. 335.
453 Ash 2010, S. 135.
454 Ritter 1956, S. 338 f.
455 Ash 2010, S. 135.
456 Judt 2009, S. 925 ff.
457 Lübbe 2013, S. 221.
458 Ash 2010, S. 77.
459 Arendt 1981, S. 66.
460 GIZ 2012.
461 Vgl. Jesse 2011, S. 17.
462 Vgl. Glotz 1990; Leggewie 1996.
463 Ash 2010, S. 81.
464 Vgl. Kroll 2013, S. 8.
465 Vgl. Kroll 2013; von Krockow 2002.
466 Kroll 2013, S. 8; vgl. Jesse 2011, S. 161 f.
467 Judt 2009, S. 731.
468 Vgl. Lübbe 2013, S. 225.
469 Judt 2009, S. 850.
470 Ritter 1956, S. 335, 329.
471 Habermas 2011, S. 40.
472 Lübbe 2013, S. 227.
473 Vgl. GIZ 2012.
474 Gauck 2014.
475 Vgl. Goecke 2013.
476 Vgl. Judt 2009, S. 829.
477 Meier 2010, S. 41, 44.
478 Frei 2005, S. 10.
479 Vgl. Braun 1989.
480 Vgl. Niehues u. a. 2013, S. 24 ff.
481 Plessner 1982, S. 197.
482 Vgl. IW Köln 2013.
483 Vgl. Christensen et al. 2013.
484 Vgl. Berger 2013, S. 121 ff.
485 Vgl. Hofstede, Hofstede 2012, S. 49 ff.
486 Vgl. G. A. Ritter 2010, S. 61 ff.
487 Vgl. Burhop 2011, S. 168.
488 Vgl. Habermas 2011, S. 39 ff.
489 Beck 2012, S. 67.
490 Vgl. Jahn 2012, S. 93.

491 Voßkuhle 2012.
492 Habermas 2013, S. 79 ff.
493 Vgl. Habermas 2013, S. 68 f.
494 Ebd., S. 93.
495 Bofinger, Habermas, Nida-Rümelin 2012.
496 Habermas 2013, S. 100.
497 Vgl. Schwarz 2012, S. 708 f.
498 Vgl. Schäuble, Lamers 1994; Schwarz 2012, S. 711 ff.
499 Vgl. Ritter 1956.
500 Beck 2012, S. 35.
501 Vgl. Schwarz 2012, S. 423.
502 IW Köln 2014.
503 Le Goff 1994, S. 62.
504 Vgl. Bofinger, Habermas, Nida-Rümelin 2012.

LITERATUR

Ahrens, Joachim (2010): »Governance, institutioneller Wandel und Wirtschaftspolitik«. In: Ohr, Renate (Hrsg.), *Governance in der Wirtschaftspolitik*. Berlin, S. 173–214.

Alter, Peter (1985): *Nationalismus*. Frankfurt am Main.

Aoki, Masahiko (2010): *Corporations in Evolving Diversity: Cognition, Governance, and Institutional Rules*. Oxford.

Arendt, Hannah (1960): *Von der Menschlichkeit in finsteren Zeiten. Rede über Lessing*. München.

Arendt, Hannah (1981): *Vita Activa oder Vom tätigen Leben*. München.

Arendt, Hannah (1996): *Ich will verstehen. Selbstauskünfte zu Leben und Werk*. München.

Arendt, Hannah (2006): *Denken ohne Geländer. Texte und Briefe*. München, Zürich.

Ash, Timothy Garton (2010): *Jahrhundertwende. Weltpolitische Betrachtungen 2000–2010*. München.

Bach, Maurizio (2008): *Europa ohne Gesellschaft. Politische Soziologie der Europäischen Integration*. Wiesbaden.

Bartlett, Robert (1998): *Die Geburt Europas aus dem Geist der Gewalt. Eroberung, Kolonisierung und kultureller Wandel von 950 bis 1350*. München.

Beck, Ulrich (2012): *Das deutsche Europa. Neue Machtlandschaften im Zeichen der Krise*. Berlin.

Beckmann, Markus (2010): *Ordnungsverantwortung. Rational-Choice als ordonomisches Forschungsprogramm*. Berlin.

Bender, Peter (2008): *Deutschlands Wiederkehr. Eine ungeteilte Nachkriegsgeschichte 1945–1990*. Bonn.

Berding, Helmut (1996) (Hrsg.): *Mythos und Nation. Studien zur Entwicklung des kollektiven Bewusstseins in der Neuzeit 3*. Frankfurt am Main.

Bergengruen, Werner (1948): *Über abendländische Universalität. Rede zur Siebenhundertjahrfeier des Kölner Doms*. Universität zu Köln, 16. August 1948.

Berger, Susan with the MIT Task Force on Production in the Innovation Economy (2013): *Making in America. From Innovation to Market.* Cambridge, MA.

Bialas, Wolfgang (2010): *Politischer Humanismus und »Verspätete Nation«. Helmuth Plessners Auseinandersetzung mit Deutschland und dem Nationalsozialismus.* Göttingen.

Bökenkamp, Gérard (2009): »Französische Deutschlandpolitik: Die Deutsche Mark ist gewissermaßen ihre Atomstreitmacht«. In: *eigentümlich frei*, 06. März 2009 (http://ef-magazin.de/2009/03/06/1003-franzoesische-deutschlandpolitik-die-deutsche-mark-ist-gewissermassen-ihre-atomstreitmacht, zuletzt besucht 27.08.2013).

Bofinger, Peter; Habermas, Jürgen; Nida-Rümelin, Julian (2012): »Für einen Kurswechsel in der Europa-Politik«. In: *Frankfurter Allgemeine Zeitung*, 4. August 2012, Nr. 180, S. 33.

Borgolte, Michael (2005): »Wie Europa seine Vielfalt fand«. In: Joas, Hans; Wiegandt, Klaus (Hrsg.), *Die kulturellen Werte Europas.* Frankfurt am Main, S. 117–163.

Bosl, Karl (1978): *Europa im Mittelalter. Weltgeschichte eines Jahrtausends.* Bayreuth.

Bracher, Karl Dietrich (1976): *Die deutsche Diktatur. Entstehung, Struktur, Folgen des Nationalsozialismus.* Köln.

Brandt, Willy (1989): »Rede auf dem Programm-Parteitag der SPD am 18. Dezember 1989 in Berlin« (http://www.cvce.eu/content/publication/2007/7/12/45a5f0c8-942e-451c-b46c-fee8f92f9d81/publishable_de.pdf, zuletzt besucht 31.08.2013).

Brague, Remi (1993): *Europa. Eine exzentrische Identität.* Frankfurt am Main u. a.

Braun, Hans (1989): »Helmut Schelskys Konzept der ›nivellierten Mittelstandsgesellschaft‹ und die Bundesrepublik der 50er Jahre«. In: *Archiv für Sozialgeschichte* Bd. 29, S. 199–223.

Burhop, Carsten (2011): *Wirtschaftsgeschichte des Kaiserreichs 1871–1918.* Göttingen.

Burckhardt, Jacob (1957): *Historische Fragmente.* Stuttgart.

Busse, Dietrich (1995): »›Deutsche Nation‹. Zur Geschichte eines Leitbegriffs im Deutschland vor und nach der Wiedervereinigung«. In: Reiher, Ruth (Hrsg.),

Sprache im Konflikt. Zur Rolle der Sprache in sozialen, politischen und militärischen Auseinandersetzungen. Berlin, New York, S. 203–231.

Calmfors, Lars; Driffill, John (1988): »Bargaining Structure, Corporatism and Macroeconomic Performance«. In: *Economic Policy* Bd. 6, S. 14–61.

Cantoni, Davice; Kugler, Franziska; Wößmann, Ludger (2014): »Der lange Schatten der Geschichte: Mechanismen der Persistenz in der Wirtschaftsgeschichte«. In: *Ifo Schnelldienst* Jg. 64, Heft 2, S. 13–22.

Christensen, Clayton, M.; Matzler, Kurt; von den Eichen, Stefan F. (2013): *The Innovator's Dilemma. Warum etablierte Unternehmen den Wettbewerb um bahnbrechende Innovationen verlieren*. München.

Clark, Gregory (2012): »A Review Essay on *The Enlightened Economy: An Economic History of Britain 1700–1850* by Joel Mokyr«. In: *Journal of Economic Literature* Vol. 50, S. 85–95.

Conze, Werner (1964): »Nation und Gesellschaft: Zwei Grundbegriffe der revolutionären Epoche«. In: *Historische Zeitschrift* Bd. 198, S. 1–16.

Croft, Jay (2003): »Beyond the Washington Consensus«. In: *Finance and Development* Vol. 40, Nr. 3, S. 9.

Croce, Benedetto (1942): »Perchè Non Possiamo Non Dirci ›Christiani‹«. In: *La Critica* 40, S. 289–297.

Crouch, Colin (2008): *Postdemokratie*. Frankfurt am Main.

Crouch, Colin (2011): *Das befremdliche Überleben des Neoliberalismus*. Berlin.

Dann, Otto (1993): *Nation und Nationalismus in Deutschland 1770–1990*. München.

Der Aufruf der 93 »An die Kulturwelt!« (1914). In: *Themenportal Europäische Geschichte* (2006) (http://www.europa.clio-online.de/2006/Article=63, zuletzt besucht 27.08.2013).

Deutsch, Karl Wolfgang (1972): *Nationenbildung – Nationalstaat – Integration*. Düsseldorf.

Dietze, Carola (2006): *Nachgeholtes Leben. Helmuth Plessner 1892–1985*. Göttingen.

Dipper, Christof (1991): *Deutsche Geschichte 1648–1789*. Frankfurt am Main.

Elias, Norbert (1992): *Studien über die Deutschen. Machtkämpfe und Habitusentwicklung im 19. und 20. Jahrhundert*. Frankfurt am Main.

Enzensberger, Hans Magnus (2011): *Sanftes Monster Brüssel oder die Entmündigung Europas*. Berlin.

Erster Engagementbericht (2012): *Für eine Kultur der Mitverantwortung*, Bundestags-Drucksache 17/10580. Berlin.

Europa. Gedanke und Wirklichkeit. Katalog zur Ausstellung des Historischen Archivs der Stadt Köln (25.4.–15.7.1979). Köln 1979.

European Social Survey (2002; 2010): http://www.europeansocialsurvey.org/ (zuletzt besucht 08.09.2013).
EKD (2006): *Kirche der Freiheit. Perspektiven für die evangelische Kirche im 21. Jahrhundert.* Ein Impulspapier des Rates der EKD. http://www.ekd.de/download/kirche-der-freiheit.pdf (zuletzt besucht 10.11.2013).
Fischer, Joachim (1990): »Die exzentrische Nation, der entsicherte Mensch und das Ende der deutschen Weltstunde. Über eine Korrespondenz zwischen Helmuth Plessners philosophischer Anthropologie und seiner Deutschlandstudie«. In: *Deutsche Vierteljahresschrift für Literaturwissenschaft und Geistesgeschichte* Bd. 3, S. 395–426.
Foerster, Rolf H. (1963): *Die Idee Europa 1300–1946. Quellen zur Geschichte der politischen Einigung.* München.
Forsthoff, Ernst (1938): *Die Verwaltung als Leistungsträger.* Stuttgart.
Forsthoff, Ernst (1958): *Die Daseinsvorsorge und die Kommunen.* Köln-Marienburg.
François, Etienne; Schulze, Hagen (2001) (Hrsg.): *Deutsche Erinnerungsorte.* Bd. III. München.
Freely, John (2012): *Platon in Bagdad. Wie das Wissen der Antike zurück nach Europa kam.* Stuttgart.
Frei, Norbert (2005): *1945 und wir. Das Dritte Reich im Bewußtsein der Deutschen.* München.
Fuhrmann, Horst (1989): *Einladung ins Mittelalter.* München.
Fuhrmann, Manfred (2002): *Bildung. Europas kulturelle Identität.* Stuttgart.
Gauck, Joachim (2014): »Deutschlands Rolle in der Welt: Anmerkungen zu Verantwortung, Normen und Bündnissen« (http://www.bundespraesident.de/SharedDocs/Reden/DE/Joachim-Gauck/Reden/2014/01/140131-Muenchner-Sicherheitskonferenz.html, zuletzt besucht am 02.02.2014)
Gerhardt, Volker (2007): *Partizipation. Das Prinzip der Politik.* München.
Gerhardt, Volker (2012): *Öffentlichkeit. Die politische Form des Bewusstseins.* München.
Giesen, Bernhard; Junge, Kai (1991): »Vom Patriotismus zum Nationalismus. Zur Evolution der ›Deutschen Kulturnation‹«. In: Giesen, Bernhard (Hrsg.), *Nationale und kulturelle Identität. Studien zur Entwicklung kollektiven Bewusstseins in der Neuzeit*, Frankfurt am Main, S. 255–303.
GIZ Deutsche Gesellschaft für Internationale Zusammenarbeit (2012): *Deutschland in den Augen der Welt.* Zentrale Ergebnisse der GIZ-Erhebung »Außensicht Deutschland – Rückschlüsse für die Internationale Zusammenarbeit«. Bonn/Eschborn, April 2012.

Goecke, Henry (2013): »Europa driftet auseinander – Ist dies das Ende der realwirtschaftlichen Konvergenz?« In: *IW-Trends. Vierteljahreszeitschrift zur empirischen Wirtschaftsforschung* Jg. 40, Heft 4, S. 3–18.
Gollwitzer, Helmut (1964): *Europabild und Europagedanke. Beiträge zur deutschen Geistesgeschichte des 18. und 19. Jahrhunderts.* München.
Glotz, Peter (1990): *Der Irrweg des Nationalstaats. Europäische Reden an ein deutsches Publikum.* Stuttgart.
Greinert, Wolf-Dietrich (2006): »Geschichte der Berufsausbildung in Deutschland«. In: Arnold, Rolf; Lißmeier, Antonius (Hrsg.), *Handbuch der Berufsausbildung.* 2., überarb. u. aktual. Auflage, Wiesbaden, S. 499–508.
Grimm, Dieter (2009): *Souveränität. Herkunft und Zukunft eines Schlüsselbegriffs.* Berlin.
Gronemeyer, Marianne (1993): *Das Leben als letzte Gelegenheit. Sicherheitsbedürfnisse und Zeitknappheit.* Darmstadt.
Gross, Johannes (1992): *Über die Deutschen.* Zürich.
Große-Geldermann, Jan (2006): »Kerneuropa, 31.01.2006«, (http://www.linse.uni-due.de/linse/publikationen/Hass/GGeldermann_Kerneuropa.pdf, zuletzt besucht 27.08.2013).
Gruner, Wolf D. (2005): »Mapping Europe: Europa in der Kartographie«. In: Öhner, Vrääth; Pribersky, Andreas; Schmale, Wolfgang; Uhl, Heidemarie (Hrsg.), *Europa-Bilder.* Innsbruck u. a., S. 167–187.
Gurjewitsch, Aaron J. (1980): *Das Weltbild des mittelalterlichen Menschen.* München.
Habermas, Jürgen (2011): *Zur Verfassung Europas.* Ein Essay. Berlin.
Habermas, Jürgen (2013): *Im Sog der Technokratie.* Kleine Politische Schriften XI. Berlin.
Hahn, Hans-Werner (2005): *Die industrielle Revolution in Deutschland.* 2., durchgesehene Auflage, München.
Hall, Peter A.; Soskice, David (2004): *Varieties of Capitalism. The Institutional Foundations of Comparative Advantage.* Oxford.
Hall, Peter A.; Gingerich, Daniel W. (2005): *Varieties of Capitalism and Institutional Complementarities in the Macroeconomy.* MPIfG Köln.
Hayek, Friedrich August von (1978): *Three Sources of Human Values.* London.
Heathcote, Jonathan; Perri, Fabrizio (2013): *Assessing International Efficiency.* NBER Working Paper No. 18956, April 2013.
Herz, Dietmar; Jetzlsperger, Christian (2008): *Die Europäische Union.* München.
Höffe, Otfried (1999): *Demokratie im Zeitalter der Globalisierung.* München.
Höffe, Otfried (2004): *Wirtschaftsbürger, Staatsbürger, Weltbürger. Politische Ethik im Zeitalter der Globalisierung.* München.

Hoeres, Peter (2004): *Krieg der Philosophen. Die deutsche und die britische Philosophie im Ersten Weltkrieg*. Paderborn u. a.
Hofstede, Geert; Hofstede, Gert Jan (2012): *Lokales Denken, globales Handeln. Interkulturelle Zusammenarbeit und globales Management*. München.
Horn, Karen; Hüther, Michael (2011): »Der überforderte Staat: Daseinsvorsorge und Eigeninitiative«. In: Institut der deutschen Wirtschaft Köln (Hrsg.), *Politik ohne Geld. Was trotz knapper öffentlicher Kassen getan werden kann*. Köln, S. 263–278.
Hroch, Miroslav (2005): *Das Europa der Nationen. Die moderne Nationsbildung im europäischen Vergleich*. Göttingen.
Hüther, Michael (1988): »Die ›sattelzeitgerechte‹ Entstehung der Nationalökonomie. Ein Beitrag zur Dogmengeschichte«. In: *Jahrbücher für Nationalökonomie und Statistik* Bd. 205, S. 150–162.
Hüther, Michael (2010): »Vertrauen im Wandel und Vertrauen in den Wandel – Die Bedeutung des langen Lebens für den politischen Diskurs«. In: Kruse, Andreas (Hrsg.), *Leben im Alter. Eigen- und Mitverantwortlichkeit in Gesellschaft, Kultur und Politik* (Festschrift für Ursula Lehr). Heidelberg, S. 219–230.
Hüther, Michael (2012): »Obligatorische Rekapitalisierung systemrelevanter Banken«. In: *Orientierungen zur Wirtschafts- und Gesellschaftspolitik* 131, März 2012, S. 16–22.
Hüther, Michael (2012b): »Wachstumskritik: Ein Evergreen?« In: Institut der deutschen Wirtschaft Köln (Hrsg.), *Wirtschaftswachstum?!* Köln, S. 11–29.
Hüther, Michael (2013): »Wirtschaftspolitik zwischen Regulierung und Paternalismus: Stehen wir vor einer Renaissance des Staates?« In: Schorkopf, Frank; Schmoeckel, Matthias; Schulz, Günther; Ritschl, Albrecht (Hrsg.), *Gestaltung der Freiheit. Regulierung von Wirtschaft zwischen historischer Prägung und Normierung*. Tübingen, S. 17–40.
Hüther, Michael (2014): »Sind die Grundbedingungen demokratischer Ordnung in der Globalisierung zu verwirklichen?« In: Held, Martin; Kubon-Gilke, Gisela; Sturn, Richard (Hrsg.), *Unsere Institutionen in Zeiten der Krisen. Jahrbuch Normative und institutionelle Grundfragen der Ökonomik* Bd. 13, S. 125–148.
Hüther, Michael (2014a): »Perspektiven für die Eurozone in der Krise: Chancen und Gefahren«. In: *Jahrbuch Sozialer Protestantismus* Bd. 6, 2014, S. 46–72.
Imhof, Arthur E. (1985): *Die verlorenen Welten. Alltagsbewältigung durch unsere Vorfahren und weshalb wir uns so schwer damit tun …* München.
Institut der deutschen Wirtschaft (IW) Köln (Hrsg.) (2013): *Industrielle Standortqualität. Wo steht Deutschland im internationalen Vergleich?* Köln.

Institut der deutschen Wirtschaft (IW) Köln (2014): *Industry as a growth engine in the global economy*. Köln.

Jahn, Egbert (2012): »Der Verfassungsvertrag und der Lissabonner Vertrag: die Europäische Union auf dem Weg zum Bundesstaat?« In: ders., *Politische Streitfragen*. Bd. 2: *Deutsche Innen- und Außenpolitik*. Wiesbaden, S. 93–109.

Jesse, Eckhard (2011): *Systemwechsel in Deutschland 1918/19–1933–1945/49–1989/90*. Bonn.

Jörke, Dirk (2005): *Politische Anthropologie*. Eine Einführung. Wiesbaden.

Judt, Tony (2009): *Geschichte Europas von 1945 bis zur Gegenwart*. Frankfurt am Main.

Kallscheuer, Otto; Leggewie, Claus (1996): »Deutsche Kulturnation versus französische Staatsnation? Eine ideengeschichtliche Stichprobe«. In: Berding, Helmut (Hrsg.), *Nationales Bewusstsein und kollektive Identität. Studien zur Entwicklung des kollektiven Bewusstseins in der Neuzeit* 2. Frankfurt am Main, S. 112–162.

Kedourie, Elie (1971): *Nationalismus*. München.

Kirchhoff, Paul (2010): »Erwerbsstreben und Maß des Rechts«. In: Isensee, Josef; Kirchhof, Paul (Hrsg.), *Handbuch des Staatsrechts der Bundesrepublik Deutschland*, Band VIII: Grundrechte. Heidelberg u. a., S. 3–62.

Kiwit, Daniel; Voigt, Stefan (1998): »Grenzen des institutionellen Wettbewerbs«. In: *Jahrbuch für Neue Politische Ökonomie: Globalisierung, Systemwettbewerb und nationalstaatliche Politik*, S. 313–337.

Klotz, Johannes; Schneider Ulrich (1997) (Hrsg.): *Die selbstbewußte Nation und ihr Geschichtsbild. Geschichtslegenden der Neuen Rechten*. Köln.

Kocka, Jürgen (1989): *Geschichte und Aufklärung*. Aufsätze. Göttingen.

Koselleck, Reinhart (1999): »Deutschland – eine verspätete Nation?« In: ders., *Zeitschichten. Studien zur Historik*. Frankfurt am Main 2003, S. 359–380.

Koselleck, Reinhart (2006): *Begriffsgeschichten*. Frankfurt am Main.

Kroll, Frank-Lothar (2013): *Geburt der Moderne. Politik, Gesellschaft und Kultur vor dem Ersten Weltkrieg*. Berlin.

Kuhlmann, Andreas (2002): »Deutscher Geist und liberales Ethos. Die frühe Sozialphilosophie Helmuth Plessners«. In: Eßbach, Wolfgang; Fischer, Joachim; Lethen; Helmut (Hrsg.), *Plessners »Grenzen der Gemeinschaft«. Eine Debatte*. Frankfurt am Main, S. 15–20.

Landfester, Manfred (1996): »Griechen und Deutsche: der Mythos der ›Wahlverwandtschaft‹«. In: Berding (1996), S. 198–219.

Laqueur, Walter (2013): »Angsterfüllter Kontinent«. Spiegel-Gespräch. In: *Der Spiegel* 30/2013, S. 108–110.

Le Goff, Jacques (1994): *Das alte Europa und die Welt der Moderne*. München.

Leggewie, Claus (1996): »Der Mythos des Neuanfangs – Gründungsetappen der Bundesrepublik Deutschland: 1949 – 1968 – 1989«. In: Berding (1996), S. 275–302.

Lemberg, Eugen (1962): »Die Geburt der Nationen. Um eine Theorie des Nationalismus«. In: *Studium Generale* Bd. 15, S. 301–309.

Lewitscharoff, Sibylle (2011): *Blumenberg*. Roman. Berlin.

Lübbe, Hermann (2009): »Wertewandel und Krankheit. Über Ungleichheitsfolgen moralischer Selbstbestimmung«. In: Schumpelick, Volker; Vogel, Bernhard (Hrsg.), *Volkskrankheiten. Gesundheitliche Herausforderungen in der Wohlstandsgesellschaft*. Freiburg, S. 65–78.

Lübbe, Hermann (2013): »Krisenbegünstigte Demokratie – Über Zwänge politischer Selbstbestimmung«. In: Schnabl, Gunter; Scholz, Rupert (Hrsg.), *Aufgeschlossen für Wandel – verankert in gemeinsamen Grundwerten: Demokratie und Wirtschaft in Deutschland und in der Europäischen Union*. Köln, S. 219–235.

Mâle, Émile (1917): *L'art allemand et l'art français du moyen age*. Paris.

Marsh, David (2009): *Der Euro – die geheime Geschichte der neuen Weltwährung*. Hamburg.

Marquard, Odo (1981): *Abschied vom Prinzipiellen*. Stuttgart.

Marquard, Odo (2000): *Philosophie des Stattdessen*. Studien. Stuttgart.

Marquard, Odo (2004): *Individuum und Gewaltenteilung*. Philosophische Studien. Stuttgart.

Mattenklott, Gert (2001): »Faust«. In: François, Schulze (2001), S. 601–619.

Maurer, Michael (1993): »›Nationalcharakter‹ in der frühen Neuzeit. Ein mentalitätsgeschichtlicher Versuch«. In: Blomert, Reinhard; Kuzmics, Helmut; Treibel, Annette (Hrsg.), *Transformation des Wir-Gefühls. Studien zum nationalen Habitus*. Frankfurt am Main, S. 45–81.

Maus, Ingeborg (2011): *Über Volkssouveränität. Elemente einer Demokratietheorie*. Berlin.

Meier, Christian (2010): *Das Gebot zu vergessen und die Unabweisbarkeit des Erinnerns. Vom öffentlichen Umgang mit schlimmer Vergangenheit*. München.

Mitterauer, Michael (2009): *Warum Europa? Mittelalterliche Grundlagen eines Sonderwegs*. 5., durchgesehene Auflage, München.

Moraw, Peter (1985): »Über den Weg vom geschriebenen zum gedruckten Buch«. In: *Gießener Universitätsblätter* Bd. 18, S. 39–50.

Müller, Jan-Werner (2013): *Das demokratische Zeitalter. Eine politische Ideengeschichte Europas im 20. Jahrhundert*. Berlin.

Münkler, Herfried (1993): *Zivilgesellschaft und Bürgertugend* (Antrittsvorlesung an der Humboldt-Universität zu Berlin). Berlin.

Münkler, Herfried (2009): *Die Deutschen und ihre Mythen*. Berlin.
Niehues, Judith; Schaefer, Thilo; Schröder, Christoph (2013): *Arm und Reich in Deutschland: Wo bleibt die Mitte? Definition, Mythen und Fakten*. Köln.
Nolte, Peter (2012): *Was ist Demokratie? Geschichte und Gegenwart*. München.
North, Douglas C. (1988): *Theorie des institutionellen Wandels. Eine neue Sicht der Wirtschaftsgeschichte*. Tübingen.
Nowak, Kurt (2001): »Die Kaiser-Wilhelm-Gesellschaft«. In: François, Schulze (2001), S. 55–71.
Nussbaum, Martha C. (2010): *Die Grenzen der Gerechtigkeit. Behinderung, Nationalität und Spezieszugehörigkeit*. Berlin.
Obstfeld, Maurice; Rogoff, Kenneth (2000): »The Six Major Puzzles in International Macroeconomics: Is There a Common Cause?« In: Bernanke, Ben; Rogoff, Kenneth, *NBER Macroeconomics Annual* 2000, Bd. 15, S. 339–390.
Peters, Bernhard (2007): *Der Sinn von Öffentlichkeit*. Frankfurt a. M.
Plessner, Helmuth (1924): *Die Grenzen der Gemeinschaft. Eine Kritik des sozialen Radikalismus*. Frankfurt am Main 2002.
Plessner, Helmuth (1928): »Die Stufen des Organischen und der Mensch. Einleitung in die philosophische Anthropologie«. In: Helmuth Plessner, *Gesammelte Schriften* Bd. IV. Frankfurt am Main 1981.
Plessner, Helmuth (1931): »Macht und menschliche Natur. Ein Versuch zur Anthropologie der geschichtlichen Weltansicht«. In: Helmuth Plessner, *Gesammelte Schriften* Bd. V. Frankfurt am Main 1981, S. 135–234.
Plessner, Helmuth (1948): »Deutschlands Zukunft«. In: Helmuth Plessner, *Gesammelte Schriften* Bd. VI. Frankfurt am Main 1982, S. 226–241.
Plessner, Helmuth (1959): *Die verspätete Nation. Über die Verführbarkeit bürgerlichen Geistes*. Stuttgart.
Plessner, Helmuth (1970): *Philosophische Anthropologie*. Frankfurt am Main.
Plessner, Helmuth (1982): *Mit anderen Augen. Aspekte einer philosophischen Anthropologie*. Stuttgart.
Rawls, John (2003): *Gerechtigkeit als Fairness. Ein Neuentwurf*. Frankfurt am Main.
Renan, Ernest (1882): »Was ist eine Nation?« Rede am 11. März 1882 an der Sorbonne. Zitiert nach: http://www.zeit.de/reden/die_historische_rede/200109_historisch_renan (zuletzt besucht 29.06.2014).
Ritter, Gerhard A. (2010): *Der Sozialstaat. Entstehung und Entwicklung im internationalen Vergleich*. 3., erweiterte Auflage, München.
Ritter, Joachim (1956): »Europäisierung als europäisches Problem«. In: ders., *Metaphysik und Politik. Studien zu Aristoteles und Hegel*. Erweiterte Neuaus-

gabe mit einem Nachwort von Odo Marquard. Frankfurt am Main 1989, S. 321–340.
Rödder, Andreas (2007): »Deutschland, Frankreich und Europa. Interessen und Integration 1945 bis 2005«. In: *Jahrbuch für Europäische Geschichte* 8, S. 151–159.
Rödder, Andreas (2011): *Geschichte der deutschen Wiedervereinigung*. München.
Rödder, Andreas (2013): »Dilemma und Strategie«. In: *Frankfurter Allgemeine Zeitung*, 14. Januar 2013, S. 7.
Schwilk, Heimo; Schacht, Ulrich (1994) (Hrsg.): *Die selbstbewußte Nation – »Anschwellender Bocksgesang« und weitere Beiträge zu einer deutschen Debatte*. Frankfurt am Main.
Schäfer, Armin (2009): »Krisentheorie der Demokratie: Unregierbarkeit, Spätkapitalismus und Postdemokratie«. In: *dms – der moderne staat. Zeitschrift für Public Policy, Recht und Management* Bd. 2, S. 159–183.
Schäuble, Wolfgang; Lamers, Karl (1994): »Überlegungen zu einer europäischen Politik, 01.09.1994« (http://www.cducsu.de/upload/schaeublelamers94.pdf, zuletzt besucht 27.08.2013).
Schieder, Theodor (1971): »Probleme der Nationalismusforschung«. In: ders.; Burian, Peter (Hrsg.), *Sozialstruktur und Organisation europäischer Nationalbewegungen*. München, S. 9–18.
Schilling, Heinz (2000): »Wider den Mythos vom Sonderweg: die Bedingungen des deutschen Weges in die Neuzeit«. In: Heinig, Paul-Joachim; Jahns, Sigrid; Schmidt, Hans-Joachim; Schwinges, Rainer Christoph; Wefers, Sabine (Hrsg.), *Reich, Regionen und Europa in Mittelalter und Neuzeit* (Festschrift für Peter Moraw). Berlin, S. 699–714.
Schilling, Heinz (2003): »Europa zwischen Krieg und Frieden«. In: *Idee Europa. Entwürfe zum »Ewigen Frieden«*. Katalogbuch zur Ausstellung des Deutschen Historischen Museums (25.5.–25.8.2003). Berlin, S. 23–32.
Schlögl, Rudolf (2013): *Alter Glaube und moderne Welt. Europäisches Christentum im Umbruch 1750–1850*. Frankfurt am Main.
Schmale, Wolfgang (2000): *Geschichte Europas*. Wien.
Schnitt, Klaus-Peter (1982): »Die französische Krankheit. Haushaltsdefizite, Exportschwäche und Inflation bedrohen den Franc«. In: *Die Zeit* vom 2. April 1982, Nr. 14.
Schuppert, Gunnar Folke (2010): *Staat als Prozess. Eine staatstheoretische Skizze in sieben Aufzügen*. Frankfurt am Main, New York.
Schulze, Hagen (1996): »Das Europa der Nationen«. In: Berding 1996, S. 65–83.

Schulze, Winfried (1987): *Deutsche Geschichte im 16. Jahrhundert.* Frankfurt am Main.

Schulze, Winfried (2002): »Vom »Sonderweg« bis zur ›Ankunft im Westen‹«. In: *Geschichte in Wissenschaft und Unterricht* Bd. 53, S. 226–240.

Schulze Wessel, Julia; Volk, Christian; Salzborn, Samuel (Hrsg.) (2013): *Ambivalenzen der Ordnung. Der Staat im Denken Hannah Arendts.* Wiesbaden.

Schwarz, Hans-Peter (2012): *Helmut Kohl. Eine politische Biographie.* München.

Schwerhoff, Gerhard (2000/2005): *Epochenschwelle oder Alteuropakontinuität? Der Übergang vom Spätmittelalter zur frühen Neuzeit in der neueren Forschung.* Dresden.

Seipel, Ignaz (1916): *Nation und Staat.* Wien.

Steffek, Jens (2008): »Legitimität jenseits des Nationalstaates: Vom exekutiven zum partizipativen Multilateralismus?« In: Hurrelmann, Achim; Leibfried, Stephan; Martens, Kerstin; Mayer, Peter (Hrsg.), *Zerfasert der Nationalstaat? Die Internationalisierung der politischen Verantwortung.* Frankfurt am Main, S. 179–205.

Stehr, Nico (2007): *Die Moralisierung der Märkte. Eine Gesellschaftstheorie,* Frankfurt am Main.

Stigler, George J. (1988): *Memoirs of an Unregulated Economist.* New York.

Stroh, Wilfried (2006): »Latein als Weltsprache«. In: Stein-Hölkeskamp, Elke; Hölkeskamp, Karl-Joachim (Hrsg.), *Erinnerungsorte der Antike. Die römische Welt.* München, S. 185–201.

Strothmann, Meret (2007): »Die zwei Europa«. In: Meier, Misha (Hrsg.), *Sie schufen Europa. Historische Portraits von Konstantin bis Karl dem Großen.* München, S. 327–341.

Troeltsch, Ernst (1916/1925): *Deutscher Geist und Westeuropa. Gesammelte kulturphilosophische Aufsätze und Reden* (hrsg. von H. Baron). Tübingen.

Ullrich, Wolfgang (2009): *Uta von Naumburg. Eine deutsche Ikone.* Berlin.

von See, Klaus (1975): *Die Ideen von 1789 und die Ideen von 1914.* Frankfurt am Main.

von Krockow, Christian Graf (2002): *Kaiser Wilhelm II und seine Zeit. Biografie einer Epoche.* Berlin.

von Ungern-Sternberg, Jürgen; von Ungern-Sternberg, Wolfgang (1996): *Der Aufruf »An die Kulturwelt!«. Das Manifest der 93 und die Anfänge der Kriegspropaganda im Ersten Weltkrieg.* Stuttgart.

von Weizsäcker, Richard (1990): »Ansprache beim Staatsakt zum ›Tag der deutschen Einheit‹ am 3. Oktober 1990« (http://www.bundespraesident.de/SharedDocs/Reden/DE/Richard-von-Weizsaecker/Reden/1990/10/19901003_Rede.html, zuletzt besucht 14.04.2014).

Voßkuhle, Andreas (2012): »Über die Demokratie in Europa«. In: *Frankfurter Allgemeine Zeitung* vom 09.02.2012, S. 7.

Weber, Max (1895): *Der Nationalstaat und die Volkswirtschaftspolitik*. Akademische Antrittsrede. Freiburg, Leipzig.

Weber, Max (1919): *Wissenschaft als Beruf*. München.

Weber, Max (1919a): *Politik als Beruf*. Stuttgart.

Weber, Max (1920): *Gesammelte Aufsätze zur Religionssoziologie* Bd. I. Tübingen.

Weber, Max (1980): *Wirtschaft und Gesellschaft. Grundriss der verstehenden Soziologie*. 5., revidierte Auflage, Studienausgabe, Tübingen.

Weber, Petra (2008): »1949/1955. Thomas Mann in Frankfurt, Stuttgart und Weimar. Umstrittenes kulturelles Erbe und deutsche Kulturnation«. In: Wengst, Udo; Wentker, Hermann (Hrsg.), *Das doppelte Deutschland. 40 Jahre Systemkonkurrenz*. Bonn, S. 35–63.

Wehler, Hans-Ulrich (2010): *Land ohne Unterschichten? Neue Essays zur deutschen Geschichte*. München.

Wehler, Hans-Ulrich (2011): *Nationalismus. Geschichte, Formen, Folgen*. München.

Widmann, Arno (2000): »Erkennungszeichen der Bonner Republik«. In: *Berliner Zeitung* vom 25.03.2000 (http://www.berliner-zeitung.de/archiv/geschichtsphilosophie--4---helmuth-plessner--die-verspaetete-nation--erkennungszeichen-der-bonner-republik,10810590,9783948.html, zuletzt besucht 28.08.2013).

Williamson, John (2002): »Did the Washington Consensus Fail?« Outline of speech at the Center for Strategic & International Studies. Institute for International Economics. Washington, DC, November 6, 2002 (http://www.iie.com/publications/papers/paper.cfm?researchid=488, zuletzt besucht 05.09.2013).

Williamson, John (2003): »From Reform Agenda to Damaged Brand Name. A short history of the Washington Consensus and suggestions what to do next«. In: *Finance and Development* Vol. 40, Nr. 3, S. 10–13.

Winkler, Heinrich August (2002a): *Der lange Weg nach Westen*. Band I: *Deutsche Geschichte vom Ende des Alten Reiches bis zum Untergang der Weimarer Republik*. 5., durchgesehene Auflage. München.

Winkler, Heinrich August (2002b): *Der lange Weg nach Westen*. Band II: *Deutsche Geschichte vom »Dritten Reich« bis zur Wiedervereinigung*. 5., durchgesehene Auflage. München.

Winkler, Heinrich August (2009): »Eine verspätete Nation? Zum Ort der Wiedervereinigung in der deutschen Geschichte«. In: *zeitzeichen* 02/2009 (http://zeitzeichen.net/archiv/geschichte-politik-gesellschaft/verspaetete-nation/, zuletzt besucht 29.08.2013)

Wirtgen, Klaus (1998): »Weg ohne Wiederkehr«. In: *Der Spiegel* 10/1998, S. 25–28.
Zeeden, Ernst Walter (1982): *Hegemonialkrise und Glaubenskämpfe 1556–1648* (Propyläen Geschichte Europas Bd. 2). Frankfurt am Main u. a.
Zürn, Michael (1998): *Regieren jenseits des Nationalstaats. Globalisierung und Denationalisierung als Chance*. Frankfurt am Main.